JN195590

関西学院大学研究叢書　第183編

企業家精神のダイナミクス

その生成、発展および発現形態のケース分析

佐藤善信
Yoshinobu Sato

関西学院大学出版会

　本書は筆者のこれまでの研究成果をベースにして、『企業家精神のダイナミクス：その生成、発展および発現形態のケース分析』についてまとめたものである。本書のなかでも説明しているように、これまでの企業家精神（アントレプレナーシップ）に関する研究は、企業や事業の新規の立ち上げに関して、その起業前後の企業家の発想や行動を中心に研究されてきた。それに対して、本書は、企業家精神がどのようにして形成され、そしていつ、どのようにして発揮されるのかという疑問の解明から出発している。つまり、本書は企業家精神を解明するためには、企業家の生い立ちから出発し、企業家精神の向上と退歩プロセスとその原因、つまり「進化のプロセス」を明らかにすることの必要性を強調しているのである。その意味から、本書のタイトルを「企業家精神のダイナミクス」、そして本書の副題を「その生成、発展および発現形態のケース分析」としたのである。

　筆者が本書をまとめたもう1つのねらいは、副題の「ケース分析」という点にある。企業家精神に関するこれまでの研究はあまりにも抽象的で、具体性に欠けるきらいがあった。企業家精神の構成要素について、通常、イノベーション志向や発想の創造性、リスク・テイキングなどが挙げられている。しかし、それらは企業家精神が発揮されるコンテクストに関係なくアド・ホックに抽出されたものである。

　筆者はサービス業の分野で革新的なビジネスモデルの発想をえて、それをベースにして起業するプロセスで、企業家精神がどのように発揮されるのかという疑問の解明を、企業家の生い立ちにまで遡りながら試みた。そしてそれだけではなく、起業後の急成長期をへて安定期にいたる成功や失敗のプロセスも研究の射程に入れた。本書は、そのような長期的な視点から、企業家精神の具体的な構成要素とその変化を、具体的な企業家のケースを比較研究しながら明らかにしている。

　もう1つ、説明すべき点がある。本書が分析対象とした取り上げた企業のケースは2000年前後のものである。筆者はそれらのケースをベースに

して、企業家精神のダイナミクスに関する仮説的な理論を構築した。取り上げたほとんどのケースは革新的なビジネスモデルの構築・運営に成功した企業である。したがって、「成功した企業家」というバイアスのかかった視点からケース分析がなされている可能性がある。筆者は、本書をまとめるに当たって、10年以上の時を経て改めてケース企業を観察するというまたとない機会に恵まれた。幸いなことに、筆者の当時の企業家精神のダイナミクスに関する仮説的な理論はほとんど変更する必要はなかった。

筆者の元々の専攻はマーケティングである。それがなぜ、企業家精神の研究に関心を持つようになったのか。この点について、この場をお借りして、少しばかり私の「自分史」を語ることをお許しいただきたい。私が企業家精神やベンチャービジネスに関心を持つようになった直接のきっかけは、慶応義塾大学でビジネススクールを立ち上げ、当時、私が奉職させていただいていた流通科学大学の学長であられた片岡一朗先生の存在であった。

私は1993年8月より、ビジネススクールの立ち上げと運営を研究するために、ヴァージニア大学ダーデン・ビジネススクールに客員研究員として留学することになった。留学中は、研究時間の3分の1をビジネススクールの立ち上げと運営の実践的な研究（ダーデン・ビジネススクールの教授会や各種委員会などへのオブザーバー出席も含む）、3分の1をケースメソッド教育に関する研究（ケースメソッド授業の見学やケースメソッドに関する文献研究、ケースの執筆）、そして残りの3分の1を私の本来の研究である米国の大型小売店や流通制度の研究に充てていた。

帰国後にビジネススクールの設立準備室長となったときに、片岡先生が私のメンターとしてご友人のラルフ・ソレンソン先生を紹介してくださった。ソレンソン先生はハーバード・ビジネススクールの准教授時代にフィリピンのアジア経営大学院の設立と運営に多大な貢献をされた人物である。その後、ソレンソン先生はバブソン大学の学長として、バブソン大学をアントレプレナーシップ研究・教育の領域で世界ナンバーワンのポジションにまで高めた方である。

ソレンソン先生は、折に触れて、なぜバブソン大学を全学的にアントレ

プレナーシップ研究・教育に焦点を合わせる大学としてリ・ポジショニングさせようと思ったのか、どのようにしてそのための全学的な合意を形成していったのか、どのようにしてアントレプレナーシップ分野でランキングをナンバーワンにすることができたのかについて、私に語ってくださった。ソレンソン先生が来日中に何度か、ベンチャービジネスやアントレプレナーシップ研究に関する講演会などを開催し、私がその企画運営を任せられるうちに、知らず知らずのうちに私もベンチャービジネスやアントレプレナーシップ研究に足を突っ込むようになっていった。

また、ソレンソン先生の紹介で、2000年にはバブソン大学での1週間にわたるアントレプレナーシップ・エデュケーターズ・シンポジウムにも出席させていただいた。このシンポジウムでは、ティモンズ教授（セミナーの主宰者）や老練なバイブレイグ教授、エネルギッシュな若手のスピナリ教授（現、フィラデルフィア大学学長）の授業などに参加する機会をえた。これは何ものにも代えがたい経験であった。このシンポジウムは、ベンチャービジネスの実務家と教育・研究者がペアーになって参加するという趣向で、世界中から参加希望の申し込みがあり、ウェイティングリストが形成されるほどの人気のシンポジウムである。私はベンチャービジネスのコンサルタントをされていた井上芳郎氏（現、流通科学大学教授・同図書館長）と一緒に参加させていただいた。井上教授にはその後もいろいろとお世話になっている。

私はこのような経緯でベンチャービジネスや起業家精神の研究に傾倒してゆくようになったのである。そもそもマーケティング研究とベンチャービジネスや起業家精神の研究は近しい関係にある。たとえば、新市場創造やイノベーションなどの研究は共通しているのである。実際に、アントレプレノーリアル・マーケティングが自分の専門であると公言されている方も米国にはおられる。

その後の私の企業家精神のダイナミクスについての研究の関心は、第1章の「本書の構成とねらい」で説明したような形で進展していった。この研究はすでに説明したように、筆者がダーデン・ビジネススクールに留学したことに端を発している。ダーデン・ビジネススクールでは、私のホス

ト・プロフェッサーを務めて頂いたマーク・パリー教授からケースメソッド教育について懇切丁重な手ほどきを受けることができた。実際に、パリー教授とは授業用のケースを数本執筆し、それらは多くのビジネススクールで使用された実績もある。本書の研究はケーススタディ・リサーチがベースになっているが、ケース研究の面白さと奥深さに気づかせていただいたパリー教授に改めて感謝したい。

パリー教授は、ダーデン時代はマーケティング、特に新製品開発が専門分野であったが、現在はミズーリー大学カンザスシティ分校ブロック経営大学院のアントレプレナーシップ・イノベーション分野の看板教授である。ソレンソン先生も元々は国際マーケティングを専門にされていた。そして、私も元々はマーケティング研究者であり、現在でもその端くれの一人である。このような研究者遍歴の機会を提供していただいた流通科学大学に感謝したい。また、関西学院大学専門職大学院経営戦略研究科ではケースメソッド教育をベースにして授業を担当させていただいている。豊富な現場情報や現場経験を持っている社会人学生とケースに基づいてディスカッションすることは、私にとって何ものにも代えがたい充実した時間である。本書の執筆にはそのことも大いに貢献した。最後に、本書出版の機会を与えていただいた関西学院大学に感謝申し上げる。また、関西学院大学出版会の田中直哉氏と、懇切丁重な校正作業をしていただいた松下道子氏にも感謝いたします。

第1章

本書の構成とねらい

　企業家精神（entrepreneurship）については多くの論者が様々な分析を行っているが、しかし要するに企業家精神とは一体全体何であるのだろうか。この疑問が本書執筆の基本的な問題意識の端緒であった。この疑問に様々な角度から切り込んだ成果が本書である。本書は以下のような構成になっている。

　本書の構成は、筆者の企業家精神に関して明らかにしたい疑問（リサーチ・クエスチョン）が湧いてきた順に並べられている。すなわち、第2章の疑問を明らかにした後に、第3章の疑問が湧き、そしてそれを解明した後には第4章の疑問が湧いてきたというようにである。その意味で本書の構成は、筆者が興味の赴くままに企業家精神を多面的に分析してきた時系列を示しているのである。しかし、本書全体としては本書のタイトルである『企業家精神のダイナミクス』を、ケーススタディ・リサーチを活用して解明することができたと自負している。

　以下では、本書における企業家精神に関する筆者の疑問とその解明のプロセスと分析結果を紹介してゆく。

　成功した企業家はどのようなプロセスを経て起業に成功し、さらにその企業を成長させてゆくのかという問題にまず関心を持った筆者は、実際に企業家として定評のある人物のライフ・ヒストリーを調べたいと考えた。そこで筆者は、企業家（起業家）として有名な2名の企業家のライフ・ヒストリーを比較することにした。1名はセコムを創業した飯田亮であり、もう1名はドトールコーヒー（現在は、株式会社ドトール・日レスホールディングス）を創業した鳥羽博道である。第2章では、この2名の企業家のライフ・ヒストリーを比較した。そして、そこからいくつかの共通した要素を抽出することができた。以下はその要素群である。

　まず両者に共通しているのは、画期的なビジネス・アイディアを創造する能力に長けているという点である。言い換えると、両者はセレンディピティをタイミングよく捕捉することができているのである。セレンディピティはよく「幸運な偶然」と訳されているが、この2名はこの偶然の機会を確実に捕捉しているのである。具体的には、飯田は起業前に友人が教えてくれた「先進国では警備保障事業がある」という言葉に"ハッ！と"し、それまで温めていたシアーズ・ローバック型の通販ビジネスのアイディアを捨て去ってしまった。鳥羽の場合であるが、彼は高校中退時からのコーヒー店での住み込みから始まるコーヒー関連の仕事や事業を展開していたが、起業の約10年後に訪問したヨーロッパでのコーヒー事業視察で"ハッ！と"している。

　第2の共通点は、両者はセレンディピティを捕捉するための継続的な努力を行っていることである。飯田は幅広い情報を収集する努力を不断に行っている。鳥羽の場合はコーヒー関連ビジネスの幅広い現場での継続的な経験学習がベースになっているし、喫茶店の店長に任命された時には鳥羽は勉強のため大型書店で専門書を探すなどの行動もしている。このよう

な普段からの情報感度を向上させる努力によって、セレンディピティを捕捉することができるのである。

　第3の共通点は、第1と第2の共通点とも密接に関連している。それは、飯田も鳥羽も起業後もビジネスモデルの変革を機敏に、かつ大胆に実行している点である。飯田の場合には、機械警備への転換やB2BだけではなくB2Cへの進出がそうである。鳥羽の場合には、特にスターバックスの参入に対抗したエクセルシオールカフェ業態の導入がそうである。これらは、Teece（2009）の提唱したダイナミック・ケイパビリティという企業家の能力である。

　すなわち彼らは、市場環境の変化によって不利な状態に追い込まれても、それを新たなビジネスチャンスと捉え、ビジネスモデルの革新につなげる能力を有しているのである。例えば、自社の警備員の犯罪という苦境からビジネスモデルの機械警備への転換を発想するという飯田の能力、そしてスターバックスの参入という「黒船の到来」をビジネスチャンスと捉えて、スターバックス対抗業態を展開し始めた鳥羽の能力はその典型である。

　第4の共通点は、第3の点とも密接に関係するが、彼らが革新的ビジネスモデルをデビューさせるタイミングの良さである。飯田は東京オリンピックの警備を一手に担当できるタイミングで事業を立ち上げた。それだけではなく、彼は人的警備の限界を感じ、いち早く機械警備への転換を図っただけではなく、今度はそれをB2Cの分野へタイミングよく展開させた。鳥羽の場合には、立ち飲みコーヒー業態のデビューがその典型例である。彼は、立ち飲みコーヒー業態をヨーロッパ視察で着想し、その業態を日本でデビューさせるまで9年間もそのタイミングを見計らっていたのである。第5章と第9章では、企業家がどのようにして革新的ビジネスモデル導入のタイミングを見極める高い能力を身につけることができるのかという問題を解明する。

　第5の共通点は、両名の有する粘り強さや逆境に対するレジリエンス（しなやかな反発力）である。それでは彼らはなぜレジリエンスが高いのであろうか。それには2つの理由があると考えられる。1つは、第4章と第

5章でも詳述するが、彼らは逆境をポジティブに把握することのできる高いレベルのポジティブ・エモーションを有しているからである。もう1つの理由は、彼らは自らの事業に高い社会的な意義を感じているからである。具体的には、飯田自身、起業するに際して、その事業は社会に必要とされる必要があると考えており、その結果として彼は警備保障サービスという事業に行き着いたのである。鳥羽も消費者に「憩いの一時を過ごすことのできる」コーヒー業界の健全化を図りたいといった意識で、ヨーロッパ視察に出かけている。

この高名な2名の企業家のライフ・ヒストリーを分析した後、筆者はこの2名の企業家だけの比較分析の結論をはたして一般化することができるのかという疑問を持つにいたった。つまり、飯田や鳥羽と同じくサービス分野で革新的なビジネスモデルの構築に成功したもっと多くの企業家を分析する必要性を感じたのである。第3章はこの研究課題への対応である。

第3章ではサービス分野においてビジネスモデルの革新に成功した37名の起業家を取り上げ、グラウンデッド・セオリー・アプローチを用いて、成功した企業家はどのような瞬間にビジネスアイディアを、どのようにして発想するのか、企業家はそのビジネスアイディアをどのようにして具体的なビジネスモデルに変換するのか、そして企業家は起業後にどのようにしてその企業を急成長させてゆくのかという問題群を明らかにしようとした。分析の結果、第3章では以下の点が明らかにされた。

第1に、サービス分野のビジネスモデルの革新に成功した企業家は、ビジネスアイディアを常にキャッチしようと努力していること、しかもそれぞれの企業家はいくつかの問題意識をもってビジネスアイディアの創造（＝ビジネスチャンスの認識）を行っていること、そしてビジネスチャンスを発見する「ハッ！とする瞬間」を体験していることが明らかになった。

第2に、成功した企業家はそのビジネスアイディアをすぐに現場で実践する場合と、そのビジネスアイディアやビジネスチャンスについて入念な調査分析したり、ビジネスのノウハウを蓄積してからそれを実践する場合があることが明らかになった。通常、前者は企業家が既にそのビジネス分野である程度のノウハウを蓄積している場合や既存のノウハウを応用でき

4

る能力がある場合と、逆にそうではない場合とが存在した。前者の場合には起業は比較的スムーズに成功するが、そうではない場合には企業家は起業後に波乱万丈の人生を歩み、ビジネスモデルを現場で調整するためには3年から6年の経験学習の期間が必要になるということが明らかにされた。

　第3章での分析は、Sarasvathy（2001, 2009）の主張する「コーゼーション "Causation"」と「エフェクチュエーション "Effectuation"」の区別が日本のサービス分野で成功した企業家の場合でも発生していることの裏づけとなった。コーゼーションとは企業戦略の「原因と結果」が明確な場合であり、革新的なビジネスモデルをベースにして論理的な戦略を立案・実施することによって起業は成功するとの考え方である。先述したように、前者の企業家の場合がそうである。エフェクチュエーションとはある程度の方針が決まったら起業して、その後は試行錯誤しながら経験学習を積んでいって、ビジネスモデルを調整してゆくという立場であり、前記の後者の企業家の場合を意味している。すでに紹介したように、そのためには3年から6年もの経験学習が必要であることが第3章の分析から明らかにされている。

　このようにしてサービス分野で成功した企業家の成功のパターンを明らかにした後、筆者にはさらなる疑問が湧いてきた。それは企業家精神はそもそもどのような要素から構成されているのかという疑問と、さらにもう1つ「眠っていた企業家精神」が覚醒される瞬間は存在するのかどうかという疑問であった。筆者はまず後者の問題の解明に取りかかったが、しかしその時点ではまだ不十分な分析しかできていなかった。したがって、この問題は引き続き筆者の無意識のレベルで追求されることになった。その成果が、本書の「第5章　企業家精神の覚醒プロセス」である。

　その時点で「企業家が覚醒する瞬間の分析」を研究途上の中間報告という形で発表した後、筆者はもう1つの課題であった企業家精神の構成要素の解明に注力することにした。その成果が、本書の「第4章　企業家精神の心理学的分析」である。第4章では、成功した企業家はそもそもなぜ起業に成功し、その企業を急成長させることができたのかという問題、すなわち成功した企業家の企業家精神の心理学的な特徴の解明を試みた。成功

した企業家の一番の特徴は好奇心の高さとそれを満たそうとするモチベーションの強さにあるが、第4章では好奇心の充足は内発的動機づけ（intrinsic motivation）であり、それが最も充足される瞬間をフロー概念や至高体験という概念にかかわらせて説明している。

　確かに、好奇心の充足には達成感という最高の「ご褒美」が結果するのであるが、それでも好奇心を発揮するためには新しいことを始めるのに伴う不安感を克服する必要がある。第4章では、不安感の克服に関して、ポジティブ心理学の理論フレームを援用している。その代表が、Fredrickson（2004）の "The Broaden-and-Build Theory" と "The Undoing Hypothesis" である。その他に第4章においては、Snyder（2002）に代表される「希望理論」や Bandura（1994）の自己効力感（perceived self-efficacy）といった概念も援用している。第4章の最後の節では、以上の概念をケースに当てはめて企業家精神に関する理論的フレームワークを仮説的に設定している。

　先程もふれたように、第5章では、企業家はその後の人生やキャリアを大きく変化させるような気づきを、なぜ、どのようにして経験するのかという疑問を明らかにしようとしている。第5章では企業家には3種類の気づきが存在すること、すなわちシングルループ学習（ビジネスモデル改善への戦術レベルでの気づき）、ダブルループ学習（ビジネスモデル革新への戦略レベルでの気づき）、トリプルループ学習ないしは変形学習（ビジネスモデルの前提を変化させる気づき）の存在を明らかにすることができた（Argiris 1991, Torbert 2004）。そのなかでも、企業家にとってのメジローの変形学習（transformative learning）の重要性が明らかになった（Mezirow 1978）。

　革新的なビジネスモデルの変革は通常はダブルループ学習によって発生するが、しかし抜本的なビジネスモデルの変革はトリプルループ学習や変形学習によって発生する。メジローの変形学習理論の重要性は、人に変形学習をもたらす「当惑させられるディレンマ」の存在を示唆している点にある。「当惑させられるディレンマ」に直面した時に人は心を揺さぶられる体験を行い、そのことによってビジネスモデルそのものの前提条件となっ

ている世界観や人生観、価値観を「一瞬のうちに変形」してしまうのである。第5章で取り上げた企業家もそのような変形学習を行ってから、業績が急成長したケースが多い。

　以上までの考察は、本書の一連の研究のとっかかりとなる第2章での著名な2人の企業家、飯田と鳥羽のライフ・ヒストリーの比較研究の成果をベースとして、どちらかと言えば、成功した企業家の企業家精神の構成要素の特徴（第4章）とその企業家精神の発展段階（第5章）、そして企業家精神の発現形態と発現プロセス（第3章）を研究対象としていた。それに対して、第6章以降の章においては、企業家精神が具体的にビジネスの現場、つまり市場に対して発揮されるプロセスの分析をメインとしている。

　第6章は、企業家がどのようにして新市場を開拓するのか、そしてその開拓には一定のパターンがあるのではないかという疑問を明らかにしようとしている。第6章では、新市場の創造をビジネス・ドメインの3つの構成要素であるWho、What、Howを1つ以上変更したケースと定義しながら、多くの起業に成功した企業家のケースを分析した。Whoの場合には顧客の変更である。つまり、これは新しい顧客カテゴリーに、従来と同じ製品やサービスを（同じ顧客ニーズに向けて）提供することである。逆に、Whatの変更の場合には、同一の顧客のレベルの異なった顧客ニーズを、従来と同じ製品やサービスのポジショニング戦略の変更によって充足することとなる。他方で、Howの変更は、本書で取り上げた流通・サービス分野の起業家の場合には、WhoやWhatの変更に伴って行われる場合が圧倒的に多いことが明らかにされた。

　以上の分析の結果、Whoの革新とは新しい顧客カテゴリー、すなわち新市場カテゴリーの発見と開拓に成功したケースであることが明らかになった。いわゆるブルー・オーシャン戦略であり、これは新市場を開拓する典型的な方法の1つである（Kim and Mauborgne 2015）。具体的には、高齢者に特化した海外旅行代理店のニッコウトラベル、学生サークルに焦点を当てた旅行代理店の毎日コムネット、そしてハイファッションの子供服に特化したナルミヤ・インターナショナルなどがそうである。

　第2のWhatの革新とは、これまでとはレベルの異なった顧客ニーズを

発掘することによって、新市場を創造するタイプである。このタイプには2つのパターンが存在した。それらは、マスマーケット型の革新と中間領域の市場カテゴリーの発見・開拓である。

最初に、マスマーケット型の革新を取り上げる。実は、本書が対象とした革新企業のなかではこのタイプが圧倒的に多かった。例えば、関西スーパーマーケット、セコム、青山商事、グルメ杵屋、はなまる、幸楽苑、QBハウス、スタジオアリス、元禄寿司、スーパーホテル、ネクストジャパン、パーク21、テンポスバスターズ、ブックオフ、ドトールコーヒー、大創産業、コメ兵、そしてアート引越センターなどがこのタイプである。これらの会社は、スケールメリットを活用できるビジネスモデルの開発・実現に成功し、市場規模のニッチ性の制約を打破したのである。

他方で、中間領域の市場カテゴリーを発掘した企業としては、自然化粧品店チェーンのハウス オブ ローゼ、焼き立てパンをウリにしたレストランチェーンのサンマルク、居酒屋とファミリーレストランとの中間である「居食屋」業態を開発したワタミ、そして繁華街でのくつろぎの空間の提供をウリにしたスターバックスなどが存在する。

最後に、Howを革新したタイプであるが、これはニッチマーケット型の革新であると考えられる。Howの発想から新しい市場の開拓に成功したケースは、青梅慶友病院、ドン・キホーテ、オオゼキ、ポプラ、久田（チーズ王国）、旭山動物園、安全センター、テイクアンドギブ・ニーズ、そしてモスフードサービスなどである。How型は多くの場合、ニッチ型の市場創造と位置づけられるが、その理由はこれらのケースは大衆化路線とは逆に、顧客ニーズにきめ細かく対応する「ハイタッチ型」の路線であるからである。従って、これらの企業の課題は、ビジネスモデルのニッチ性という限界を突破することにある。

第2章から第6章までの研究対象は、企業家精神の発露による新市場の開拓に成功した企業家の分析になっている。しかし、筆者にはもう1つの疑問が湧いてくることになった。それは起業に成功し、急成長している企業はどのような理由で失速してしまうのかという疑問である。逆に表現すれば、創業時の成功の条件と急成長期での成功の条件とはどのような関係

になっているのかという疑問である。第7章は、その疑問を明らかにしている。失速した急成長企業のケースを分析した結果、いくつかの興味深いパターンが発見された。

　急成長企業が失敗する原因として、ケース分析の結果から5つの要因を抽出することができた。そのなかでも最も重要なコア要因は「急成長の罠」である。これはサービス企業に特有の現象である。サービス業の場合、サービス財を生産するのは人的資源である。また、サービスは生産と消費が同時に行われるので、在庫することが不可能である。このため、サービス企業が急成長する結果、サービス担当者の人員が物理的に不足したり、それほどレベルの高くない新人を現場に出さざるをえなくなる。そうすると必然的にサービス水準が低下し、顧客満足度の低下により顧客は離脱することになる。それだけではない。それまでの顧客期待は上昇しているので、顧客が不満に感じてしまう確率も高くなる。不満に感じた顧客はネガティブな口コミを発生させる可能性が高い（佐藤 1999b, Grönroos 2016）。

　急成長の罠に陥る2つ目の理由は「ニッチ市場の狭隘性」である。急成長企業は好業績ゆえに証券会社から上場の誘いがかかる。上場すれば社員も喜ぶし、取引先からも一目置いてもらえることになる。何よりも、「創業者利得」を得ることができる。このような理由で上場を決断するが、上場すれば株価を上昇させ、高配当金を支払う必要性がある。市場が狭隘であるにもかかわらず、急成長の罠に陥ってしまうのである（佐藤 2007）。

　また、急成長しているため、模倣企業、特に大企業の市場への参入を引き起こすことになり、ブルー・オーシャン市場はレッド・オーシャン化することになる。その結果、売上高と利益率は低下する。これが3つ目の失速の理由である。

　第4の失速の要因は、革新的急成長企業がマスメディアに取り上げられたり、模倣企業の参入による同種製品の露出度が高まることによって、その製品カテゴリーの需要がブーム化し、その反動が訪れることである。過去から多くのブーム化現象とその反動とが存在してきた。

　最後の第5の要因は、企業家の経営理念や経営ビジョンの欠如、いいかえれば売上・利益第一主義の経営方針である。企業家のビジネスに対する

価値観が何らかの理由で売上・利益志向に転向する可能性があるが、すでに説明したようにその最も大きな要因は株式の上場である。

このように、急成長企業失速の5つの要因は相互に関連しあっているのである。その後、筆者は企業家のリーダーシップのあり方に興味を持つようになった。つまり、「企業家のリーダーシップが企業の急成長を維持させたり、逆に急成長を失速させたりするはずである。というのも、急成長に必要不可欠なのはモチベーションや組織への帰属意識の高い優秀な人材であり、企業家がそのような人材を雇用し、率いることができる理由は、企業家のリーダーシップのあり方にあるに違いない」と考えたからである。

第8章では、起業に成功した企業は成長するにつれて従業員数も多くなるが、そこで企業家はどのようなリーダーシップを発揮しているのかという疑問に切り込んでいる。第8章では、いくつかの企業家のリーダーシップ・スタイルの成功例と失敗例を比較分析するなかから、取引型リーダーシップ（transactional leadership）、変革型リーダーシップ（transformational leadership）、サーバント型リーダーシップ（servant leadership）、オーセンティック・リーダーシップ（authentic leadership）という4つの代表的なリーダーシップ・スタイル間の関係性を明確にすることができた。

取引型リーダーシップはフォロワーに対して条件付きの報酬と懲罰（いわゆる「飴と鞭」の経営）を与えるリーダーシップのタイプである。変革型リーダーシップは組織目標にフォロワー個人の目標を一致させるリーダーシップのタイプである。サーバント型リーダーシップはそれだけではなく、フォロワーの育成を最も重視するリーダーシップのタイプである。

近年のリーダーシップ論においては、取引型と変革型そしてサーバント型のリーダーシップ・スタイルの階層関係の実証分析が脚光を浴びているが、筆者は高次のリーダーシップの必要条件としてのオーセンティック・リーダーシップに注目している。このタイプのリーダーは、高い自己認識を持ち、ぶれることのない高い道徳観を持ち、バランスのとれた情報処理ができ、そして公平な人間関係を構築することができる。これはまさにリーダーにとっての必要不可欠の条件である。

筆者は成功した企業家のケース比較から、サーバント型リーダーや変革

型リーダーはオーセンティック・リーダーの具体的な発現形態であり、そ
れらは企業が置かれた状況によって使い分けられていることを発見した。
第 8 章では、具体的に、平時にはサーバント型が、そして激変期には変革
型、特にカリスマ型のリーダーシップが必要であることが明らかにされて
いる。

　リーダーシップに関する企業家精神の研究が一段落した頃、筆者は以前
から関心をもっていた社会人教育（adult learning）の理論的フレームワー
クを用いて、成功した企業家の経験学習（experiential learning）やアク
ション・ラーニングについての具体的なケース分析を行ってみたいと考え
るようになった（佐藤 2010）。その成果は 2 名の世界的なパティシエであ
る辻口博啓と小山進の経験学習サイクルの異同性を詳細に分析した佐藤
（2012）である。第 9 章では、ケース対象企業家をさらに拡大して、成功し
た企業家の経験学習サイクルや企業家という職務に対する意義づけの特徴
を考察している。

　第 9 章では、複数のケースを分析しながら企業家のリーダーシップにつ
いての経験学習とフォロワーのジョブ・クラフティング（job crafting）に
ついての企業家の気づきの特徴について明らかにした。ジョブ・クラフ
ティングとは、従業員が自らの発意で組織から与えられたジョブ（仕事）
をクラフト（手作り）することを意味している。具体的には、それは仕事
の肉体的な活動内容の変更（タスク・クラフティング）、自己のバリュー
チェーン上の位置づけの変更（リレーショナル・クラフティング）、そして
自己にとっての仕事の意義づけの変更（コグニション・クラフティング）
から構成されている。

　また、企業家の経験学習において重要な点は、コルブの経験学習を構成
する 4 つの要素のうちの「抽象的概念化」の項目である（Kolb 1984）。こ
の部分は暗黙知となりがちであるが、成功した企業家はそれを暗黙知には
せずに明示知化し続けており、それゆえに環境変化にもそのビジネスモデ
ルを巧みに対応（改善と革新）させることができるのである。成功した企
業家のこの特徴は、環境変化による組織の脅威を逆に機会と捉えて経営改
革を実現する能力を意味するダイナミック・ケイパビリティ（Teece 2009,

Helfat and Peteraf 2015）の基盤となっているのである。

　さらに第9章では、経験学習サイクルをスムーズに回転させることのできる企業家の特徴、経験学習サイクルと「ゆで蛙」症候群（boiled-frog syndorome）に陥る4つの要因（危機感の欠如、解決策を案出する経営リテラシーのなさ、解決策を実行する勇気のなさ、解決策を実行する能力のなさ）との対応関係も考察している。最後に第9章では、ドレイファスの技能取得の5段階モデルとの関連でチクセントミハイのフロー概念やエリクソンのデリベレイト・プラクティス（deliberate practice）概念が企業家精神の発展段階にかかわって紹介されている。

　最後の第10章では、本書が解明した企業家精神のダイナミクスについての発見物をベースにしながら、今後の企業家精神の研究の方向性を示した。そのなかでも特に、筆者が今後に関心を寄せるべき課題は日本における起業家メンターの育成である。様々な各種の統計データからも、日本人の企業家度は最下位に近い状況になっている。その理由は、佐藤他（2014）で詳細に説明されている。しかし、そうであればこそ、日本では起業家メンターの存在が必要不可欠なのである。今後は本書の研究成果をベースにしながら、企業家の活動を支援できるような優れたメンターを育成できる教育プログラムを開発・実践してゆきたいと考えている。

　以上が本書の章別の内容である。基本的に本書の章立ては筆者がその都度ごとに感じてきたリサーチ・クエスチョンを解明した順序になっている。以下では、本書の構成をテーマ別にも紹介してゆくことにする。本書を改めて編纂した結果、「点が線」になっていることに改めて気づいたからある。以下で敷衍する。

　筆者は取りあえず企業家精神のコア部分を革新（イノベーション）と捉え、それが端的に発現する場が新市場開拓であると考えた。本書の第2章、第3章と第6章はその問題に取り組んだ。しかし、筆者にはさらに創業に成功した企業はどのような理由で失速してしまうのかという疑問が湧いてきた。その意味では、第2章、第3章、第6章、第7章は企業家精神の市場での発現に関係した分析の発見物をまとめている。これに対して、第4章、第5章、第8章の内容は企業家精神そのものの内容に関連してい

る。さらに、第9章では、第4章、第5章、第8章の内容のベースになる企業家の経験学習による企業家精神の発展プロセスを分析した。

　以上から、本書の研究テーマの全体的な構成は図1-1のようになっていることがわかる。

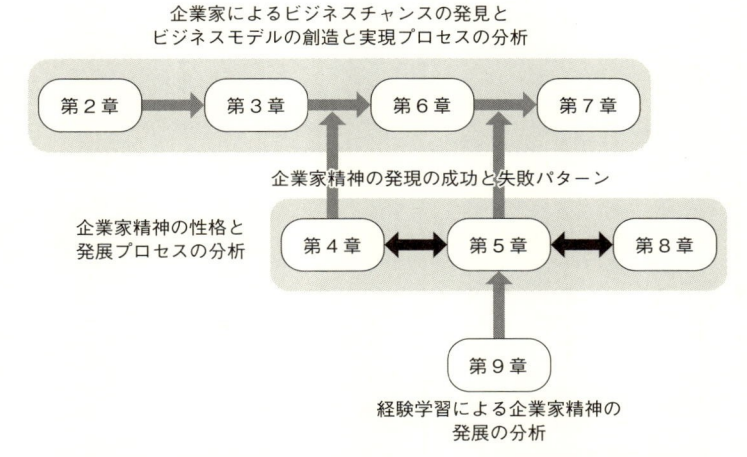

図1-1　企業家精神のダイナミクスについての各章間の関係

第2章

新市場の創造における企業家精神の発現

第1節　本章の目的

　一般に、経済学や経営学においては、企業家（entrepreneur）の最大の特徴は市場機会の発見と開拓であると言われている。そして、それに関連した企業家の特徴として、革新性、危険負担、達成意欲などといった心理面、特にパーソナリティの存在が指摘されてきた。そのような企業家の特徴を実証するために、これまで企業家と「普通の人間」との違い、あるいは企業家と大企業の管理者との違いについて、非常に多くの研究がなされてきた。ここでは、それらの研究のレビューは行なわないが、しかしそれらの研究は企業家の特徴として明確な結果を得ることに成功してはいない。

　そのような一連の心理学的研究の失敗への反省から、今度は企業家の特徴を把握するために社会学的なアプローチが用いられるようになった。その代表的な研究のテーマは、企業家はどのような家庭環境に育ったのか、企業家はどのような教育を受けてきたのか、企業家は何歳ぐらいのときに革新的な企業を創業するのか、あるいは企業家はどのような社会的なネットワーク（social capital）を形成しているのか、などである。しかし残念ながら、社会学的な研究もこれまでのところ有意義な結論を導き出すにはいたっていない。

　企業家の特徴把握に対する心理学的アプローチと社会学的アプローチが芳しい成果をあげてこなかった理由は、企業家精神の核となる「市場機会の発見・開拓」面に関する研究の立ち遅れにある。理論的な企業家精神の最大の特徴は、革新の発見にあるということはシュンペーター説以降、多

くの企業家研究者に大きな影響力を及ぼしているカーズナーに代表される
オーストリア学派の経済学者の間で定説となっている。しかし、不思議な
ことに、実証分析においては、「革新」は企業家の特徴から抜け落ちている
のである。

　その理由は、ほとんどの実証分析においては、「企業家 vs. 非企業家」と
いう対比ではなく、「起業者 vs. 非起業者」という比較で研究がなされてい
るからである。そこでは革新という重要な企業家の特性を欠いたまま、企
業をスタートさせた者（＝起業者）とそうでない者との違いを分析してい
るのである。それゆえに、革新を企業家研究に取り戻すことが急務となっ
ている。

　本章では、その目的のために、革新に成功した企業家２人の詳細なケー
ス・スタディを通じて、市場機会の発見と開拓にかかわる企業家精神の要
素を抽出する。すなわち、ここでは、企業家による市場機会の発見にかか
わって、次の２つのリサーチ・クエスチョンを設定する。すなわち、企業
家は、どのような状況で革新的な市場機会を発見するのか、なぜ企業家は
発見することができたのか、がそうである。他方で、企業家によって発見
された市場機会の実現のプロセスについては、以下の問題を明らかにす
る。すなわち、企業家は困難に直面した場合に夢（目的）の追求を諦めな
いのはなぜか、企業家の革新を実行する能力はどのようにして形成される
のか、がそうである。

　以下では２人の企業家を取り上げる。セコムを創業した飯田亮とドトー
ルコーヒーを創業した鳥羽博道である。第２節と第３節でそれぞれの企業
家の軌跡を紹介し、第４節においては飯田と鳥羽に共通した企業家的要素
を抽出する。そして最後の第５節においては、それらの企業家的要素の相
互の関連性が仮説的に構築される。また第５節においては、今後の研究の
方向性が示される。なお以下では、新聞や雑誌記事からの引用は煩雑にな
るので、本書ではその旨を明記しない。佐藤（2003a）を参照されたい。

第2節　セコム　企業家としての飯田亮のケース

1　飯田亮の生い立ち

　飯田亮は1933年4月1日、東京で有数の酒問屋「岡永商店」の五男坊として生まれた。飯田は末弟だったため、「破廉恥なこと以外、好きなことをやってみろ」と自由に伸び伸びと育てられ、小学生時代は「大きくなったら総理大臣になると確信していた」という。飯田は戦争で葉山の別荘に疎開していたため、地元の湘南高校に進んだ。高校ではラグビー部を創設して自らキャプテンに納まった。その後、学習院大学に進学し、そのころまだ珍しかったアメリカンフットボール部を作ってキャプテンを務めた。

　飯田は大学卒業後、家業の酒問屋、岡永商店に入社した。しかし当時、三男までが岡永に勤めていたため、待っていたのは下積みの"丁稚奉公"であった。「倉庫番をやらされたり、夜明け前にたたき起こされて貸金取り立てに行かされたり」と、父の紋治郎に徹底的にしごかれた。飯田の独立への欲求はこうした生活のなかで高まった。

　飯田はその間の事情を次のように説明する。「当時は旅行代理店に勤めていた戸田寿一が週に2日ほどはうちに来て、酒を酌み交わしながら『何かやろう』とおだをあげていました。2人でまず考えたのは、通信販売の会社。米国のシアーズ・ローバックの分厚いカタログに載っている商品へのあこがれもありました。具体的に計画を練り、在庫管理のシステムまで作りました。ところが、61年の秋、浅草の鳥なべ屋である友人から、『ヨーロッパには警備会社というのがある』という話を聞いて、気持ちが変わりました」。

　後に、飯田はそのときの心境を次のように説明している。「ビジネスに対する思い入れが私なりにありました。努力すれば大きくなるとか、事業を自分で勝手にデザインしたいとか。日本にまだない仕事がやりたいという具合に……。それとビジネスには大義名分がなければいけない。セキュリティーのビジネスはその大義名分がはっきりしていた。たまたまヨー

ロッパにセキュリティーをやっている会社がある、ということを友人に聞いた。『これだ』と直感的に思った。話を聞いて 20 分で決めました」。

2　日本警備保障の設立

1962 年 7 月 7 日、飯田はなけなしの 50 万円をはたき、そして信用組合から 200 万円を借りて、友人の戸田と日本警備保障を設立した。事務所は神田小川町のビルの屋上、エレベーター機械室の隣の "ボロ部屋" であった。飯田と戸田、そしてガードマンが 2 人のミニ会社であった。

最初の "商品" は工場やビルの巡回警備であった。飯田はがむしゃらにセールスに歩き回った。「他人の力を借りたくない」という飯田は知人のツテやコネに頼らず、すべて飛び込みで回った。とはいえ「若僧がいきなり、お宅の鍵を借せといっても、ウンという人はいない」。しかも、支払いは 3 カ月分前払いという条件であった。

飯田は、前金制にこだわる理由を次のように説明する。「資本金が少ないですから。後払いだと売れれば売れるほど資金が詰まってくる。それと何か不手際があれば補償しますから、お金を支払って頂かないと補償できません、という理由です。実家の酒問屋は全部、後払い、それも 3 カ月後でした。ツケに悩まされたこともありますし、こっちが金利を負担してまで金をお貸ししなければならない理屈が私にはわからなかった」。

仕事が取れず、資本金を食いつぶすだけの日々が続いた。しかし、飯田はそれでも妥協しなかった。最初に取れた契約を飯田は次のように回想する。「巡回警備で一晩に何回か巡回する契約。1962 年の 12 月末の契約でした。料金は月に 2 万 4725 円。いまでもはっきり覚えています。事業を始めたのはその年の 7 月ですからその間 5 カ月余り、一銭の収入もなかった。しかも、その後もしばらくはこれが唯一の収入でした」と。

飯田は顧客に次のようにして売り込んだ。「セキュリティーというものがきちんとされない場合の損失は大きいですよ。それを効率よくするには当社に任せて下さい。内部で警備の部隊を持っていると、責任者はスタッフを増やしたがる。警備はどこまでするべきか、わからないから第三者の目でチェックし必要な警備をするほうがコストが削減できますよ」と。

　後に、飯田は企業経営とは「飽きないこと」だと説明する。問屋時代、セールス先の築地の魚河岸のオヤジさんに教わった言葉である。「本気で売りたきゃ、何度でも飽きずに来い。売れないから来ないのではだめだ。商売は効率論じゃあない」と。飯田は、気力がなえそうになると、この言葉を思い出して我れと我が身をふるい立たせていると言う。

3　東京オリンピック選手村の警備

　ボツボツ契約が増え出したのは 1963 年半ばごろからであった。このころはまだ、契約を取ってから必要な数だけガードマンを採用して、飯田が手探りで教育していた。同社を一躍、有名にしたのは 1964 年に開催された東京オリンピックであった。このころには社員も 100 人を超えるようになっており、警備のプロとして選手村や競技施設の警備を任され名を上げた。同社の名は全国に知れ渡った。選手村警備のために約 50 人のガードマンを増強したにもかかわらず、それでも閉幕後の相次ぐ警備依頼でなお人数が足りないほどであった。

　さらに、翌年 4 月には同社をモデルにしたテレビ番組「ザ・ガードマン」が登場して、警備業が広く理解されるようになった。このテレビ番組は最初、「東京用心棒」というタイトルを予定していた。それを飯田が「絶対こまる」と頑張り、代わりにガードマンという言葉を考え出した。英語で警備員を意味する「ガーズ」をもとに和製英語として案出した。

　その間の事情を飯田は次のように回想する。「テレビ会社のひとが番組制作に当たって相談に乗って欲しい、といってきたんです。大変結構な話というわけで『タイトルをザ・ガードマンにして脚本はすべて（日本警備保障に）監修させてほしい』という条件を出した。そしてストーリーも女がらみ、酒がらみはノー、と言ったんです。イメージアップに果たした役割は極めて大きかった。入社を希望する人も増えた」と。

4　続出したガードマンの不祥事

　1966 年、飯田に危機が訪れた。社員の不祥事が立て続けに表面化し、

警備保障会社としての信用を失ってしまった。同社のガードマンが盗みを働くという伊勢丹事件が起きたのである。飯田は以下のように説明する。

「最初は 66 年 6 月、都内のある百貨店に派遣した従業員が盗みを働いたという事件です。三重県四日市市に出張して、夜、ホテルに着いたら電話がかかってきた。翌日は三重の会社の設立総会だったのですが、いるわけにはいかないから、その夜はドライマティーニを 2 杯ひっかけて寝てしまい、翌朝、一番電車で帰京しました。それで、『こんなことは二度と起こしません』と契約先を謝って回ったのですが、1 週間後にまた起きた。それから 1 か月半の間に 3 回、4 回と全部で 6 回もやってしまいました。新聞やテレビでいやというほど騒がれ、漫才のネタにされるほど。それだけでは済まないで社員の子供がいじめられる。『お前の父さんはガードマン。泥棒ガードマン』とか言われてね。とにかくしばらくは大変だった。20 日間くらいは自宅に帰れなかった。昼間は謝罪に回り、夜は各営業所を回って社員と話し合った。謝罪に回るなかで顧客のなかには『今は苦しいだろうけど、とにかく頑張れ』と励ましてくれる人もいた。そういう顧客は今でも覚えていますよ。それと社員が『我々もしっかりやる』と結束した」。

そして、その事件に追い打ちをかけるかのように、給与などを巡って労働組合との対立も深刻化した。飯田はその後の対処について次のように回想する。「当時社員は 1500 人から 2000 人ぐらいでしたが、30 人ぐらいずつ集めて研修して、そのあとビールを飲みながら深夜まで会社の将来などを話し合った。若かったから体が持ったけど、トップが命を削りながら会社や社員の方向付けをする姿勢があったからみんなついて来たんだと思います」。

5　機械警備への転換

飯田は、1965 年にエレクトロニクス技術で警備業務を処理する無人警備システムの開発に着手した。背景には高度成長による労働人口のひっ迫と人件費の急騰があった。こうして 1966 年春に「SP（セキュリティーパトロール）アラーム」システムが誕生して販売を開始した。これは契約先

に各種のセンサーをいくつか設置しておき、同社の中央コントロールセンターと電話回線で結んで、火災発生、どろぼう侵入などの異常を感知したら緊急出動基地からガードマンが駆けつけるシステムである。

しかし、飯田が創業時から夢に描いていたというこのシステムの実現には障害も多かった。最大の問題は、ばく大な開発・設備資金の調達であった。同社には自己資金で賄う余裕はなかった。しかも、銀行から借金するにも担保となる資産もなかった。それでも飯田は、いくつかの都市銀行を頭を下げて回った。しかし、熱心にその将来性を説いても、当時の常識を越えた新商品開発への投資に多くの銀行は二の足を踏んだ。そんな時、支援の手を差し延べ、無担保で融資したのが三菱銀行であった。後に飯田は、「本当によく貸してくれたと思う。今でも三菱さんに育ててもらった、という気持ちを忘れていない」と言う。

飯田はいくつかの理由から機械警備の必要性を感じていた。1 つは人手不足時代への対応であった。飯田は次のように説明する。「機械警備を考えたとき、機械化せずこのまま伸びていくとどうやっても社員数が 20 万人くらいになっちゃうな、と思ったんです。セキュリティー部門の会社がそんなに人間を持つことは日本の産業にとっていいことではない。セキュリティーのコストがかかり過ぎる、セキュリティーとはもっと効率よくできなければいけないな、と考えた。それに 20 万人をコントロールするのはちょっとしんどいなという考えもありましたね」と。

もう 1 つの理由は、模倣企業に対する差別化の必要性であった。飯田が創業して 2 年ほどたったとき、銀行や損害保険などの一流大企業をバックに、大物官僚 OB をトップに据えたライバル企業が誕生した。このとき、飯田は「潰されるかな」と大きな危機感を抱いた。飯田はライバルとは違ったビジネス・デザインを持つ必要性を感じた。それが警備業務の機械化であった。飯田は次のように説明する。「当時はそれこそ真剣に考えた。しかし日本の社会を見渡し、株主を揃えても相手が固められるシェアはせいぜい 10%。あとの 90% は俺のもの。じゃ 90% を攻められるビジネス・デザインとは何なんだ、と考えた」と。

そのとき、飯田は機械警備システムをレンタルにするか、それとも「売

り切り」にするかで悩んだ。その間の事情を飯田は次のように説明する。「レンタルは資金繰りが大変なんですよ。資本金も小さいし、売上高も少なかった時代ですから。それで、計算するとどうしても売り切りに傾く。ほとんどの電機メーカーからは、『機械をうちに作らせ、うちに売らせろ。お前のところはセンターでのサービスだけにしろ』という話があり、グラッときました。

しかし、セキュリティーの本質に立ち返ると、やはりレンタルなんです。売り切りだと、機械が故障した時、相手が修理代を出すまでは無警備になってしまう。セールスマンも成績をあげるため、余分なものまで売るようになります。まして、複数のメーカーに売らせたら、保守の手順などが異なって、収拾がつかなくなっていたと思います」。

飯田の決心を固めさせるもう1つの要因があった。飯田はそれを次のように回想する。「その年の秋、国際警備連盟の会議がニューヨークで開かれました。日本警備保障はまだ小さな会社でしたが、オブザーバーとして招かれました。その席で、僕は『保証金を取って、レンタル方式の機械警備をスタートした』と話しました。そうすると、参加した欧米各国の警備会社のトップらは『君は若いから、まだこのビジネスがわかっていない。そんなの客が契約するはずがない』とゲラゲラ笑いました。

欧米では機械を売却する方式が広がっていました。レンタルはわが社独自の方式。日本に帰る飛行機の中では、なかばやけになってジントニックをがぶ飲みしながら『ひょっとして間違ったかなあ』と考えました。帰国後、一から検討し直しましたが、やっぱりレンタルしかないと確信しました。……その後、世界でもレンタル方式にすべきだ、という流れが出ています。外国のまねをせず、自分でとことん考え、決めたのがよかったと思っています」。

6 108号連続射殺魔逮捕

1969年4月、「108号連続射殺魔」の永山則夫が逮捕された。このきっかけになったのが日本警備保障のSPアラームであった。殺人犯永山が東京・代々木のビジネススクールに侵入、この時同所に設置されていたSPア

ラームの感知器が反応し、同社のガードマンと警官が駆けつけ逮捕となった。この事件で機械警備システムが一躍注目を集め、以後、同社の成長に拍車がかかった。

飯田は次のように説明する。「犯人が東京の専門学校に忍び込んだのをセンサーが感知して、出動した。遭遇して、ピストルを構えたところを、警棒でポンと打ったので狙いが狂ったのです。あれは危なかったですよ。僕はその社員に言いました。『君、危ないことはするな』と。これ、本心です。

そんなこともあって、SP アラームが急速に普及したのですが、発売から売れ始めまでに時間がかかったこともラッキーでした。徐々に売れたから、レンタルの資金負担が軽く済みました。しかも、売れない間に初期のトラブルを解決し、システムの完成度を高めることができたのです。

システムを売り出して間もない 1966 年は年間 13 件の成約でした。お客さんの説得が大変でした。『これこれ、こういうことで、機械が警備します』と念を入れて説明したつもりでも、お客様には『そうはいかないよ。やっぱり人間がいなければ』という抵抗が依然あります。非常に遅々とした伸びでした。

当初、私はコントロールルームに回線装置がズラッと並んでいる夢を毎晩のようにみたくらいです。SP アラームというシステムを売り出したらこんないいシステムはないから、客が押し寄せ門前市をなすだろう、と考えたのです。そう思うようにはならないもんですね。それでも確か 2 年目は一生懸命売り込んだ成果で 200 件ぐらいになったと思いますよ」。

7　機械警備への完全移行

1970 年夏に開いた全社幹部会議の席上、飯田は重要な決断を下した。「今後ガードマンによる巡回警備はやめ、機械警備に切り替える」との内容であった。当時、巡回警備の契約件数は 4000 件で、契約数は順調に伸びていた。一方で、機械警備の契約件数は 1000 件であった。それだけに、幹部たちの驚きは大きかった。

飯田は機械警備の必要性を次のように説明する。「近い将来、労働時間

の短縮が必ず来る。そうなれば、人による警備の料金はもっと高くせざるをえない。その前に機械警備に切り替えた方がいい、と判断したからでした。しかし、社内にも人手を省く機械警備に抵抗感がありました。僕は、あらゆる機会を通じて社員に機械警備に取り組む必要性を訴えました。30人ずつぐらい集めて連日のように社員研修をしましたが、昼間だけでなく夜になってからもビールを飲みながら語り合ったのを覚えています。そういう日々がほぼ4年間続きました。おかげで僕は少し体を悪くしましたが、『機械警備を伸ばさなきゃ』という考えはすみずみまで浸透したと思います」。

8　機械警備のメリット

ハイテクを駆使した機械化警備の利点は主に2つある。第1は、顧客に全国均質のサービスを提供できることである。第2は、顧客を集めれば集めるほどコストが低減するスケール・メリットの存在である。飯田は、「多くの緊急出動要員を抱えているのは経営的には負担ではある。しかし、その負担を背負っているからこそハードウエアの改良に真剣に取り組んでこられた」とも言う。

レンタル制の効果も考えられる。エレクトロニクス技術は日進月歩である。売り切りでは顧客に誤作動の多い旧い機器がいつまでも残ってしまう。誤作動のたびに要員が駆けつけていてはランニングコストがかさんでしまうことになる。

同社の売上高原価率の推移をみると、1970年12月期の62.7％、1974年12月期の60.4％、1977年11月期の59.9％、1981年11月期には52.6％に低下している。

9　マイアラームの決断

1980年11月、月例取締役会がセコム10階の会長応接室兼役員室で開かれた。飯田は「企業だけが相手では限界がある。一般消費者に直結した商品を出したい」と切り出した。取締役会では多様な意見が出され議論が戦わされた。そして、全体の空気は「時期尚早でリスクが多過ぎる」という

意見にまとまりかけた。同社はこれまで 18 年連続で増収増益を続けている。それなのになぜというわけである。最後に発言を求めた飯田は言った。「やってみよう。一歩先んずれば早すぎるが、半歩先んじなければ創業者利益は期待できない。半歩にかけようじゃないか」と。

1981 年 2 月、セコムはわが国初のコンピューターによる家庭用機械警備システム「マイアラーム」を発足させた。ガードマンによる単なる労働集約型警備産業から「総合安全産業」への一歩が踏み出されたのである。そのとき飯田は、「松下電器産業もソニーも大衆商品を出し成長した。日本警備保障も同じ道を歩もう」と語った。マイアラームは、標準価格が月 9200 円（4LDK 対象）で、利用者にとっては値段が高いという意識もあって、2 年後の契約件数は 4000 件と伸び悩んでいた。

第3節　ドトールコーヒー　企業家としての鳥羽博道のケース

1　鳥羽博道の生い立ち

鳥羽博道は、1937 年 10 月に埼玉県に生まれた。鳥羽の父は東京美術学校（現在の東京芸術大学）を卒業し、郷里の埼玉県北西部の花園村（現在の大里郡花園町）に戻り、油絵の肖像画などを描いていた。彼は一風変わった楽天家で、家庭を顧みることはほとんどなかった。彼は骨とう商などもしたが、収入は不安定で、母が一家の生活を支えていた。その母は鳥羽が 9 歳のときに病死し、それから父はガラスで日本人形の目を作る仕事を始めた。鳥羽は中学 3 年生のころから、父の作った人形の目を人形の産地である埼玉県の岩槻市へ売りに行くようになった。

1954 年、鳥羽が高校 1 年の秋のある日、一日の売上の集計が合わなかったのが理由となって、鳥羽は父とけんかになった。かっとなった父は、家にあった日本刀をつかみ、鞘から引き抜くと「ぶった切る」と言って鳥羽に迫ってきた。怖くなった鳥羽は、あわてて裸足のままで、約 15 キロ先にある父の実家まで夢中で逃げた。その 3 日後、鳥羽は叔父に駅前の洋品

店で下駄とジャンパーを買ってもらい、東京に向かった。

2 コーヒーとの出合い

当時の東京は、朝鮮戦争後の不景気の最中であった。鳥羽は、たまたま新聞の募集広告で、住み込みのコック見習いの仕事を得た。鳥羽はここで初めてコーヒーと出合った。毎朝コック長が飲むコーヒーを用意するのも、鳥羽の重要な仕事であった。鳥羽は初めて飲んだコーヒーを特においしいとも思わなかった。

レストランでのコック、フランス料理店でのバーテンを経て、鳥羽が次に勤めたのは「サンパウロ」という喫茶店であった。鳥羽は、仕事をなかなか見つけることができず、この仕事も新聞の募集広告でやっと見つけた。鳥羽はここで店長の豊竹良に出会った。豊竹は鳥羽に時間を守ることや、掃除、マナーを厳しく教えた。彼は「将来は必ずブラジルに渡って、コーヒーの仕事に就くんだ」とよく口にしていた。鳥羽が働きだしてしばらくたつと、豊竹は「将来、ブラジルには君を連れていきたい。君の父親に話したいので、田舎から呼んでくれないか」と言った。

当時のブラジルは、船で42日ほどもかかる遠い国で、2度と帰って来られないとさえ思われていた。鳥羽はそのときまでには、父との関係を修復していた。鳥羽の父はやって来るなり、店長に「ぜひよろしく頼みます」と2つ返事で鳥羽のブラジル行きを承諾した。その後、豊竹は店を売り払って本当にブラジルへ渡った。しかし、ブラジルに渡った豊竹からの連絡はまったく途絶えてしまった。鳥羽は、豊竹は約束を忘れたのだろうと思った。

失業した鳥羽は、仕方なくコーヒー豆の焙煎卸会社で働くことにした。鳥羽は自転車で得意先へコーヒー豆を配達する仕事を半年続け、その後はセールスを任された。対人恐怖症の鳥羽にはセールスは最も苦手な仕事であった。鳥羽は口下手なので、言葉ではなく品質で顧客を説得するしかないと思った。鳥羽は自分で納得するブレンドをしたり、お得意様の店づくりの相談にも乗ったりした。このようにして、鳥羽が無我夢中で働くと、1年ほどで社内でトップの成績を上げるまでになった。

そのころ、その会社が有楽町に直営の喫茶店を出すことになり、19歳の鳥羽が店長に抜てきされた。鳥羽は「1杯のコーヒーを通じてお客様にやすらぎと活力を提供する」という基本コンセプトを作成した。また、当時としては珍しい清潔な店舗も人気を呼び、この店は大成功した。鳥羽は喫茶店の店長という仕事が、自分の性に合っていると自信を持った。

だが、鳥羽はその一方で、このまま小さな喫茶店の一店長で自分の人生を終わっていいのか、という悩みや焦燥感も抱いた。まさにそんなときに、ブラジルに渡っていた豊竹から、「商売をしているから、こちらに来て働かないか」。という手紙が来た。豊竹からブラジルに呼ぶと言われてから約2年がたっていた。

3　ブラジルへの渡航と帰国、そして独立

鳥羽は高校中退という学歴で、しかも内向的な性格の自分が将来どうなるのか、とても不安であった。そこで鳥羽は、未知の国に身を投じ、そこから這い上がれるかどうか試すことで自分自身を見定めようと、ブラジルに行く決心を固めた。1959年2月、21歳の鳥羽は、横浜の山下埠頭から「あるぜんちな丸」という名前の移民船で、農業移民として船出した。埼玉県から家族が皆やって来て見送ってくれた。当時は1ドルが360円の時代で、1人が持ち出せるお金は300ドルまでだったので、鳥羽の資金は10万円ほどであった。船は42日目の朝9時ごろにブラジルのサントス港に到着した。出迎えの人々の中に、豊竹の顔があった。約3年ぶりの再会で、鳥羽はうれしさと安心感で胸がつまり、言葉がすぐには出なかった。

鳥羽の仕事は、豊竹が所有するコーヒー農園の現場監督であった。鳥羽は地平線の彼方まで広がる農園で、現地の黒人労働者とともに働いた。鳥羽はリオデジャネイロに半年滞在した後、サンパウロに住んだ。鳥羽の仕事がスムーズに行くにつれて、鳥羽と「もっと厳しく監督すべきだ」という農園オーナーとの間に距離が生まれ始めた。鳥羽は「ああ、これではもうやっていけないな」と思うようになった。

鳥羽がブラジルに行って2年ほどたったある日、以前に日本で勤めていたコーヒー焙煎会社の社長から、日本に戻って働かないかとの国際電話が

あった。社長は電話口に鳥羽の兄弟を順番に出させて、鳥羽の郷愁を誘おうとした。鳥羽が農園オーナーにその話をしたら、彼は「わかった、帰れ」と言った。鳥羽は帰国して、再びセールスの仕事を始めた。しかし鳥羽は、小さくとも自分の会社を興したいという気持ちを抑えることができなかった。そうして1962年、鳥羽は24歳のときに、資本金30万円と2人の社員で、コーヒー焙煎卸業の有限会社ドトールコーヒーを東京都港区に設立した。会社名は、鳥羽がサンパウロで住んでいた住所である「ドトール・ピント・フェライス通り85番地」に因んでつけられた。ドトールとはドクターの意味である。

鳥羽には確たる事業計画も、また信用も知名度もなく得意先もなかった。当然、経営は厳しく2人の社員に給料を支払うのがやっとであった。しかも鳥羽は数百万円の詐欺にあい、一時は茫然自失となった。鳥羽は、結婚後間もない妻が勤めていた洋装店の給料で、なんとか生計を立てていた。しかし、鳥羽はあるとき、「つぶれてしまうと思うから心が委縮する。つぶれてもいいと思えば何でもないではないか」と考えるようになった。倒産の恐怖から解放された鳥羽は、喫茶店への飛び込みセールスを必死に続けた。鳥羽の得意先はしだいに増え、2年ほどで経営もなんとか安定するようになった。

4　立ち飲みカフェとの出合い

鳥羽が16歳で東京に出てきたときには、コーヒー1杯が50円であった。しかし、1971年にはそれは120円ほどになっていた。鳥羽は、このまま値上がりが続くと、庶民のコーヒー離れが起きるのではないかと不安であった。そんなとき、鳥羽は同業者で欧州の視察旅行計画があるのを知った。鳥羽は、コーヒーがすでに生活に浸透している欧州に行けば、日本のコーヒー業界の将来像が見えるのではないかと思い、ツアーに参加した。

ツアーの最初の訪問地はパリであった。鳥羽が、朝、1人でシャンゼリゼ通りを歩いていると、地下鉄の出口から吐き出された通勤途中の人々が、どんどんコーヒーショップに吸い込まれてゆく光景に出会った。多くの人がカウンター越しに二重、三重に列を作り、立ったままクロワッサン

を食べながらコーヒーを飲んでいた。鳥羽は、立ち飲み方式の喫茶店を見たのはこれが初めてであった。鳥羽は「客席は空席が目立つのはどうしてだろう」と思った。鳥羽が詳しく調べてみたら、「立ち飲み」で 50 円、「座って」100 円、「通りに面したカフェテラス」で 150 円といった風に値段が違うことがわかった。鳥羽は心の中で「これだ」と叫んだ。

　ドイツのフランクフルトでは、コーヒースタンドの店先でコーヒー豆の挽き売りまでしていた。日本ではまだ百貨店でごく一部、非常に高価なものとしてそれを売っていた時代であった。それが日本茶の専門店と同じ感覚で売られていた。鳥羽は、こうした光景を見て、日本にも立ち飲みカフェができ、レギュラーコーヒーを家庭で楽しむ時代が来ると思った。また、日本の屋台のおでん屋と同じように茹でたソーセージを売る街頭の店もあった。それはとてもうまかった。日本でソーセージといえば、魚肉ソーセージしかない時代だった。鳥羽はいつかこの味を日本で再現しようとも思った。

　鳥羽は帰国すると、まずは西ドイツのように店頭でコーヒー豆の挽き売りをしてもらおうと喫茶店を営業して回った。川崎市のある喫茶店が鳥羽に協力してくれることになった。それと同時に、鳥羽はコーヒー専門店「コロラド」を開店させた。日本にサイフォンでコーヒーを点てる店が次々登場したころだった。それまで日本の喫茶店は、名曲喫茶、ジャズ喫茶などいろいろなタイプの店があったが、なんとなく暗い雰囲気であった。鳥羽はこれからの喫茶店は、もっとイメージの明るい専門店の時代になると予測し、東京の三軒茶屋に第 1 号店を開店したのであった。この店は成功し、店舗拡大の基礎ができた。

5　立ち飲みコーヒー店の開業

　あるとき、東京の原宿で「コロラド」をやりたいというお客様がいた。広さは約 30 平方メートルで従来型の喫茶店としては狭かったが、山手線の原宿駅前という最高の立地条件であった。鳥羽は、ずっと温めていた立ち飲み主体の店を試すときがついに来たと思った。コーヒーの値段は 150 円で、普通の喫茶店の半値であった。鳥羽は、「お客の負担にならない

コーヒー1杯の値段はいくらか」とまず考えたのであった。これが成功の理由の1つとなった。

1980年4月18日の朝、鳥羽は「この店の成否がこれからのコーヒー業のあり方を決定する」と悲壮な思いで店頭の様子を見つめていた。すると1人の老人がやってきて、引き込まれるように店に入っていった。メニューを見上げていたその老人は硬貨を2枚カウンターの上に置き、湯気の立ったコーヒーをゆっくり味わうように飲んだ。「よし！」、鳥羽は心の中でうなずいた。失敗したときはこの店を買い取る条件であったが、日増しにお客が増えていった。その後、鳥羽は食品会社と協力してオリジナルのソーセージ、パン、マスタードを開発して、ジャーマンドッグとして売り出したところ、予想通り大人気を呼んだ。

第1号店の成功に気をよくした鳥羽は、半年後に青山に直営店を開店した。だが、物事はそんなにうまくいかなかった。資金がないため立地の悪い所に出店せざるを得なかったうえ、知名度はまだ低く、安かろう悪かろうのイメージが強いのか、毎月200万円の赤字が続いた。また当時、千葉県船橋市に企業規模から見るとかなり大型の3300平方メートルの焙煎工場を無理をして建てたこともあり、経営は急速に悪化した。業界では鳥羽の会社は倒産したといううわさまで広がった。青山店の店頭では、コーヒー豆以外にポテトチップスやカレーの缶詰、ゆで卵を売り、売上を伸ばそうとした。コーヒーを立てる機械を改良して味を工夫したり、出店早々の店を改装したり、近所の家や会社を精力的に回ることを忍耐強く続けているうちに、どうにか2年ほどでようやく明かりが見えてきた。

6　ドトールコーヒーの発展

ドトールコーヒーショップの朝の風景は、出勤前のサラリーマンやOLがひっきりなしに訪れてはコーヒーを立ち飲みし、たいてい5分程度で店を出ていく。新聞などにゆっくり目を通す人はほとんどいない。鳥羽は「安くてもおいしいことが成長の理由」と強調する。同社は、もともとコーヒー豆の焙煎加工業者として業界に精通しているうえ、コーヒー専門店「コロラド」をチェーン展開している。同社では、機械化、セルフサービス

の導入などで経費を削減し、「質を落とさずに低価格を実現」する素地が
整っていた。

　ドトールコーヒーショップはフランチャイズチェーン（FC）店が中心で
あるが、利益率が高いことが特色となっている。東京の四谷にある直営店
（店舗面積 33 平方メートル）の場合、売上高利益率は約 27％、FC 店のロ
イヤルティは売上の 2％だけである。FC 店には、すし店、書店、青果店
などからの「業種転換組」のほか、小田急商事や後楽園食品など大手も加
盟している 。

7　150 円コーヒー戦争　模倣業者の登場と撤退

　ドトールコーヒーは、東京都武蔵野市の JR 吉祥寺駅周辺に 2 店舗を構
えていたが、そこに 1986 年 10 月にキリンビール系の「カフェ・セボール」
が、1987 年 8 月にはダイエー系の「カフェ・ボンサンク」が、そして 10
月末にはジャスコ系の「チボー」が開店した。吉祥寺駅をはさみ一帯で
"150 円コーヒー戦争" に火がついた格好となった。

　カフェ・セボール・ジャポンの北島敏雄取締役は、「ウチはパリ最古の焙
煎業者、セボール社と提携している。ドトールの隣でも十分やっていけ
る」と言う。同社では、今後 5 年間で FC 60 店を展開する計画である。
ジャスコの岡田卓也会長は、「100 店、200 店ではビジネスにならない。
1000 店単位でチェーンを全国展開する」と言う。ドトールの鳥羽社長は、
チボーの価格が 120 円と 30 円安い点について、「わが社を意識し、話題性
を狙ってあえて設定した価格。経営として成り立つかは疑問」と言う 。

　1988 年 4 月 11 日、ダイエー系のカフェ・ボンサンク吉祥寺店は 150 円
コーヒー分野から撤退し、イタリア料理店「ピツェリア　ベルゲン」に業
態変更した。ダイエーでは「初めから多店舗展開するつもりはなかった」
と説明している。1989 年 9 月、チボージャパンは、チボーを全面的に撤退
させた。キリンビール系のセボールも 1989 年 10 月現在の店舗数は 6 店と
苦戦していた。

8 ドトールコーヒーの値上げ

1990年9月、ドトールコーヒーは150円のコーヒーを1991年1月7日から180円に値上げする予定であると発表した。鳥羽社長は、「地価高騰による家賃の上昇がなにより痛い。値上げしなければ（コスト上昇を）吸収できないところに来てしまった」と説明する。しかし、鳥羽社長は「値上げすることで、かえってFC店は出店しやすくなる。成長性はまだまだ大きい」とも語った。ドトールコーヒーは1985年秋にブラジル産のコーヒー豆が暴騰した時、各店舗へのコーヒー豆の卸価格を引き上げたが、加盟店の意向もあって小売価格は据え置いた 。

9 鳥羽博道の夢 地上のパラダイス

1991年のある日、鳥羽はハワイ島の知り合いのゲストハウスに招かれ、海から寄せる風に心地よく吹かれながらテラスでビールを楽しんでいた。「天国はこんなに身近にあったのか」と実感した鳥羽は、「よし、これをみんなに体験させよう」と急に農園建設を思い立ち、即座に用地探しを始めた。しかし、そのときは気に入った土地がなく、2カ月後にハワイ島のコナに約5万5000平方メートルの海の見える土地を買った。

その後、鳥羽は現地に十数回出かけた。施設のレイアウト、基本設計からどこに何を植えるかまですべてを自分で決めた。鳥羽は、「やっているうちに、これはキャンバスだ。自由に鳥羽の絵を描いているんだと思うようになりました」と語る。このようにして、コーヒー農園とバーベキューガーデンが完成した。鳥羽はブラジル時代に、「『いつの日にか農園主になりたい』とひそかな夢」を抱いていた 。

鳥羽が開拓した土地は「ドトール・コナ・ファーム」という農園に変身し、FC店のオーナーや社員が1人1本ずつ自分のコーヒーの木を植えている。木は2年半で実を結び、精製した豆は木を植えた本人の手元に戻す。一度訪れたオーナーや社員は、「ハワイにまた行ったら、ホノルルよりもハワイ島と農園に行きたい」と言う 。

1995年7月7日、ドトールコーヒーは、持ち株会社の（株）バードフェ

ザーが 6 月初めにハワイ最大のコーヒー農園「マウカ・メドウズ」を取得したと発表した。購入金額は 1100 万ドル（日本円で 9 億 5000 万円）であった。これでドトール・コーヒー・グループはコナ・ファームと合わせてハワイ島に面積合計 121.8 エーカー（48 万 3024 平方メートル）のコーヒー農園を所有することになった。同社では、今後も現地の農園を購入し、現在の 2 倍、ハワイ一の農園主を目指す。

　鳥羽社長は、「コーヒープランテーションとしては世界的にも最高レベルのマウカ・メドウズを所有して経営してみたいという長年の夢がようやく実現した。拡大するドトールコーヒーショップなどドトール・コーヒー・グループ・チェーンを含む日本のコーヒー市場に、良質なハワイ・コナ・コーヒーを安定的に供給していきたい。……同農園の取得はメニューの差別化、高級ブランドの育成に大いに貢献すると思う」と語った。

10　外資系コーヒーショップの日本進出

　1996 年 8 月、スターバックスコーヒーは銀座に第 1 号店を出店した。装飾を凝らした内装、キャラメルやチョコレートなどのフレーバーを加えたコーヒーが 20-30 代の女性を中心とした層に受けた。スターバックスコーヒージャパンは 1995 年 10 月に設立され、4 年半で 200 店舗を出店した。同社は 2003 年度末で 500 店舗の出店を目標にしている。同社の好本一郎最高執行責任者（COO）は、「日本は、コーヒーの消費量が小売も含めて世界 3 位と裾野が広い。当社はカジュアルでも本物志向で展開し、1 店当たりの年間売上高は米国のスターバックスの 2 倍に達する」と言う。

　2000 年 7 月、鳥羽は外資系コーヒーショップの日本進出について次のように語った。「セルフ方式では 180 円を超える価格でコーヒーを売るのは難しいと思っていました。ところが店を高級化することによって、エスプレッソコーヒーを 250 円で売るという市場を外資に見せてもらい、『こんな市場があったのか』と大変勉強になりました。そこでうちも 1997 年に『エクセルシオール　カフェ』という店をつくった。コーヒー 1 杯 250 円です。この店は渋谷や六本木、新宿などの超一等地に出店して高級感を打ち出しています。2001 年 4 月には全国で 50 店舗ぐらいになるのではないで

しょうか。これまでも他社のいいところは見習って、さらに上をいこうと頑張ってきました。これからもそうしていくつもりです。

180円コーヒーの市場規模は将来的には3万店ぐらいあると思っていますが、超一等地に出店する250円コーヒーの市場となるとせいぜい1000店ぐらいではないでしょうか。スターバックスさんは300店舗ぐらいつくりたい、とおっしゃっているので、うちは700店舗ぐらい、つくれるのかな、と思っています」と。

第4節　飯田亮と鳥羽博道に共通した企業家的要素

以上で、飯田亮と鳥羽博道に共通した企業家的要素の抽出を行う準備ができた。2人の企業家に共通している要素は5つあると考えられる。第1は、飯田も鳥羽も共に業界に革新を引き起こすセレンディピティをうまく捕まえているという点である。セレンディピティとは「幸運な偶然」と解釈されているが、決してそうではない。後で確認するように飯田も鳥羽もそれを呼び込む努力をしていた。

第2に、飯田も鳥羽も共に、逆境に打ち勝つマインドセットを有している。両者は多くの困難に直面したが、しかしそれにもかかわらず、目標を諦めずに努力を続けてきた。逆に言えば、両者は共に「ポジティブなパーソナリティ」を持っていると考えられる。第3に、飯田も鳥羽も共に、夢を持っており、その夢の実現に向けて飽くなき努力をしている。飯田の場合には「人々にセキュリティーを提供する」というミッション（飯田はビジネスには「大義名分」が必要と言う）、そして鳥羽の場合には「1杯のコーヒーを通じてお客様にやすらぎと活力を提供する」というミッションを駆け出し時代に設定しており、そのミッションの実現に向けて、次から次へと高次の目標を設定して、その目標の達成に向けた努力を行っている。

第4に、飯田も鳥羽も共に、目標の実現に粘り強いだけではなく、目標の実現に向けて創意工夫したり、あるいは試行錯誤したりといった学習を不断に行っている。第5に、その学習の結果として、飯田も鳥羽も革新を

行うのに必要なコンピテンシー（課業遂行能力）を不断に向上させていっている。そして、コンピテンシーの向上により、彼らは更なるセレンディピティの補足にも成功しやすくなっているのである。

　以下では、飯田と鳥羽に共通した企業家的な 5 つの要素を順に確認する。

1　セレンディピティの捕捉

飯田亮の場合

　飯田が警備保障ビジネスを開始しようと思った理由は単純である。確認する。飯田はそれを次のように説明している。「(19) 61 年の秋、ある友人から、『ヨーロッパには警備会社というのがある』という話を聞いて、……『これだ』と直感的に思った。話を聞いて 20 分で決めました」。まったく単純な理由である。

　しかし、当時の日本には近代的な警備保障企業は存在しておらず、その意味で飯田の決断は日本の警備保障業界に革命をもたらすものとなった。飯田は単なる思い付きでこの決定を下したわけではなかった。飯田は次のように説明している。「ビジネスに対する思い入れが私なりにありました。努力すれば大きくなるとか、事業を自分で勝手にデザインしたいとか。日本にまだない仕事がやりたいという具合に……。それとビジネスには大義名分がなければいけない。セキュリティーのビジネスはその大義名分がはっきりしていた」と。

　飯田は独立したいと切実に思い続けており、実際にシアーズ・ローバックに憧れて、日本で通信販売のビジネスを立ち上げようとしていた。しかし、通販ビジネスは飯田の「思い入れ」にはしっくりしていなかった。であるので、飯田は鳥鍋屋でセキュリティー・ビジネスの話を友人から聞かされたときに"ピン！"ときたのである。

鳥羽博道の場合

　鳥羽の場合もセレンディピティは単純である。1971 年のツアーのシャンゼリゼ通りでの朝の風景を目撃したことが、日本のコーヒー業界に革新を引き起こすこととなった直接のきっかけであった。しかし、鳥羽が単な

る思いつきでこの発想を獲得したわけではなかった。鳥羽は、「コーヒーがすでに生活に浸透している欧州に行けば、日本のコーヒー業界の将来像が見えるのではないかと思い、ツアーに参加した」のである。

　ツアーのメンバーは数十名であったが、早朝にシャンゼリゼ通りにいたのは鳥羽だけであった。他のメンバーは、早朝にシャンゼリゼ通りを「視察」する意識もなかったのである。また、この時点で鳥羽にはコーヒー業界についての実体験をベースにした誰にも負けないようなノウハウが身に付いていた。そのような鳥羽がシャンゼリゼ通りでの風景を見たことがセレンディピティ補足の根拠になっていると考えられる。

2　逆境に打ち勝つマインドセット

飯田亮の場合

　飯田は逆境に置かれても決して諦めないマインドセットを持っている。例えば、創業時にまったく売れなかったが、諦めなかったので東京オリンピックの仕事を任され、そして『ザ・ガードマン』を監修するというチャンスをものにした。機械警備への切り替え時における 108 号連続射殺魔逮捕事件もそうである。普通の人は、飯田は多くの深刻な問題に直面したと思う。しかし飯田自身は、逆に次のようにラッキーだったと思っている。「発売から売れ始めまでに時間がかかったこともラッキーでした。徐々に売れたから、レンタルの資金負担が軽く済みました。しかも、売れない間に初期のトラブルを解決し、システムの完成度を高めることができたのです」と。すなわち、飯田は本書の第 4 章で詳細に説明されるように、ポジティブ心理学で言われるポジティブ・エモーション（PE）を有していると考えられるのである。

　マイアラームの場合もそうである。マイアラームは当初、「利用者にとっては値段が高いという意識もあって、2 年後の契約件数は 4000 件と伸び悩んでいた」。しかし、飯田は諦めなかった。飯田のモットーは、企業経営とは「飽きないこと」である。飯田は、気力がなえそうになると、この言葉を思い出して我れと我が身をふるい立たせていると言う。

鳥羽博道の場合

　鳥羽ほど「めげない人物」という言葉にふさわしい人はいないように思われる。彼の人生は苦難の連続であった。9 歳のときの母の病死、1954 年の家出の件、可愛がってもらっていた喫茶店のオーナーの突然の店じまい、対人恐怖症の鳥羽の苦手なセールスの仕事、独立したときの新妻の給料を当てにするほどの経営難、青山のドトールの直営店の不振、取引先に騙され倒産しそうになった経験など、鳥羽の人生は普通の人が考えれば苦難の連続であった。しかし、鳥羽は苦境から逃げることなく、その都度、その苦難を解決してきている。

　また鳥羽は、PE を有していると考えられる。1991 年 1 月 7 日から 150 円のコーヒーを 180 円に値上げしたときの鳥羽の「値上げすることで、かえってフランチャイズチェーン（FC）店は出店しやすくなる。成長性はまだまだ大きい」という発言や、外資系コーヒーショップの日本進出についての鳥羽の発言（見本を「外資に見せてもらい、『こんな市場があったのか』と大変勉強になりました」）はまさにそうである。

3　高次の目標（夢）の追求

飯田亮の場合

　飯田は飽くなき成長意欲を持っている。飯田は初期のころに、20 万人の従業員を雇用する姿を平然と考えている。またライバルが出現したときも、90％のシェアを取るにはどうすべきかという発想をしている。マイアラームが発売されたとき飯田は、「松下電器産業もソニーも大衆商品を出し成長した。日本警備保障も同じ道を歩もう」と語っている。その後も飯田の成長志向は衰えることがない。積極的な海外展開や、セコムのミッションを「社会安全産業」と位置づけた積極果敢な多角化戦略の遂行も、セコムは大企業になったにもかかわらず飯田が率先して推進していった。

鳥羽博道の場合

　一方で、鳥羽の場合には「向上心」がクローズアップされる。例えば、成功した喫茶店の店長というポジションを振ってのブラジル行きがそうで

ある。鳥羽は、「高校中退という学歴で、しかも内向的な性格の自分が将来どうなるのか、とても不安であった。そこで、未知の国に身を投じ、そこからはい上がれるかどうか試すことで自分自身を見定めようと、決心を固めた」のである。このように、鳥羽の場合には、様々な困難に直面しても、向上心からその苦難に積極的に取り組むという姿勢が常に見られる。

また、鳥羽は大きな夢を持っていた。それはブラジル時代の「いつの日にか農園主になりたい」という夢であった。1995 年に鳥羽はこの夢を実現している。

4　不断の創意工夫・試行錯誤

飯田亮の場合

飯田のモットーは、「経営で最も大切なのは勘だ」である。飯田は、「経営の成否は先見性と発想力」と言うのである。ビジネスの重要な節目節目で、飯田の勘はこれまでことごとく当たってきた。警備会社の設立、機械警備導入、そしてその際のレンタルか売り切りかの選択、機械警備への全面切り替え、マイアラームの導入などがそうである。飯田は勘と言うが、しかし飯田はそれぞれの意思決定において、常に「多様な角度からデータを収集、分析して絞り込んだうえでの、最終的な選択」を行っている。

例えば、レンタルか売り切りかの選択について、「外国のまねをせず、自分でとことん考えて決めたのがよかったと思っています」と語っている。飯田は、「人のまねをせず、自分でとことん考えて決める」人間である。

鳥羽博道の場合

鳥羽ほど創意工夫・試行錯誤という言葉がふさわしい人物はいない。鳥羽の人生はまさに苦難に対する創意工夫・試行錯誤の連続であった。鳥羽が最も苦手とする仕事であるセールスを任されたときも、鳥羽は工夫をし、1 年ほどで社内でトップの成績を上げるまでになった。また、鳥羽の次のエピソードも有名である。

「私が 18 歳で鈴木商店の店長を任された日、たまたま高島屋本店の前に

ある丸善という書店に行った。今から考えると、なぜ行ったのか分からないのだが、そこで何百、何千とある本の中から私が手にしたのは『色彩心理学』という本だった。ページをめくってみると実に興味深い内容が書かれていた。……これをぜひ店舗づくりに生かそうと考えた。……そうしたものすべてに神経を注いだ結果、店はものの見事に当たっ（た）」。

鳥羽の創意工夫をするという性癖は、見事にセレンディピティまでも捕まえてしまったのである。青山にドトールコーヒーの直営店を出したときもそうである。毎月200万円の赤字が続いたが、鳥羽は試行錯誤・創意工夫した結果、2年ほどでようやく明かりが見えてきたのであった。

鳥羽には、積極的に学習するという姿勢も見られる。鳥羽は次のような発言をしている。すなわち、「これまでも他社のいいところは見習って、さらに上をいこうと頑張ってきました。これからもそうしていくつもりです」と。実際に、鳥羽は「欧米を中心に海外視察を欠かさないようにしている。世界各地のコーヒー店を見て回り、当社が優れている点や劣っている点を見つける。私だけではなく、主だった役員や管理職も連れていく。常に革新を進め、お客さんに喜んでもらえる店をつくるという私の経営理念を共有してもらいたいからだ」とも言う。

5　コンピテンシーの形成

飯田亮の場合

飯田が「人のまねをせず、自分でとことん考えて決める」ことを継続していくにつれて、警備保障ビジネスに関する彼のコンピテンシーも向上していった。例えば、飯田はすでに初期の段階から、機械警備の必要性を感じていた。その理由は、「人手不足時代への対応、模倣企業に対する差別化の必要性、マス・マーケットの構築を通じたスケール・メリットの発揮」であった。これらの理由は、見事なほど経営戦略の論理に基づいている。

また、飯田の機械警備システムをレンタルにするか売り切りにするかの思考プロセスも"ロジカル・シンキング"の見本になるほどに見事である。また第2節の第8項における飯田による「機械警備のメリット」に関する説明も見事である。

鳥羽博道の場合

　鳥羽の場合もそうである。鳥羽は若くしてコーヒー業界のバリューチェーンのすべてを経験している。農園での経験、輸入焙煎卸商の営業マンと経営者の経験、喫茶店の店長・経営者としての経験がそうである。また鳥羽は、それぞれの経験において、向上心を発揮しながら試行錯誤・創意工夫して困難に対応してきた。そのような鳥羽の体験に裏付けられたコーヒー業界のノウハウは本物である。

　鳥羽の本物のノウハウは、例えばドトールコーヒー1号店をオープンさせるタイミングの適切な把握に現れている。また鳥羽は、顧客ニーズを的確に把握している。18歳で店長になったとき、「1杯のコーヒーを通じてお客様にやすらぎと活力を提供する」という基本コンセプトを作成したこと、ドトールコーヒーでコーヒーの値段を150円に設定したことなどはその例証となっている。

　鳥羽のノウハウが本物であるということは、1986年5月の鳥羽の次の言葉に明確に現れている。「立ち飲みコーヒー店がアイディアだけで生まれた商売だと思ったら失敗するでしょうね。小さな店に見えてもそう簡単にまねのできないさまざまなノウハウが凝縮されているんですよ。追随者が来ても何の不安も感じないですね」。

第5節　企業家精神の5要素と今後の研究課題

1　企業家精神の5要素とそれらの関係

　飯田亮と鳥羽博道のケース・スタディから、企業家精神の特徴を示す要素として、以下の5つの要素が抽出された。

　①セレンディピティ（革新的な市場機会）をキャッチする能力

　②逆境に打ち勝つマインドセット（粘り強さ；ポジティブ思考）

　③高次の目標の設定（事業の夢・社会的使命感＝大義名分の追求）

　④不断の創意工夫・試行錯誤（目標達成のための不断の努力と学習）

⑤コンピテンシーの向上（必要とされる課業を遂行する能力の向上）

それでは、これら 5 つの関係はどのようになっているのであろうか。それは図 2-1 のようになっていると考えられる（Sato 2003c）。

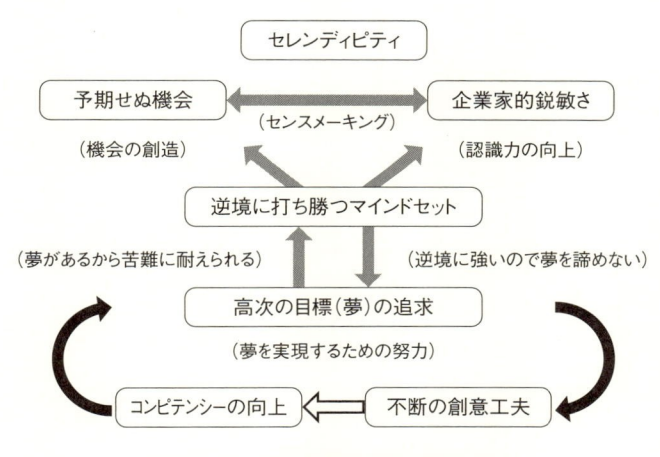

図 2-1　企業家精神の要素間の関係

この図で最も重要な要素は、「②逆境に打ち勝つマインドセット」と「③高次の目標の設定（事業の夢・社会的使命感＝大義名分の追求）」である。②と③の要素は相互に強化し合う関係にある。逆境に強いマインドセットあるいはポジティブなパーソナリティを持っているので、苦難に直面しても夢の追求を諦めないですむ。また逆に、実現したい夢があるので苦難に耐えることが可能となる。

飯田と鳥羽のケース・スタディから明らかになったように、革新的な市場機会との（偶然の）出会いは、夢（目標）の実現に向けて粘り強く、かつ強烈に思い続けることから可能となる。そのような思いの無いセレンディピティはめったに存在しない。図 2-1 の下側は、夢の実現に向けた努力にかかわっている。夢（目標）の達成のために、「④不断の創意工夫・試行錯誤」の結果、夢は実現する可能性は高まる。またそのプロセスを通じた学習によって、当人の夢を実現するのに必要とされる「⑤コンピテンシー」は確実に向上する。夢を実現する過程でも、セレンディピティは作

用する。例えば、18歳で喫茶店の店長に任命された鳥羽は、丸善の本屋で偶然にも『色彩心理学』という本に遭遇して、その本から喫茶店を成功させるのに必要なヒントを得た。

鳥羽は、意識していなかったかもしれないが、得意先の喫茶店に店舗レイアウトなどのアドバイスをしながらコーヒー豆のセールスをするうちに、『色彩心理学』から喫茶店成功のヒントを得るだけのコンピテンシーを獲得していたと考えられる。この場合のセレンディピティも決してすべてが偶然というわけではない。飯田の機械警備との出会いもそうだと類推される。確実なコンピテンシーに裏付けられた革新的な市場機会の発見は、その意味で単なる素人の思いつきやビジネス・アイディアとは種類が異なるのである。

興味深いことに鳥羽本人が、この図の下半分の関係について以下のように説明している。少し長くなるが引用する。

　私がパリのカフェで立ち飲みを見てドトールコーヒーショップのヒントを掴んだときも、日本でもレギュラーコーヒーの挽き売りの時代がやってくるとドイツで確信したときも、同じ光景を何十人もの同業者が見ているのである。それをビジネスとして成功させるか、それとも甘んじて後塵を拝することになるのか、その差は関心、こだわり、執着心の差にあると言っても過言ではないだろう。関心、こだわり、願望、執着心には物事を引き寄せる力があると思う。たとえば井戸を掘ったとしよう。一生懸命に掘ってみたところで水はいっこうに出てこない。そこで諦めてしまったら、永久に水は出てこない。そこを「あと1メートル、いや、もうあと1メートル」と諦めずに掘り進めていこうとするかどうかである。そうした気概、執着心の有る無しがビジネスを成功させるか否かの大きな分かれ目になってくる。

　常にこだわり、課題を持ちつづけて、とことん考え抜く。そうすることによって初めて独自のアイディア、戦略が生まれてくるのだ。そして、それらを実現するための企画力、デザイン力、それに対する実践力など、さまざまな要素が結びついて、微に入り細に渡って精度の高い仕

事をしていくことができるのである。　　　　　（鳥羽 1999, pp. 177-78）

　鳥羽はセレンディピティという言葉は使用してはいないが、しかし彼の
説明はここで示された企業家精神の5要素間の関係を見事に説明してい
る。特に鳥羽の次の指摘、すなわち、「関心、こだわり、願望、執着心に
は物事を引き寄せる力がある」、「常にこだわり、課題を持ちつづけて、と
ことん考え抜く。そうすることによって初めて独自のアイディア、戦略が
生まれてくる」、そして「それらを実現するための企画力、デザイン力、そ
れに対する実践力など、さまざまな要素が結びついて、微に入り細に渡っ
て精度の高い仕事をしていくことができる」は、まさにそのものずばりの
説明となっている。

　この鳥羽と同じような発言をする企業家は多い。例えば、佐倉住嘉は
1978年にアメリカのオーディオメーカー、ボーズ社の創立者ボーズ博士
の依頼でボーズ製品の日本導入事業の立て直しを請け負った。スタート時
の会社は社員8名の弱小企業であった。一方で、日本の競合メーカーは国
内販売部門だけでも何百人態勢であった。絶体絶命の状態に追い詰められ
たとき、佐倉はスピーカーを天井から吊り下げるというアイディアを得
た。佐倉は以下のように語っている。少し長いが、重要な箇所なので引用
する。

　ディーラーから「そんなスピーカーは、日本じゃ売れないよ」と何度
言われても、現場回りだけはやめなかったのです。どんな窮状にあって
も、諦めたら負けです。常に現場に足を運び、お客様の動向を確かめな
がらピンチを脱する策を寝ても覚めても考え続ける。すると、自分の潜
在意識の中にある解決策へのヒントを探知するチャンスのアンテナの感
度が高まる。その高感度状態でさらに現場を丹念に歩き回ると、ある種
の幸運が作用して何かがチャンスのアンテナに引っ掛かってくる。……
　私にその幸運がやってくる瞬間がありました。ある日のこと。秋葉原
のあるディーラーを訪ねると、顔なじみの店長さんが一言こう言ったの
です。「そう言えば、さっきスピーカーを天井から吊りたいというお客

さんがやってきて、日本製品を勧めたら重すぎるといって諦めて帰っていったよ」。この言葉は私にとって千金、いや万金に値するものとなりました。私にはとっさに閃くものがあったのです。まともな音を出す競合他社のスピーカーは、大きくて重い。とても天井から吊り下げることはできません。それに対してボーズ社のスピーカーは、音質では勝り、小さくて軽い。この特徴を生かせば、天井や壁から吊るしたいというニーズの前には、それまでハンディだったものがいきなり利点に変わるのです。

　同時にあるシーンも脳裏に浮かんできました。それはこの時から遡ること約１年、赤坂で経営していた中華スナックの店内の様子でした。競争の激しい飲食業界では、狭い店舗にいくつテーブルを並べられるかが勝負です。客さえ入れば、店の売上はテーブルの数に比例します。まずはお客様に座ってもらわなければ勝負になりません。となると、店内に良い音の音楽も流したいと考えても、スピーカーの置き場所が問題となります。あの時、天井から吊るせるスピーカーがあったらどんなに良かったか。

　このことに気付いた時、私は抑えられない興奮を覚えました。そしてこの時ほど、自分の職業遍歴に納得したこともありません。起業歴２勝15敗の挫折ばかりが多い戦いの中で、私は「現場主義」「運は人脈が運んでくる」という信条を得て、さらに結局はビジネスとしては失敗に終わった中華スナックの体験から、「天井吊り下げスピーカー」のアイディアが閃いたのです。それだけではありません。それ以前の会社勤め時代の取引先の中に、日本でも屈指の業務用照明器具屋さんがあったことも思い出しました。重量のある業務用照明を吊るす技術があれば、天井にスピーカーを吊ることも可能なはず。しかもこういう時は幸運が重なるもので、そのメーカーは秋葉原から目と鼻の先の神田須田町にオフィスがあったのです。……

　これほど劇的に事態が好転したのは、私の起業歴、ビジネス経験の中でもこの時が初めてでした。会社の経営を引き受けてから２年数か月目の出来事でした。この成功の全ては「現場」の力と「運」、そして潜在意

識に入っている「経験 (＝失敗)」という名の財産の織りなした成果でした。

（佐倉 2009, pp. 101-106)

　この佐倉の言葉は、スティーブ・ジョブズが 2005 年 6 月にスタンフォード大学の卒業生に贈った「過去を振り返ったときに点と点が線になるような人生」を送ってくださいというメッセージと類似している。さらに、小型製麺機業界で最後発メーカーであるのにもかかわらずダントツのナンバーワン・ポジションを獲得している大和製作所の藤井薫も以下のように言う。

　最初の 20 年はビジネスがうまく軌道に乗らず、資金繰りの心配が絶えなかった日々でした。……ところが、美味しい麺の研究を重ね、機械を良くしようとあがいているうちに、気がつくと製麺機にのめりこんでいました。麺は奥が深い食べ物です。やればやるほど楽しくて仕方なくなってきたのです。

　確かに、苦痛は伴いますが、それでも打ち込んでやっていると、あるポイントで苦痛が消え去り楽しくなります。……そのポイントというのが「閾値（いきち）」です。閾値とは、そこを超えるとすべてが変わる境目のようなもの。……そのポイントを超えれば不思議なことが起こります。それまで苦痛しかなく、どんなに努力しても報われなかったものが、閾値を超えるといきなり実を結ぶのです。……あと少しで閾値を超えられるかもしれないのに、諦めたらそれまでのエネルギーがロスとなってしまうのです。感動や充実感は限界を超えたその先、閾値の向こう側にあるのです。

　365 日メンテナンスも、閾値のいい例かもしれません。最初、365 日メンテナンスは、社員にとっても会社経営者である私にとっても苦痛を伴うものでした。普段なら日曜は家でのんびりしていられるはずの社員が交代制で出勤し、必要とあればお客様のところへメンテナンスに出かけなければなりません。私は会社の厳しい財政をやりくりして、その分の休日出勤手当を払わなければなりませんでした。

しかし、それを何年も続けた結果、お客さまからの信頼が厚くなり、販売台数が右肩上がりに増えて行きました。会社が成長するにつれて、社員も増えていきますので、一人の社員が土日祝にメンテナンス担当になる割合は、どんどん減っていきます。

　そして現在、メンテナンス専門の企業とアライアンスを組むことができるようになり、メンテナンスはその方たちにお任せするようになりました。社員たちが苦しい時代を乗り越えてくれたおかげで、現在の大和は強い会社となり、待遇も良くなったのです。苦しかったことが閾値を超え、快楽になったのです。現在でも製麺機業界で365日メンテナンスを行っているのは当社のみ。つまり、それほど痛みの伴う、大変なサービス体制なのです。

　この閾値ですが、実は恐ろしい値でもあります。閾値とは形勢が逆転するポイントでもあるため、良い方から悪い方へ逆転するとそのままどこまでも落ちてしまうこともあるのです。業界1位だった企業が、2位とのシェア争いに負けたとたんに転落し、なぜか3位にまで落ちてしまうというのも、この閾値を超えてしまうからなのでしょう。だから、閾値を超えたからといって安心してはいられません。閾値の遥か上方に居続ける努力も必要なのです。　　　　　　　　　（藤井 2013, pp. 126-129）

2　今後に残された問題

　最後に、今後に残された研究課題は、ここで概念化された企業家精神の内容、つまり企業家の5つの要素とそれらの間の関係について、理論的な研究状況をレビューしながら、それらに理論的な修正・リファインを行うことである。すでに筆者は、そのような理論的なフレームワークをいくつか発見している。

　例えば、セレンディピティに関しては、ワイクの認知心理学をベースにした一連の研究が参照されるべきである（Weick 1995; Weick and Sutcliffe 2001）。また、企業家の目標追求と創意工夫・粘り強さについては自己効力感（perceived self-efficacy）についてのバンデュラの一連の研究が参照さ

れるべきである（Bandura 1997）。さらに、企業家の仕事への没頭感については、チクセントミハイの「フロー」概念の適用が有効であると考えられる（Csikszentmihalyi 1997, 2003）。先に紹介した藤井の「閾値を超える」（「あるポイントで苦痛が消え去り楽しく」なる）はまさにチクセントミハイのフロー状態であると考えられる。

　それとともに、以上のような理論的作業を通じて洗練された企業家精神のフレームワークを、さまざまな企業家のケース・スタディによってさらに検証してゆく必要がある。まさに、グラウンデッド・セオリーの適用である（Glaser and Strauss 1967; Strauss and Corbin 1998; Glaser 1992; Dey 1999）。多くの企業家のケース・スタディから新たな企業家精神の要素が抽出されるのか、それともそれでも企業家精神は5つの要素に適切に収斂させることが可能なのか。今後、以上の問題に取り組む必要がある。

　第3章では企業家が市場機会を発見し、その発見をベースにしてビジネスモデルを構築し、そして起業してゆくプロセスをケース比較分析から明らかにする。第4章では、本章と第3章で取り上げた企業家のケース・スタディを通じて企業家精神の構成要素を心理学的に明らかにする。

第3章

企業家的発見の特徴
グラウンデッド・セオリー・アプローチを用いて

第1節 企業家的発見研究の現状と本章の課題

　シュンペーター的な意味で革新を実現する企業家は、どのようにして革新のベースになるビジネス・アイディアを獲得するのであろうか。企業家（entrepreneur）あるいは企業家精神（entrepreneurship）の基本的特徴として、多くの研究者によって取り上げられているのは、革新性（innovativeness）、リスクテーキング（risk-taking）、そしてプロアクティブネス（pro-activeness）である（Morris 1998, 2013）。

　アントレプレナーシップ研究の第一人者であるマイケル・モリスは、それらの属性について次のように説明している。すなわち、「革新性は問題やニーズに対して創造的で、通常ではない、目新しい解決策を求めることを意味している。リスクテーキングとは、失敗のかなりの可能性を伴う機会に大きな資源を投入する意欲を意味する。プロアクティブネスは、企業家的コンセプトを実現させるのに必要なことを何でも行うという実行性にかかわっている」（Morris 1998, p. 18）と。

　しかし、シュンペーターの企業家の元来の意味は、革新の実現者にある。モリスらによって取り上げられている企業家のリスクテーキングやプロアクティブネスといった特徴も、革新を実現するために必要な属性であると考えられる。しかし、冒頭で指摘したように革新者はどのようにして革新のアイディアを獲得するのであろうか。この問題については、様々なケースの逸話的紹介が数多く存在するものの、正確には解明されてはいない。

その最大の原因は、この問題の解明が困難であるということに求められる。実際、多くの研究者はこの問題の解明を素通りして、別の問題の分析に焦点を当てている。例えば、モリスは企業家が起業する 13 のトリガーを指摘している。それらは、マイナスのトリガーとプラスのトリガーとに分類されている。具体的には以下のようにまとめられている(Morris 1998, p. 84)。

　マイナスのトリガーは以下の 6 つの要因から構成されている。すなわち、①サバイバル(「現状では家賃を払うことができない」)、②仕事への不満(「私は、上司、仕事、環境が嫌いである」)、③一時解雇もしくは人員削減(「雇用主は私を必要とはしていない」)、④困難な事業の状況(「われわれは主要顧客を失った、……われわれの技術は旧式になった、……コストが天井を越えた、……主要供給業者と取引が停止された、……われわれは何かをしなければならない」)、⑤離婚(「私は、突然、何の支えもなく、私自身の力で生活しなければならなくなった」)、⑥死別(「父が不意に亡くなった。私には難局に直面している事業が残され、それを再活性化させなければならなかった」)がそうである。

　プラスのトリガーは、次の 7 つの要因から構成されている。すなわち、⑦新鮮なスタート(「私はちょうど学校を卒業したばかりである、あるいは新しい場所に移動したばかりである。私は何か異なったことをする用意ができている」)、⑧機会の訪れ(「私の雇用主は、もし私が彼のアウトソース供給業者になるなら、私に資金援助すると申し込んできた」あるいは「ある顧客が、もし私が彼のために部品を開発することができるなら、それを大量に注文すると約束した」)、⑨好奇心(「私は興味をそそる何かを見て、まさにそれを行なうと決めたとしたら……」)、⑩自分の運命を改善する欲求(「私は自分の人生をコントロールし、自分自身の努力が自分の成果を決める状況に自分を置きたいと思った」)、⑪今しかない(「私は 40 を過ぎて、私が少しも若返っていないことを悟り、それを選ぶことに決めた」)、⑫予期しない授かり物(「私は宝くじに当たったり、あるいはベティおばさんの大金を継承した。私はそれを使って何かプラスのことをすることにした」)、⑬意図的な探索(「私は常に自分が起業家的な何らかのことをすると

思っているが、私はまさに正しい機会を発見する必要があった」)がそうである。

　そしてモリスは、これらのトリガーをベースにして、革新的な企業家のケースを具体的に分析している。すなわち、「カリフォルニア州北部の農民、ディノ・コートパッシを考えてみよう。ディノの父も農民であったが、彼はサクランボ、トマトやその他の農産物のマーケティングに関して自分が戦略的なレバレッジを持っていないことを知った。彼はプライス・テイカーであった。……これらの状況に直面して、彼は川下の食品加工業への進出を決定した。ディノは『コモディティ』と考えられていたトマトのブランド化の道を開拓したのである。今日、彼のサン・トモ・グループは、高品質のブランド化されたトマト加工製品のリーダー企業である。企業家の13のトリガーの観点からすれば、他のトリガーも作用しているのかもしれないが、彼は『自分の運を改善したいと思う欲求』(⑩番目のトリガー : 佐藤) の例である」(Morris 1998, p. 85) と。

　モリスは「ディノが川下の食品加工業への進出を決定した」トリガーを明らかにしようとしているが、彼の問題意識からは、ディノが、なぜ、どのようにして "ユーレカ的発見" にいたったのかは除外されてしまっている。ユーレカ的発見とは、アルキメデスがシラクサの王の王冠の黄金の純度を測定する方法を長い研究の末に発見したときの有名な叫び声 (eureka) に由来する。すなわち、モリスはディノが食品業界に革新をもたらす「川下の食品加工業への進出を決定した」理由を、企業家の13のトリガーの1つである「自分の運を改善したいと思う欲求」に求めたが、しかしディノがそもそも「なぜ川下に注目した」のかというアイディア創出のメカニズムについてはなにも説明していないのである。

　同様に、ベンチャー・ビジネス理論の体系化に多大なる貢献をし、そして市場機会の発見を重要視するティモンズも、市場機会の発見プロセス自体については詳細な分析は行なっていない。むしろティモンズは、発見された市場機会の有望性の評価に研究の焦点を移行させている(Timmons 1990)。

　このように、革新的なビジネス・アイディア獲得のメカニズムについての研究は立ち遅れていると言わざるを得ない。この原因は、シュンペー

ターの問題意識自体にさかのぼることができる。彼は、生産とは種々の物質や生産力を結合することと考え、イノベーションは、この結合方法の変更に他ならないと考えた。具体的には、それらは、①新製品の製造、②新しい生産方法の導入、③新市場の開拓、④新しい原料や半製品の獲得、そして⑤新しい組織の形成、である（Schumpeter 1933）。しかし残念ながら、シュンペーターは、企業家がどのようにして革新を導入できたのかの分析は行っていない。

　シュンペーターは「新結合」の導入による「創造的破壊」、すなわち均衡状態の破壊に企業家（と企業家的利潤）の本質を求めたのに対して、オーストリア学派経済学の中心人物であるカーズナーは不均衡状態に企業家的革新の発見の源泉を求めた。オーストリア学派にとって、企業家は経済を均衡状態に収束させる中心的な経済主体なのである（Kirzner 1973, 1997）。カーズナーは企業家的発見について以下のように説明する。

　「以前には見逃していたものに気づく場合、どのような慎重な意味においても知識は創造されていない。その気づきとは、以前には（まったく知らなかった）無知を発見したことである。（これに）は、実際には発見可能であった何らかのものを見逃していたということに気づいたことに伴う驚きがある（『それはまさに私の目の前にあったのだ！』）。

　この発見の性格は、市場を均衡化させる企業家的プロセスを特徴づける。均衡化プロセスを構成するはずの一連の健全な驚きへの体系的な傾向を説明するのは、一連の受け入れがたい幸運な偶然ではなく、むしろ考えられる機会（ないしは考えられる災難の危険性）に対する人間の特性としての自然な抜け目のなさである。不確実性の世界では、そのような自然の抜け目のなさは、オーストリア学派の理論が市場の文脈で企業家に帰属させた大胆さと想像力に体現される。企業家的抜け目のなさは、入手可能な（しかし、これまでは見逃されていた）機会に対する高感受性という態度を意味している」（Kirzner 1997, pp. 71-72）と。

　しかし残念ながら、カーズナーも、企業家がどのようにして「驚きを伴った発見」をするのかの説明や分析は行なっていない。シュンペーター同様、それらの問題は経済学の射程外の与件の問題だからであろう。

　経営学の立場から企業家精神と革新の関係について研究したドラッカーは、イノベーションの7つの源泉を抽出している（Drucker 1985）。それらは、①予期せざるものの存在、予期せぬ成功と失敗、予期せぬ現象、②調和せざるものの存在、理想と現実のギャップ、③必然的に必要なもの、プロセス上のニーズの存在、④社会の地殻変動、産業や市場の構造変化、⑤人口構造の変化、⑥認識の変化、見方、感じ方、考え方の変化、⑦新しい知識の獲得である。

　ドラッカーは、以上のイノベーションの7つの要因を平板的に同一次元の源泉として論じているが、それは明らかに不正確な扱い方である。以上の源泉のうち、①②③の要因はユーレカ的発見そのものに関連し、④⑤の要因はユーレカ的発見をもたらす経済社会の構造変化に関連し、そして⑥⑦の要因は企業家的な認知に関連しているからである。企業家的発見研究において明らかにすべき問題は、これら要因間の相互の関係、より特定化して表現すれば、⑥⑦と①②③の関係の分析、そして①②③と④⑤の関係の分析である。図3-1はそれらの関係を示している。

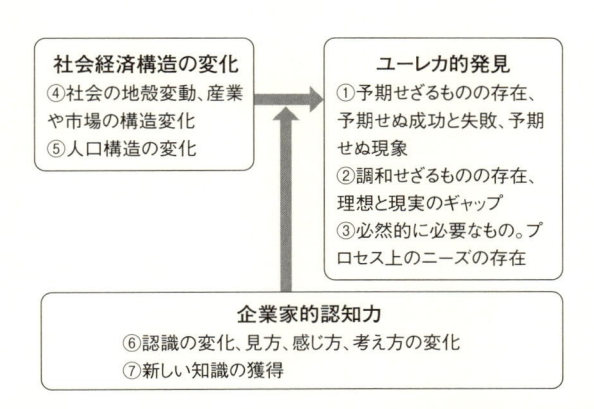

図3-1　ドラッカーのイノベーションの7つの要因間の関係

　「ハッ！とする現象」や情報に直面して、「これだ！」と了解するプロセスはセンスメーキングとして知られているが、ワイクは組織におけるセンスメーキングに関するこれまでの断片的な研究を包括的にレビューしている（Weick 1995, Weick and Sutcliffe 2001）。ワイクは、センスメーキング

の源泉として、予期せぬ出来事の発生などをあげている。その意味で、ワイクのセンスメーキング研究は、カーズナーの企業家的発見やドラッカーの指摘する「予期せざるものの存在」分析と密接に関連している。しかし残念ながら、ワイク自身は、企業家的センスメーキングの分析は行なっていない。

　以上の簡単なレビューから明らかなように、これまで「企業家的発見」、「企業家的センスメーキング」を正面から取り上げ、その問題に対して一定の知見を提供している研究は少ない。たとえば、企業家研究の分野においては、Ardichville, Cardozo and Ray（2003）, Krueger（1998）, Mitchell, Busenitz, Lant, et al.（2002）, Shane（2000）などの研究が行なわれてきた。しかし、それらは Shane（2000）を除けば、いまだ萌芽的な研究フレームを求める研究にとどまっている。また興味深いケース・スタディによる実証研究を行なった Shane（2000）の研究も、同じ特許技術を利用した事業が、企業家がすでに保有している能力・知識によって大きく異なったものになることを明らかにしているだけである。もちろん、この研究自体の意義は大きいが、しかし、それは企業家的発見のメカニズムそのものの研究とは言えない。

　本章では、業界に革新をもたらすことに成功した 37 名の企業家のケース・スタディを通じて、企業家的発見のメカニズムを解明しようとする。37 名の企業家は、サービス・流通分野の企業家であり、それぞれの業界に革新をもたらした企業家であることを条件にして選択した。具体的には、事業ドメインの構成要素である Who（ターゲット顧客）、What（顧客ニーズ）、そして How（顧客ニーズの充足方法と顧客へのアプローチ方法）の1つ以上に変更をもたらしたと考えられる企業家を取り上げた。章末の表1には、本章が分析対象とした企業家が、その氏名の 50 音順に、それぞれの企業家的発見と革新の実現プロセスに焦点を当てた概要とともに掲載されている。

　ここでは研究方法として、グラウンデッド・セオリー・アプローチを用いた（Glaser 1993; Glaser and Strauss 1967; Dey 1999; 木下 2003; Strauss and J. Corbin 1998）。すなわち、それぞれの企業家のケースをデータとし

て、各企業家間の企業家的発見と革新の実現プロセスの類似性と異質性とを同時並行的に比較分析し、概念とカテゴリーとを生成するというアプローチを採用した。37名の企業家を相互に1人ひとり比較してゆくなかで、企業家のケースとしては十分な「理論飽和」、すなわちこれ以上比較すべき企業家のケースを増加させても新しい理論的カテゴリー（もしくはサブカテゴリー）は発生しないと考えられる地点に達成していると思われる。

第2節　企業家的発見の構図

　革新に成功した企業家は、どのようなことをきっかけにして、ビジネス・チャンスを発見するのであろうか。ビジネス・チャンスの発見は、多くの論者が指摘するように、単なる偶然の作用なのであろうか。決してそうではない。革新に成功した37名の企業家を分析した結果、いずれの企業家も棚ぼた式に革新を成功させたのではなく、日々の事業との真剣な格闘のなかからビジネス・チャンスを発見し、そしてそれを実現させていったことが確認できた。

　彼らは常に積極的、あるいは無意識的にビジネス・チャンスを探し求めている。革新に成功した企業家にビジネス・チャンスを捕捉させる契機となった具体的なきっかけを分類すると図3-2のようになる。

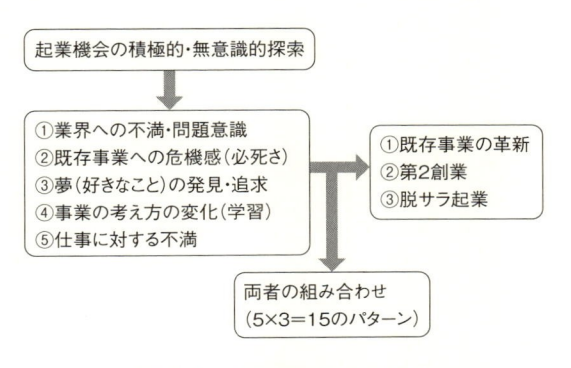

図3-2　企業家的発見の方法

企業会的発見に成功した起業家に共通した要因は、企業家的発見のための前提条件であるビジネス・チャンスを積極的・無意識的に追求している点であった。しかし、具体的なビジネス・チャンスの発見方法は5つのパターンに分類することができた。すなわち、① 業界への不満・問題意識、② 既存事業への危機感（必死さ）、③ 夢（好きなこと）の発見・追求、④ 事業の考え方の変化（学習）、そして⑤ 仕事に対する不満の5つがそうである。

　最終的な起業形態としては、①既存事業の革新、②第2創業、そして③脱サラ起業の3つのパターンに分かれた。したがって、ビジネス・チャンスの発見の5パターンと起業形態3種とを組み合わせると、15のパターン（5 × 3）に分類することができた。

1　業界への不満・問題意識から革新を起こした企業家

　これらの企業家は、業界への疑問や不満、改善の問題意識を持つようになり、その結果、業界に革新を引き起こす機会を捕捉している。以下、既存事業の革新のケース、第2創業のケース、そして脱サラ起業のケースの順にみていこう。なお、企業家の名前の後に記載した括弧内の数字は、「付表1　分析対象企業」（本書 p. 72）に対応している。

　業界への不満・問題意識をベースにして既存事業を革新した企業家としては、過大な添加物にまみれている食品業界のあり方に疑問を抱き、無添加の回転寿司を売りにしているくらコーポレーションの田中邦彦(19)、そして価格が高騰していた日本のコーヒー業界の将来を憂いていたドトールコーヒーの鳥羽博道（21）がいる。

　業界への不満を第2創業に結びつけた企業家には、古本業界の商慣行に一石を投じることとなったブックオフコーポレーションの坂本孝(16)、理美容業界の過剰サービスに疑問を抱くようになったQBネットの小西國義(14)、そして讃岐うどん店が女性客を誘引できない点に問題意識を持ったはなまるの前田英仁（28）がいる。

　最後に、業界への不満から脱サラ起業にいたったケースには、友人から高齢者専門病院の紹介を頼まれ、高齢者医療体制の酷さに疑問を持った青

梅慶友病院の大塚宣夫（6）、大手化粧品メーカーの営業担当者として化粧品業界のマーケティングに疑問を持つようになったハウス オブ ローゼの川原暢（11）、そして子供の教育問題に関心を持っていた東京個別指導学院の馬場信治（24）のケースがある。

2　既存事業への危機感（必死さ）から革新を起こした企業家

　既存事業の危機感をベースにして、「ハッ！とする現象」を認識し、そこから得られたビジネス・アイディアに基づいて「既存事業に革新をもたらした企業家」は37名中9名であった。

　彼らには、高級ブランド品のリサイクル大型店を経営するコメ兵の石原司郎（4）、大学生の生活、特にサークル活動の支援活動業を展開する毎日コムネットの伊藤守（5）、回転寿司の最初の店舗を開店することとなった元禄産業の白石義明（18）、チーズ王国というチーズ専門店チェーンを展開する久田の久田夫妻（26）、カルチュア・コンビニエンス・クラブの増田宗昭（29）、ユニークなコンビニをチェーン展開するポプラの目黒俊治（31）、ユニークな深夜型ディスカウントストアをチェーン展開するドン・キホーテの安田隆夫（33）、100円ショップのナンバーワン企業を創設した大創産業の矢野博丈（35）、そしてナンバーワン家電ディスカウントストアのチェーン展開を行なっているヤマダ電機の山田昇（36）が存在する。

　ここで興味深いのは白石のケースである。白石は、後に当時の問題意識を、「あのころはえろう人手が足りんでね。苦労して店に入れた中学卒業の男の子も、1週間から10日でホームシックになって辞めてしまいよる。すし屋も機械化して人手がいらんようにせな『食うていかれん』と思てたんですわ」と述べている。これは業界全体の問題を指しているというよりも、彼は自分個人の問題としてとらえていたと解釈できるのである。

　既存事業の危機感から「第2創業を行なうにいたった企業家」には、ナンバーワンのピザ宅配チェーン企業を経営するフォーシーズの浅野秀則（2）、ヤマト運輸の小倉昌男（8）、ベンチャー・リンクの小林忠嗣（15）、すかいらーくの茅野亮と彼の兄弟（20）、そしてファーストリテイリングの柳井正（34）がいる。

3 夢（好きなこと）の発見・追求

「ハッ！とする現象」を捉まえるきっかけが、たとえば「社長になりたいという夢」であったり、あるいは逆に「ハッ！とする現象」が「昔からの好きなことを思い出させた」という形でビジネス・アイディアの捕捉につながる場合がある。考察の対象とした企業家で、それが既存事業の革新につながったケースはまんだらけの古川益蔵（27）である。

スタジオアリスの本村昌次（32）の場合には、それが第2創業という形で発現している。またそれが脱サラ起業につながったケースとしては、自然堂の喜多尾将秋（12）がいる。少年時代から社長になることが夢であった企業家には、テイクアンドギブ・ニーズの野尻佳孝（23）とワタミフードサービスの渡邉美樹（37）がいる。

4 事業の考え方の変化（学習）

「ハッ！とする現象」との出合いが、事業に対する考え方の変化を引き起こし、その結果としてビジネス・チャンスを捉まえた企業家も存在する。それが既存事業の革新につながったケースには、ナンバーワンの紳士服チェーン企業を創業した青山商事の青山五郎（1）とナンバーワンの高齢者向け海外旅行会社を経営するニッコウトラベルの久野木和宏（13）がいる。

それが第2創業という形で発現したケースには、焼肉レストランである牛角をチェーン展開したレインズ・インターナショナルの西山知義（22）、ECサイトを運営する楽天の三木谷浩史（30）、そしてうどん店チェーンを展開したグルメ杵屋の椋本彦之（25）が存在する。最後に、「ハッ！とする現象」との出合いが脱サラ起業という形になった企業家としては、モスフードサービスの櫻田慧（17）が存在する。もっとも、正確に表現すれば、櫻田は銀座のマクドナルドを目撃する前にすでに脱サラしていたのであるが……。

5 仕事に対する不満

最後に、仕事に対する不満が革新を引き起こす原動力になったケースが

存在する。それらは通常、脱サラ起業という形で発生する。以下の3つの
ケースはすべて脱サラ起業である。すなわち、セコムの飯田亮（3）、安全
センターの大村弘道（7）、そしてサンマルクの片山直之（10）のケースが
そうである。前述の櫻田の場合もここに位置づけてもよいと考えられる。

　以上、革新を引き起こすことに成功した企業家を分析した結果、すべて
の企業家は「ハッ！とする現象」を認識するベースを有していることが明
らかになった。たとえば、ピザーラという宅配ピザ店をチェーン展開して
いる浅野は、「E.T. のビデオを見ているときに、ピザの宅配ビジネスを思
いついた」というが、それに続けて「レンタル・ビデオ店の経営の先行き
に不安を持っていたときに、E.T. のビデオを見た。以前に見たときにはそ
のようには思わなかった」と述べている。同じ現象を見ていても、問題意
識が異なれば違って見えるのである。

　これと同じことを鳥羽博道も次のように説明している。すなわち、「私
がパリのカフェで立ち飲みを見てドトールコーヒーショップのヒントを掴
んだときも、日本でもレギュラーコーヒーの挽き売りの時代がやってくる
とドイツで確信したときも、同じ光景を何十人もの同業者が見ているので
ある。それをビジネスとして成功させるか、それとも甘んじて後塵を拝す
ることになるのか、その差は関心、こだわり、執着心の差にあると言って
も過言ではないだろう。関心、こだわり、願望、執着心には物事を引き寄
せる力があると思う」（鳥羽 1999, pp. 177-78）と。

　また、ヤマダ電機を創業した山田は、職場に嫌気がさし、日本ビクター
を入社 10 年目で退職した。その後すぐに山田は「ヤマダ電化センター」を
開業したが、山田は後に、その間の経緯を、「人に使われるのが嫌だった
というだけで、どんな商売でもよかったのです。ただ、電機の技術があっ
たから、電気屋がいいだろうな、と。その程度の動機ですよ」と回想して
いる。実際に、このような転機は人生では珍しいものではない。モリスが
企業家のトリガー②として問題にしたのはまさにこの点であった（Morris
1998, p. 84）。

　しかし問題は、山田が店じまいセールに黒山の人だかりができたことに
「ハッ！と」し、ディスカウントストア時代の到来を予見できたことにあ

る。山田には、既存事業への危機感をベースにして、この「ハッ！とする出来事」から家電ディスカウント時代の到来を予見する能力・知識、そしてそれを実現する能力があったということが重要なのである。

第3節　企業家的発見のパターンについて

　革新的なビジネスモデルの確立に成功した企業家たちの「発見のパターン」をグラウンデッド・セオリー・アプローチによって分類すると図3-3のようになる。図示されているように、発見のパターンは2段階になっている。1つは、企業家が起業機会を探索しており、それが「ハッ！とする現象」と結びつくプロセスである。第2は、その「ハッ！とする現象」との出合いから、「これだ！」というビジネス・アイディアの発見につながるプロセスである。「ハッ！とする現象」からビジネス・アイディアを獲得するルートは5つのタイプに分類された。以下で、順に見ていく。

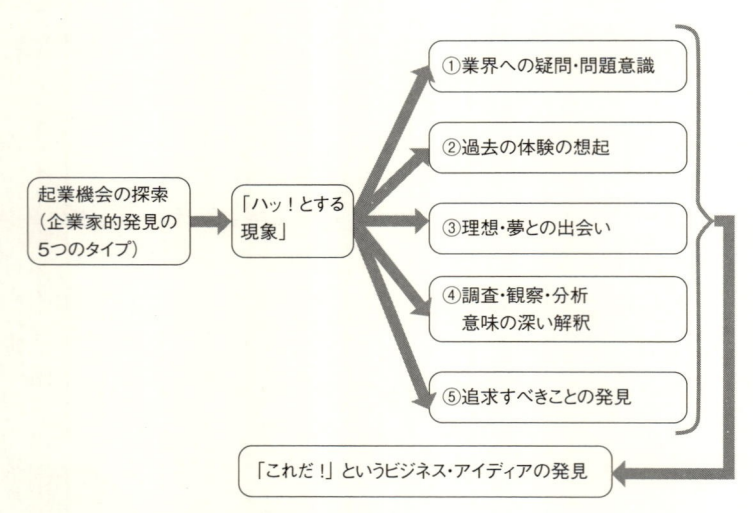

図3-3　企業家的センスメーキング・パターン

このパターンで革新に成功した企業家として、寿司店の機械化という問

題意識を持っており、アサヒビールの吹田工場の見学でハッ！とし、その
アイディアを試行錯誤しながら粘り強く実現させた白石（18）が挙げられ
る。

　また、「ハッ！とする現象」との出合いが、その後の調査・観察に結びつ
き、その結果として発見したアイディアを実行するというパターンも存在
する。このパターンの企業家の代表は、日本のコーヒー業界の行く末に危
機感を抱き、視察先のパリのシャンゼリゼ通りで立ち飲みカフェを見て
ハッ！とし、そのカフェを注意深く観察・分析することによって、立ち飲
みコーヒー業態の日本での成立可能性を確信した鳥羽（21）である。

　運輸企業としての自社の先行きに危機感を抱いていたヤマト運輸の小倉
（8）、東京個別指導学院という革新業態を確立した馬場（24）、在来型のイ
ンターネット・ショッピングモールの運営に疑問を感じていた楽天の三木
谷（30）、従来の写真館の経営方法に疑問を感じていたスタジオアリスの本
村（32）、そして既存紳士服企業としての自社のあり方に疑問を感じていた
ファーストリテイリングの柳井（34）は、「ハッ！とする現象」との出合い
の後、その現象を調査・分析することによって自己のビジネスモデルを形
成していった企業家である。

　さらにこのタイプの起業家には、友人の母親のために老人病院を探して
いる間に、老人医療問題に目覚めた大塚（6）、サンマルクの原型となるレ
ストランを開店したときに職人問題に直面した片山（10）、大手化粧品メー
カーの営業担当者であったときに化粧品業界の体質についての問題意識を
醸成した川原（11）、そして散髪中に理美容院の過剰なサービスに疑問を
持った小西（14）が存在する。

　また「ハッ！とする現象」から自己の過去の体験を思い出して、それが
「これだ！」という発想に結びついたケースには、以下の企業家が存在す
る。自宅でE.T.のビデオを見ていてハッ！とし、それとハワイでのピザ
の体験を思い出して、ピザの宅配ビジネスを起業した浅野（2）、百貨店で
の高級ブランドの売れ行きにハッ！とし、そして買取センターの東京への
出店の成功経験を思い出し、そのことから売場の8割を高級ブランドに転
換した石原（4）、老人介護用の緊急通報システムが完成したとのニュース

を聞き、母が亡くなった悔しい体験を思い出した大村（7）、祖母の無添加のチラシ寿司のレシピを見たときに、寿司酢メーカー時代の体験を思いだした田中（19）、そして古本屋の経営譲渡を持ちかけられたときに、コミックの古本屋は儲かるという話を思い出した古川（27）のケースがある。

また、友人からヨーロッパには警備会社があるという話を聞き、自己のビジネス観にそれが合致した飯田（3）と、世界旅行中に起業すべき分野を発見した渡邊（37）のケースは、「ハッ！とする現象」が、自己の理想とする世界・分野の特定化に結実した場合であると考えられる。

また、「ハッ！とする現象」からその現象を調査・観察・分析したり、あるいは現象の意味の深い解釈を行うことによってビジネス・チャンスの捕捉に結びつけたケースが存在する。調査・観察・分析のパターンの代表的な企業家としては、明治大学の漫画研究会の仕事を受注した後、他大学で同じアプローチをして独自のビジネスモデルを形成することとなった伊藤（5）、スーパー銭湯との出合いが子供時代に銭湯に連れて行ってくれた祖父の思い出と重なり、それを調査するきっかけとなった喜多尾（12）、ペガサスクラブでのアメリカの外食産業のレポートが実際にアメリカでの調査活動に結びついた茅野兄弟（20）、友人の結婚式のつまらなさがブライダル市場の調査・分析を動機づけてハウスウェディングへの注目に結実した野尻（23）、アメリカでのマクドナルドの観察・分析がうどん店のチェーン展開に結実した椋本（25）、貸しレコード店、ロフトの大成功に刺激され、同分野を調査した結果、興味深いビジネスモデルの構築につながった増田（29）、そして買わずに店を出た顧客にハッ！とし、その理由を尋ねることからコンビニエンスストアのユニークなビジネスモデルの構築につなげていった目黒（31）のケースがある。

以上は、「ハッ！とする現象」との出合いが、その現象の観察・調査・分析につながり、その結果としてビジネス・チャンスを発見するにいたったケースである。

さらに、「ハッ！とする現象」が、その現象の意味の深い解釈（＝深い気づき）を促し、そのことから新しいビジネス・チャンスを捕捉したケースとしては、アメリカのショッピングセンターの視察を通じて日本でも今後

は車社会になると予想して田んぼの真中に紳士服店の1号店を開店させた青山（1）、台湾旅行の大成功をきっかけにして高齢者市場の可能性を考察した久野木（13）、そして閉店セールでの成功をきっかけにして、家電業界でのディスカウントストアの意味を熟考した山田（36）のケースが存在する。

　最後のパターンは、「ハッ！とする現象」との出合いが、ビジネスとして実施すべきことを認識させるにいたったケースである。たとえば、サンマルクのFC展開の支援をしながら新しいビジネスモデルを形成していった小林（15）、マクドナルドでの体験にハッ！とし、自社での導入を試みた西山（22）、顧客からのハッ！とするクレームで覚醒して接客方法の革新を引き起こした久田（26）、深夜に突然やってきた顧客をきっかけにして深夜営業へのシフトを図っていった安田（33）、そして主婦の発した言葉である「安物買いの銭失い」にハッ！として品質向上を決意した矢野（35）のケースがそうである。

第4節　企業家的発見と3つの実現パターン

　ビジネスの革新に成功した企業家のケースをグラウンデッド・セオリー・アプローチを用いて分析した結果、「ハッ！とする現象」に直面したことから「これだ！」というビジネス・アイディアを思いつく場合、その革新の実現には3つのルートがあることがわかった。1つは、図3-4に示しているように、当該ビジネスの経験・知識をすでに保有している企業家が「ハッ！とする現象」に直面して革新を実現させていくルートである。セレンディピティと表現される場合がまさにそうである（Roberts 1989, Robinson and Stern 1998）。

　たとえば、ブックオフコーポレーションを創業した坂本（16）の場合がそうである。確認する。坂本は港南台を車でドライブしているときに黒山の人だかりができているコミックと文庫本中心の古本屋を見てハッ！としたのであるが、それは坂本が中古ピアノの販売を大成功させた経験がある

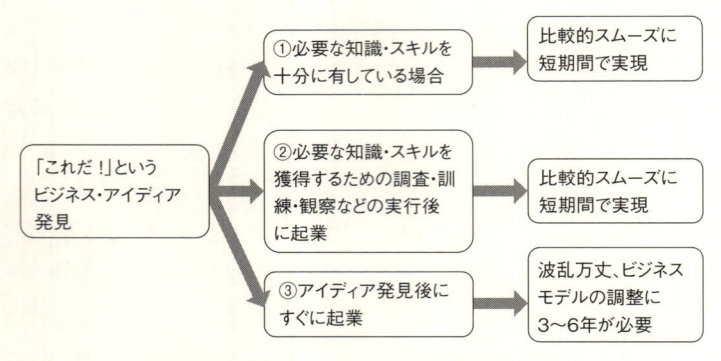

図 3-4　ビジネス・アイディアの実現パターン

からである。その経験がこれは商売になると彼に直感させたのである。つまり、この場合に重要な点は、ハッ！とすることを可能とさせる能力（＝認知力）と、それをビジネスとしてスムーズに実現することができる能力（＝ビジネスモデル構想力＆実現力）が必要であるということである。

　これらの企業家には、青山（1）、石原（4）、伊藤（5）、田中（19）久野木（13）、鳥羽（21）、安田（35）、そして山田（36）といった既存事業において革新を実現させた人々、小倉（8）、小原（9）、小林（15）、古川（27）、三木谷（30）、本村（32）、そして柳井（34）といった関連分野で第 2 創業を行なった人々、さらには川原（11）と馬場（24）といった脱サラ組の起業家が存在する。

　もう 1 つのルートは、「ハッ！とする現象」に直面して以降、周到な調査研究あるいは修行を行なって、革新を実現するのに必要な能力・知識を涵養してからビジネス・アイディアを実行するタイプである。例えば、混雑しているスーパー銭湯にハッ！とした喜多尾（12）は、その後、3 年にわたってスーパー銭湯のビジネスの仕組みを調査研究してから 1 号店をオープンさせた。その後は、喜多尾の自然堂は急成長を続けている。

　これらの企業家には、小西（14）、坂本（16）、茅野兄弟（20）そして前田（28）といった非関連分野で第 2 創業した人々や、また喜多尾（12）、櫻田（17）、野尻（23）そして増田（29）といった脱サラ企業家が存在する。これらのパターンを踏襲した企業家は、創業後に急成長を経験した。

　最後は、予期せぬ現象にハッ！としてビジネス・アイディアを獲得し、それをすぐに実行し、革新を完成させるまでに四苦八苦した企業家たちが踏襲したルートである。これらの人々は、（偶然によって）機会をうまく捕まえたのであるが、それを適切に実現する能力がなかったケースである。いわば試行錯誤しながら、事後的に必要な能力を身に付けた企業家である。例えば、ポプラというユニークなコンビニをチェーン展開している目黒（31）は、イトーヨーカ堂と同じ時期にアメリカにコンビニの視察に訪れている。しかし、セブンイレブン・ジャパンと異なり目黒にはコンビニのノウハウは一切なかった。目黒はそれを 1 から構築する必要があったのである。目黒は競合に売れ筋の品揃えを教えてもらったり、あるいは顧客から欲しい商品を直接教えてもらいながらコンビニのノウハウを 1 つ 1 つ蓄積していったのである。

　これらのタイプの企業家には、既存事業を劇的に革新させる可能性のあるビジネス・アイディアを思いついたのであるが、回転レーンを物理的に開発するための機械工学の知識のなかった白石（18）、ピザ店経営のノウハウのなかった浅野（2）、焼肉店経営のノウハウのなかった西山（22）、チーズ専門店の経営ノウハウのなかった久田夫妻（26）などの非関連分野での第 2 創業を試みた人々、また警備保障会社経営のノウハウのなかった飯田（3）を初めとして大塚（6）、大村（7）、片山（10）、安田（33）そして渡邉（37）といった脱サラ企業家群から構成される。

　以上の分析から、「ハッ！とする現象」に遭遇して得られた革新的なビジネス・アイディアを実現する場合に、それに必要とされる能力・知識を企業家がどの時点で保有しているのかが「企業家的センスメーキング」の性格を左右することが明らかになった。第 1 は、それらの能力・知識を企業家があらかじめ持っている場合である。この場合には、企業家はハッ！として得られた革新的なビジネス・アイディアを比較的スムーズに、かつ短期間で実現することが可能となる。

　第 2 のパターンは、ハッ！としてアイディアを捕捉した後に、企業家はそれが実行するに相応しいアイディアであるのかどうかを確認するため、あるいはその実現に必要な能力・知識を獲得するために、そのアイディア

についての観察・調査・分析・実現の仕組みの考案、あるいは修行などの活動に従事し、その後にアイディアの実現を目指す場合である。この場合にも、調査・分析・学習期間の長短はあるものの、アイディアの実現プロセスそのものは比較的にスムーズに進行する。

第3は、革新的なビジネス・アイディアを捕捉して、起業に必要なスキルやノウハウなしに即座にその実現を目指すパターンである。この場合には、アイディアの実現過程は試行錯誤・紆余曲折の連続であるし、極端な場合には、これらの企業家はまさに「波乱万丈」の人生を歩んでいると考えられる。

第5節　企業家的発見の全体像

以上の分析から、企業家的発見の性格に関していくつかの点が明らかになった。図3-5は企業家的発見と起業プロセスの全体像を示している。

第1の点は、企業家は革新の成功が「幸運な偶然」のように見えても、決してそうではなく、それをキャッチできる努力をしているということである。本章の分析結果からは、そのような「ハッ！とするためのマインドセット要因」として、①業界への不満・問題意識、②既存事業への危機感（必死さ）、③夢（好きなこと）の発見・追求、④事業の考え方の変化（学習）、そして⑤仕事に対する不満の5つの要因が明らかになった。

第2に、企業家的センスメーキングのためのベースが明らかにされた。「ハッ！とする現象」に遭遇して、企業家がそこから意味を引き出すプロセス（＝センスメーキング）には大別すると2つのパターンがあった。1つは、問題意識先行型企業家的センスメーキング・パターンであり、そしてもう1つは、現象との出合い先行型企業家的センスメーキング・パターンである。

第1のセンスメーキング・パターンは、問題意識をあらかじめ持っていた企業家が、「ハッ！とする現象」に出会うことによって、その問題の解決策のアイディアを入手する場合である。場合によっては、そのアイディア

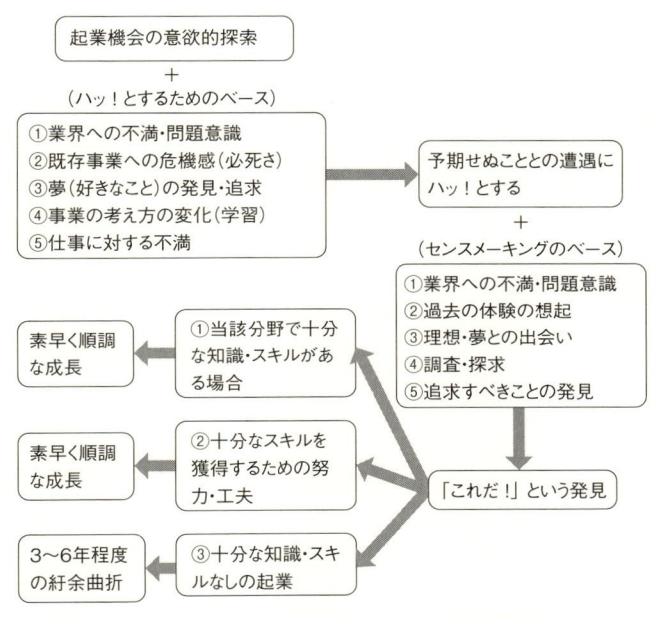

図3-5 企業家的発見と起業プロセスの全体像

の意味を試行錯誤や調査観察によってさらに明確にするケースも存在する。第2のパターンは、現象にハッ！とした後に、それがいくつかの要因によってビジネス・アイディアのさらなる明確化につながって行くパターンである。それらのセンスメーキング要因は、具体的には、①業界への疑問・問題意識、②過去の体験の想起、③理想・夢との出合い、④調査・観察、そして⑤追求すべきことの発見であった。

　分析のもう1つの重要な発見物は、「ハッ！とするためのマインドセット要因」と「ビジネス・アイディアを閃かせるためのセンスメーキング要因」との対応関係に関わっている。「業界への不満・問題意識」、「理想や夢の追求と出会い」は直接に対応関係にある。例えば、日本のコーヒー業界の行く末に不安を抱いてヨーロッパの視察旅行に出かけた鳥羽(21)のケースや「夢の追求と出会い」を実現させた古川（27）などのケースはその典型例である。それ以外の3つの要因間には直接の法則的な対応関係は見られなかった。

第3に、「ハッ！とする現象」に遭遇して「これだ！」という形で獲得された革新的なビジネス・アイディアを実現する場合に、その実現に必要とされる知識やスキルを企業家がどの時点で保有しているのかが革新の実現過程を左右することが明らかになった。

　第1のパターンは、それらの能力・知識を企業家があらかじめ持っている場合である。第2のパターンは、ハッ！としてアイディアを捕捉した後に、企業家はそれが実行するに相応しいアイディアであるのかどうかを確認するため、あるいはその実現に必要な能力・知識を獲得するために、そのアイディアについての観察・調査・分析・実現の仕組みの考案・修行などの活動に従事し、その後にアイディアの実現を目指す場合である。第3は、革新的なビジネス・アイディアを捕捉して即座にその実現を目指すパターンである。アイディアの実現の困難性は、第3のパターン、第2のパターン、そして第1のパターンの順に低くなると考えられる。特に、第3のパターンを選択した場合には、そのビジネスモデルを確たるものにするためには、現場での3年から6年間の波乱に満ちた試行錯誤が必要となることも発見されている。

　起業家的ビジネス・チャンスの発見とビジネスモデルの構築に関して、サラスバシーは注目すべき主張をしている（Sarasvathy 2001, 2006）。彼女は従来の起業戦略を原因と結果との戦略的因果関係を前提にしたコーゼーション（causation）と呼び、それは例えばコトラーのSTP戦略をベースにしているという（Sarasvathy 2001, pp. 245-46）。しかし、市場経済環境が不確実で激変する世界では、起業戦略はエフェクチュエーション（effectuation）という形で実践されると言う。

　エフェクチュエーションとは、起業家が自分は何者なのか（性格、し好、能力）、何を知っているのか、そして誰と知り合いなのかをベースにして（Sarasvathy 2001, p. 253）、期待収益ではなく許容可能な損失を、競争分析ではなく戦略的提携を、事前の既存知識ではなく偶発性を利用して、不確実な将来の予測ではなく予測不能な将来のコントロールをベースにして起業戦略を実践するのである（Sarasvathy 2001, p. 259）。また Read and Sarasvathy（2005, p. 53）は、エフェクチュエーションをベースにした

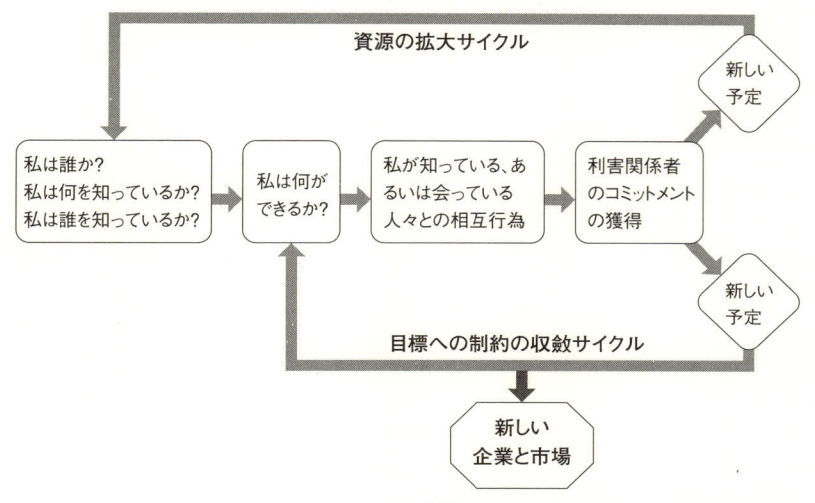

出所: Read and Sarasvathy 2005, p. 53.

図3-6　リードとサラスバシーのエフェクチュアル・プロセス

　興味深い起業モデルを提示している。図3-6がそうである。

　サラスバシーのこの考え方は、本章のフレームワークでいえば、「事業機会の探索意欲」⇒「ハッ！とする現象」⇒「これだ！という発見」⇒「起業」⇒「起業後の紆余曲折的ビジネスモデルの調整」というパターンになると考えられる。この考え方は、Mullins and Komisar（2009）のプランBという考え方（当初の事業計画であるプランAが駄目な場合にはすぐに改善プランBに移行し、それも駄目ならプランCに……というように試行錯誤しながらビジネスモデルを調整するという考え方）やRies（2011）のリーン・スタートアップ（身軽に起業して、環境変化に素早く適用してゆく工夫をすることが必要）という考え方などと共通している。

　また、サラスバシーによるコーゼーションとエフェクチュエーションの対応関係は、キャリア論ではキャリアアンカー論（Schein 1895: コトラーのコーゼーション論に相当）とプランド・ハプンスタンス論（Mitchell, Levin and Krumboltz 1999: エフェクチュエーションに相当）との対応関係に類似している。この点については第5章で詳細に論じる。

第6節　今後の研究課題

本研究から企業家的発見の性格について明らかになった点は以上であるが、しかしながら、今後の解明に委ねられる課題も多い。

第1に、本研究では、「現象を見てハッ！とする」要因を抽出したが、さらに認知心理学的に、どのような心理状況でハッ！とするのかの研究を行なう必要がある。たとえば、東京個別指導学院を創業した馬場（24）は、子供が夢中になれる教育方法を模索していたとき、公文の教室を視察して、そのヒントをつかむことができた。仕事で視察という心理状況は、通常、「覚醒状態」として特徴づけられる。一方、ピザーラの浅野（2）のケースでは、浅野は自宅で E.T. のビデオを鑑賞しているときにビジネス・アイディアを掴んでいる。つまり、これは「リラックス状態」と位置づけられる。そして、この点に関してはチクセントミハイによるポジティブ・フィーリング状態の分類は興味深い（Csikszentmihalyi 2003）。

第2に、同じ現象に遭遇しても、企業家によってそれを異なって解釈し、そしてその結果、異なった革新を実現することがある。たとえば、レンタルビデオ店の経営が軌道に乗り、競合の出現に危機感を持っていたときに、浅野（2）は E.T. のビデオを見てピザの宅配ビジネスを思いついた。他方で、カルチュア・コンビニエンス・クラブを創業した増田（29）は、レンタル CD 業界に大手流通が参入するなどして競争が激化すると予想して脱サラして勝負に出た。浅野（2）も増田（29）も同じ業種の店舗を経営しており、しかもその経営に対して同じく危機感を抱いていた。しかし、両者の革新の方向性はまったく異なったものとなった。この違いは、どのような要因によって発生するのであろうか。この問題の解明も今後に残されている。

第3に、企業規模が拡大するにつれて、意思決定主体は企業家個人から組織単位となってくる。たとえば、飯田（3）が革新を提案するたびに、取締役会は「時期尚早」「リスクが大きすぎる」と反対に回り、その都度、ワンマンの飯田（3）が最終決定するという構図が初期のセコムでは見られた。革新に成功した企業家はその分野に関しては創業者であるので、通常はワン

マンの意思決定が可能であると考えられるが、しかしそれにもかかわらず、組織規模の拡大とともに、革新のための環境からの情報収集の仕組みも、そして革新を議論する意思決定の仕組みも異なったものになると考えられる。いわば革新にかかわった「組織的意思決定」メカニズムの分析が必要になるのである（cf. Schwartz and Nandhakumart 2002, Weick 1995, 1999）。

　第4に、革新に成功した企業家のケース分析を通じて、いわゆる「習慣的起業家」（ハビチュアル・アントレプレナー ; habitual entrepreneur）の存在が明らかになった。たとえば、第2章で詳細に紹介したセコムの飯田 (3) はその典型である。飯田 (3) は日本で初めて本格的な警備保障会社を創設しただけではなく、SP アラーム・システムという機械警備事業も開拓した企業家である。そして、飯田 (3) は後には SP アラームの一般家庭向き事業にも進出している。さらに、飯田 (3) はいち早く海外展開も開始したし、また積極的な多角化も推進している。そのような習慣的起業家と初回起業家 (novice entrepreneur) との企業家的発見メカニズムや起業の方法には違いが見られるのかどうか、またどのような初回起業家がどのようにして習慣的起業家に進化するのかについて残された研究課題は多い。Read and Sarasvathy (2005) は初回起業家と数度の起業経験のある熟練起業家との比較研究を行っている。なお、習慣的起業家には2タイプが存在する。2社以上の起業経験があるが、現在は1社の経営に専念しているシリアル起業家 (serial entrepreneur) と複数の起業経験があり、複数の企業の経営を同時的に行っているポートフォリオ起業家 (portfolio entrepreneur) である (Westhead and Wright 1998)。

　第5に、社内ベンチャーと関連した問題が残されている。たとえば、スタジオアリスの本村 (32)、安全センターの大村 (7)、そしてサンマルクの片山 (10) はすべて、会社の仕事に対する不満から自己の夢を追求するために脱サラ起業を行ない、結果的に革新に成功している。特に、大村 (7) の場合には、大村 (7) がそれを追求したいと会社に進言したのにもかかわらず、会社に拒絶されたという経緯がある。サンマルクの片山 (10) も、途中で脱サラしてサンマルクを完成させた。これらの革新は、なぜ社内ベンチャーとして実現されなかったのであろうか。この研究課題は、理論的・実務的に重要なテーマである。

(1) 青山五郎（青山商事） 郊外型紳士服店のパイオニア	（紳士服店経営への行き詰まり）→（アメリカのショッピングセンターを視察してハッ！とする）→（日本での展開の可能性についての解釈）→（これだ！）→（事業革新）→（直線的成長）
(2) 浅野秀則（フォーシーズ） 宅配ピザの「ピザーラ」のチェーン展開	（ビデオレンタル店事業への危機感）→（自宅で E.T. のビデオを見ていてハッ！とする）→（ハワイで美味しいピザを食べた体験を思い出す）→（これだ！）→（第 2 創業）→（「星影のワルツ」作戦：5 年程度をかけて日本人の口にあうピザの開発）
(3) 飯田亮（セコム） 日本初の警備保障会社の創業	（現在の仕事に対する不満）（友人の話にハッ！とする）+（ビジネスに対する自己の信念）→（これだ！）→（脱サラ起業）→（2 年程度の足踏み）→（直線的成長）
(4) 石原司郎（コメ兵） 「スーパーディスカウント・リサイクルデパート」（高級ブランド品リサイクルショップ）の経営	（既存事業に対する危機感）→（百貨店での高級ブランドの売れ行きにハッ！とする）+（買取センターの東京への出店の経験を思い出す）→（これだ！）→（高級ブランド売場を 2 割から 8 割に拡大）→（直線的拡大）
(5) 伊藤守（毎日コムネット） 学生サークル向け合宿旅行の企画販売	（大手企業と競合しない旅行業のあり方の模索）→（明治大学の落語研究会の合宿旅行を受注しハッ！とする）→（新学期に他大学のサークルにもアプローチ）→（これだ！）→（実行）→（直線的拡大）
(6) 大塚宣夫（青梅慶友病院） 顧客満足をベースにした老人専門病院の経営	（友達に病院探しを頼まれハッ！とする）→（業界への問題意識）→（起業）→（試行錯誤）→（直線的拡大）
(7) 大村弘道（安全センター） 高齢者用緊急通報サービス会社の創業	（高齢者用緊急通報システムの利用者を探しているとの情報）+（母親を亡くした悔しい記憶）→（これだ！）→（上司に進言し拒絶される）→（脱サラ起業）→（3 年程度の試行錯誤）→（直線的拡大）
(8) 小倉昌男（ヤマト運輸） 宅配便サービスのパイオニア	（業績の低迷）→（消費者ビジネスの可能性を模索）→（問題点の解決に悩む）→（マンハッタンで駐車している UPS の配送車を見てハッ！とする）→（これだ！）→（思考実験の繰り返し）→（第 2 創業）→（直線的拡大）
(9) 小原庄司（赤ちゃん本舗） 子供用品の会員制卸売企業	（既存事業に対する行き詰まり）→（丸大が「素人売り」を始めて爆発的にヒット）→（これだ！）→（直線的拡大）
(10) 片山直之（サンマルク） 高級レストランの雰囲気と料理を低価格で提供するレストランのチェーン展開	（ケーキ専門店チェーンに就職）→（仕事への不満）→（焼きたてパンを売りにしたレストランの出店）→（職人の氾濫）→（マニュアル化を推進）→（ビジネスモデルの完成）
(11) 川原暢 **（ハウス オブ ローゼ）** 自然化粧品店チェーンの展開	（大手化粧品メーカーでの体験）→（業界の体質への疑問）→（様々なアイディアの生成）→（これだ！）→（起業）→（直線的成長）
(12) 喜多尾将秋（自然堂） スーパー銭湯チェーン店の展開	（大好きだった祖父が銭湯を手広く経営していた）→（混雑しているスーパー銭湯にハッ！とする）→（これだ！）→（3 年間の市場調査）→（第 2 創業）→（直線的成長）
(13) 久野木和宏 **（ニッコウトラベル）** 高齢者専門海外旅行代理店	（既存事業への危機感）→（台湾政府関係者からの相談）→（夫婦で行く台湾一周旅行を企画）→（大成功）→（65 歳以上の高齢者市場は真空地帯とひらめき）→（試行錯誤）→（直線的拡大）
(14) 小西國義（QB ネット） 短時間・低料金理髪店チェーンの展開	（散髪中に過剰サービスに疑問）→（これだ！）→（サービスの簡便化の仕組みを研究）→（第 2 創業）→（直線的拡大）

(15) 小林忠嗣 （ベンチャー・リンク） FC本部の育成と会員企業にFC本部の紹介	（講演終了後にFC指導の依頼）→（店舗指導して内容の良さにハッ！とする）→（会員の紹介）→（新しいビジネスモデルの形成）→（直線的拡大）
(16) 坂本孝 （ブックオフコーポレーション） 新古書店のチェーン展開	（港南台の古本屋にハッ！とする）＋（中古ピアノの販売の経験から商売になるとの直感）→（これだ！）→（起業）→（直線的拡大）
(17) 櫻田慧 （モスフードサービス） 和製ハンバーガーチェーンの展開	（銀座でのマクドナルドの混雑にハッ！とする）＋（アメリカでの経験・知識）→（これだ！）→（アメリカで修行）→（起業）→（直線的拡大）
(18) 白石義明（元禄産業） 回転寿司業態の開発	（寿司店の機械化の必要性の認識）→（アサヒビールの吹田工場の見学時にハッ！とする）→（これだ！）→（アイディアの実現のための試行錯誤）→（5年後に完成）→（十数店舗のチェーン店へ）→（平禄寿司にFC権を賦与）
(19) 田中邦彦 （くらコーポレーション） 無添加の回転寿司チェーンの経営	（祖母のチラシ寿司のレシピを発見）＋（天然だしで美味しかったことを思い出す）＋（寿司酢メーカー時代の営業マンの経験を思い出す）→（これだ！）→（無添加を追求）→（2から3年で実現）→（直線的拡大）
(20) 茅野亮と彼の兄弟 （すかいらーく） ファミリー・レストラン店のチェーン展開	（スーパー経営に対する危機感）→（ペガサスクラブでのアメリカの外食産業のレポートにハッ！とする）→（これだ！）→（アメリカでの調査活動）→（直線的拡大）
(21) 鳥羽博道 （ドトール・コーヒー） セルフサービス形式のスタンドコーヒー業態のパイオニア	（日本のコーヒー業界の行く末、特に価格高騰への問題意識）→（シャンゼリゼ通りの朝の風景にハッ！とする）→（注意深い観察）→（日本での適用の可能性を確信）
(22) 西山知義 （レインズ・インターナショナル） 新業態の焼肉店、牛角チェーンの展開	（マクドナルドでの体験にハッ！とする）→（これだ！）→（第2創業）→（ビジネスモデルの確立までの紆余曲折）→（直線的拡大）
(23) 野尻佳孝 （テイクアンドギブ・ニーズ） ハウスウェディング業界のパイオニア	（社長になるという少年時代からの夢）→（友人の結婚式に出席）→（ブライダル市場の調査・分析）→（ハウスウェディングへの注目）→（起業）→（直線的拡大）
(24) 馬場信治 （東京個別指導学院） 個別指導制塾のチェーン展開	（公文での体験にハッ！とする）→（これだ！）→（起業）→（ビジネスモデルの確立までの紆余曲折）→（直線的拡大）
(25) 椋本彦之（グルメ杵屋） 実演手打ちうどん店チェーンの展開	（アメリカでのマクドナルドとの出会い）→（観察してハッ！とする）→（日本で展開可能性を確信）→（讃岐で修行）→（創業）
(26) 久田夫妻 （久田（チーズ王国）） チーズ専門店チェーンの展開	（顧客からのクレームにハッ！とする）→（接客の工夫の必要性を認識）→（試行錯誤の開始）→（直線的拡大）
(27) 古川益蔵（まんだらけ） 漫画専門古書店チェーンの展開	（古本屋の経営譲渡を持ちかけられる）→（コミックの古本屋は儲かるという話を思い出す）→（高値での買取り）→（評判を呼ぶ）→（直線的拡大）
(28) 前田英仁（はなまる） セルフサービス制低価格讃岐うどん店チェーンの展開	（昼食のため讃岐うどん店で行列しているとき、讃岐うどん店に女性が少ないことにハッ！とする）→（女性の入りやすい讃岐うどん店の仕組みを考案）→（実験店の設置）→（東京の渋谷に100円という価格で出店）→（直線的拡大）

(29) 増田宗昭 （カルチュア・コンビニエンス・クラブ） レンタルビデオ店チェーンの展開	（貸しレコード店のロフトの予期せぬ大成功にハッ！とする） →（周到な調査・分析）→（これだ！）→（脱サラ起業）→（直線的拡大）
(30) 三木谷浩史（楽天） インターネット・ショッピングモールの運営	（アメリカ留学時代に IT ビジネスに注目する）→（帰国して IT 起業の M & A 業務にかかわる）→（インターネットコマースへの注目）→（大手が失敗した理由の研究）→（起業）→（直線的拡大）
(31) 目黒俊治（ポプラ） ユニークなコンビニチェーンの展開	（買わずに店を出た顧客にハッ！とする）→（理由を尋ねる）→（深夜型品揃えの必要性の認識）→（試行錯誤の開始）→（大手の進出という危機）→（ユニークな FC の仕組みの考案）→（直線的拡大）
(32) 本村昌次（スタジオアリス） 子供専門写真スタジオのチェーン展開	（学生時代に写真館の仕事をする）→（就職するが、仕事に対する不満）→（脱サラして写真館の経営）→（業績不振でDPE 事業に転換）→（子供専門写真館は儲かるとの話を聞く）→（子供専門写真館の仕組みの研究）→（第 2 創業）→（直線的拡大）
(33) 安田隆夫（ドン・キホーテ） 深夜型ディスカウントストアのチェーン展開	（深夜に客が来てハッ！とする）→（試行錯誤しながら深夜の営業を本格化）→（ビジネスモデルの確立に 3 年を要する）→（直線的拡大）
(34) 柳井正 （ファーストリテイリング） SPA でカジュアル業界に旋風を巻き起こす	（既存事業の紳士服店に対する危機感）→（カジュアル・ショップの出店）→（ジミー・ライとの出会い）→（ビジネス・モデルの形成）→（急成長後の業績の頭打ち）→（東京の原宿へ進出・「フリースに自信あり」）→（直線的拡大）
(35) 矢野博丈（大創産業） 100 円均一店のチェーン展開	（100 円均一店に対する危機感）→（「安物買いの銭失い」との主婦の言葉にハッ！とする）→（品質へのこだわり）→（販売力→購買力の好循環の作動）→（直線的拡大）
(36) 山田昇（ヤマダ電機） 家電ディスカウントストアのチェーン展開	（閉店セールでの成功にハッ！とする）→（家電業界でのディスカウントストアの意味を熟考）→（コジマ電機の創業者にディスカウントの極意を教わる）→（第一電器の進出）→（対抗出店するときに物流センターの建設）→（全国展開の契機）→（直線的拡大）
(37) 渡邉美樹 （ワタミフードサービス） 「居食屋」チェーンの展開	（社長になるという少年時代からの夢）→（世界旅行での体験にハッ！とする）→（これだ！）→（起業）→（ビジネスモデルの確立までの紆余曲折）→（直線的成長）

＊1 順序は企業家名の 50 音順になっている。

＊2 企業家名（会社名）の右には、当該企業家がどのようなプロセスで革新的ビジネスモデルを形成していったのかを簡単に紹介している。

第4章

企業家精神の心理学的分析

　第2章と第3章では、起業に成功した企業家は、どのような性格や生活信条、あるいは価値観を有しているのかを考察した。第2章は、革新に成功した起業家2人の詳細なケース・スタディを通じてこの問題にアプローチした。そこでは、市場機会の発見と開拓にかかわる企業家精神の5つの要素、すなわち、①セレンディピティ、②逆境に打ち勝つマインドセット（あきらめない；ポジティブ思考）、③高次の目標の設定、④不断の創意工夫・試行錯誤、そして⑤コンピテンシーが抽出された。また第3章では、成功した企業家による革新をもたらす発想の獲得・実現プロセスの特徴を、37名の企業家を比較分析することによって明らかにした。

　第4章においては、起業に成功した企業家に共通して見られる行動特性や生活信条、あるいは価値観に注目しながら、成功する企業家の心理学的な特徴について、心理学の理論的なフレームワークを統合的に利用しながら再構築する。第1節では、企業家精神の構成要素としての企業家の好奇心について考察する。第2節では、好奇心と不安の克服について起業に成功した企業家のケースを分析する。第3節では、ポジティブ・エモーションと自己効力感の関係について、そして第4節では、企業家精神の全体的関係が、最後の第5節では、結論と今後の研究課題を示す。

第1節　企業家精神の構成要素　好奇心の発現と充足

　成功した企業家のケースから、彼らの特徴が幼少の時代から好奇心と創造力が強いことにあることがわかる。例えば、テイクアンドギヴ・ニーズ

（以下、T&G ニーズ）を創業した野尻佳孝は好奇心の強い少年であった（佐藤 2004c）。野尻は私立の明治大学付属中野中学に入学したが、そこで桁違いの大金持ちの同級生がいることに気づいた。野尻は、どのような家が大金持ちなのかを、父兄名簿を利用して実際に調べたのである。その結果、創業社長の家庭がそうであることがわかり、野尻は将来は創業社長になると決意したのであった。

また中学時代、野尻は有名な古着屋に入りびたっていたが、ある日、彼はその店のオーナーから、皮ジャンが売れないので協力してくれと頼まれた。野尻は、その頃に観たニューヨークの不良たちがそろいの皮ジャンを着て暴れる『ウォリアーズ』という映画を思い出し、「これだ！」と思った。野尻は次のように回想する。野尻はリーダー格の高校の先輩たちに、「ウォリアーズやりましょうってもちかけ、……親にお金を出してもらえるように、学生番号を入れ（た）」。そうしたら、「何と 1 着 10 万円で 1000 着ぐらい売れて、売上の 1 割くらいが僕の取り分。かなりの額のお金を中学生が手にしたわけです」。

はなまるを創業した前田英仁もそうであった。彼は小学校時代を次のように回想する（前田 2004, p. 93）。「小学校時代はずっとワルで孤独。成績はもちろん悪かった。そんな私の楽しみが空想遊びだった。空想癖・妄想癖はこのころから直っていないということだ。もうひとつの楽しみが、学校からの帰り道に、犬や猫を拾ってくることだった。道端で猫や犬を見かけると、強引に捕まえてそのまま家まで連れて帰った。何匹連れ帰ったか数え切れない。……それらの犬や猫には、『スミレ』『すすむ』『ひのたま』などと必ず名前をつけた。『ひのたま』というのは、額の部分だけが白く火の玉のように見える猫だったから。いろいろ面白い名前を考えたが、そのうち世話を押し付けられた母親が覚えきれなくなり、自分の呼びやすいように勝手に『ちび』とか『しろ』にしてしまった」。

前田は次のようにも言う（前田 2004, pp. 196-97）。「好奇心は強いほうである。テレビや雑誌、人からの話だけでも、ぞくぞくするほど興味が湧いてくることがある。わざわざ外国へ出向き、裏道まで歩いて探すタイプの人もいるが、私は時間の無駄だと思っている。そんなことをしなくても情

報源は身のまわりにいくらでも転がっている。こんなことを言うと自信過剰な奴だと思われるかもしれないが、私は『自分の感性は素晴らしい』と思っている。『人よりもいろんなことを感じやすい』という意識は、中学生のころからあった」。

　パーク21を創業した西川清も、企業家にとっての好奇心の重要性を次のように語る（西川 1999, pp. 167-69)。「何事にも貪欲な好奇心を持つことが大切である。好奇心がなければ、新しいアイディアや発想など生まれない。どんなことに対しても『なんで？』と思わなければだめだ。物事に疑問や好奇心を感じ、なぜそうなるのか、それを知ろうとするところから発想は生まれる。わたしは、旅行に行ってもホテルの中にいるだけでは満足しない。必ず周囲を探索しないと気がすまない。……正月、ハワイに行くと日本人が多いというので、たまたま、ある正月にハワイへ行った時に、実際に日本人を数えてみようと思った。ラスベガスで駐車場の電球を数えたことと同じ好奇心からだ。……こういうことは、興味を持ったらすぐに実行してみないと気がすまない。……新しいことや流行にも敏感である。……無人駐車場管理機であるパークロックを商売に結び付けることができたのも、好奇心があったからだ。なにげなく営業に訪れた駐車場で、パークロックの試用をしていた。あの時、興味を持ってパークロックのことを調べなければ、現在のパーク24は存在しなかった」。

　好奇心は理論的には次のように定義されている。たとえば、Litman and Spielberger（2003, p. 75）は、「好奇心は探索的行動を動機づける新しい知識や新しい感覚的体験への欲求と広く定義される」と言う。また、Kashdan and Roberts（2004, p. 793）は、「好奇心は新規で挑戦的な情報や体験の認識、追求、そして自己規制へと志向させるポジティブな情動的—動機づけ体系であると定義される」としている。さらに「好奇心は、新規性、複雑性、不確実性、そして葛藤といった特性を持つ刺激や活動に対するプロアクティブで、意図的な行動を促す」（Kashdan, Rose and Fincham 2004, p. 291）とも説明されている。

　また好奇心には、知覚的好奇心（perceptual curiosity）と認識的好奇心（epistemic curiosity）の2種類があると言われている（Litman and

Spielberger 2003, p. 75)。知覚的好奇心とは、視覚的、聴覚的、そして触覚的刺激によって喚起された動物や人間の刺激の知覚である。認識的好奇心は、概念上の問題や知識ギャップによって喚起された知ることへの動因である。そして、好奇心によって引き起こされた探査的行動（explorative behavior）には2種類があると言われている（Litman and Spielberger 2003, p. 75）。1つはダイバーシブ探査（diversive exploration）であり、これは動物や人間に、その源泉や内容にかかわりなく刺激を求めるように仕向ける退屈の感情あるいは刺激変化への欲求によって動機づけられる。もう1つは、新しい情報を獲得するために新規な刺激を詳細に調べるスペシフィック探査（specific exploration）である。

Kashdan, Rose and Fincham（2004, p. 291）は、以上の2つの探査を好奇心と言い換え、この2つの好奇心の関係を次のように説明している。すなわち、「これら2つの（好奇心の）構成要素は、ダイバーシブ好奇心が新しい刺激や機会への接触を促進する。そして、固有の不確実性や複雑性を持つこれらの刺激によってスペシフィック好奇心が活性化される。これらの刺激は、より多くの情報を獲得することによってさらに楽しまれうるのである」と。

好奇心を以上のように分類すると、T&G ニーズの野尻の場合には認識的好奇心が強く、また探査活動もスペシフィックな面、つまりスペシフィック好奇心まで進展する性癖の強いことがわかる。一方で、少年時代の前田の場合には、知覚的好奇心が強く、探査行動としてダイバーシブな面、つまりダイバーシブ好奇心が強いことがわかる。

好奇心の充足は、さらに好奇心を高めるという上昇スパイラルを描く傾向がある。その理由は、好奇心が内発的動機づけ（intrinsic motivation）であり、そしてその充足は内発的報酬であるからである。内発的動機づけは、人間行動の最も強力な動因となる。そのことを最も明確に説明しているのはチクセントミハイの提唱する「フロー」（flow）概念である。フロー状態とは、時間を忘れるほどその活動に没頭する状態を意味している（Csikszentmihalyi 1990, 2003）。

チクセントミハイのフロー状態は、マズローの言う「至高経験」（peak

experience）概念と共通している点が多い。マズローは至高経験を以下の
ように説明する（Maslow 1968, 邦訳, pp. 134-35）。「至高経験における個
人は、普通、自分がその力の絶頂にいると感じられるのであって、すべて
のかれの能力は、最善かつ最高度に発揮されているのである。……かれ
は、他のときと比べて、知性を感じ、認知力に優れ、才気に富み、力強
く、好意的であることを感じる。かれは最善の状態にあり、調子をたか
め、最高のかたちにおかれている。このことは、ただ主観的に感じられる
ばかりでなく、また観察者も見ることが出来るのである。かれはもはや自
分と闘い、自分を抑えようとして無駄な努力を重ねようとはしない。腕は
もはや闘う腕ではない。普通の状態では、我々の能力の一部は行為に用い
られ、また一部は、この能力を抑えるために費やされる。ところがいま
や、浪費するところがないのである。能力のすべてが行為に投入される。
かれはいわばダムのない河のようになるのである」。

　チクセントミハイは、フロー状態になるための条件として、活動のチャ
レンジ性の程度と自己のスキルとがちょうどバランスが取れていること、
そして活動が内発的動機づけに基づき、マンネリにならず、絶えずスキル
の向上とともに活動のチャレンジ性を高めること、そして活動の目標達成
のためのフィードバックがあること、つまり自己の目標到達度が絶えず
チェックできることを挙げている（Csikszentmihalyi 2003, pp. 72, 74）。

　好奇心の上昇スパイラルにとって重要なのは、マンネリにならず、絶え
ずスキルの向上とともに活動のチャレンジ性を高めることである。そのこ
とによって、不断に好奇心のレベルが高くなるし、また好奇心を充足する
ための探査知識やスキルが、より一層向上することになるからである。

第2節　企業家精神の構成要素　好奇心と不安の克服

　しかし、好奇心が発現されるためには決定的に重要な条件がある。それ
は、不安の克服である。すでに説明したように、「好奇心は、新規性、複
雑性、不確実性、そして葛藤といった特性を持つ刺激や活動に対するプロ

アクティブで意図的な行動を促す」が、そのことは必然的に、当事者を「新規性、複雑性、不確実性、そして葛藤」という矛盾した未知の情報や体験に直面させることになる。この場合に、そのような情報や体験に不安を感じるなら、好奇心は十分に発揮されなくなる。それでは、好奇心の発現にともなう不安を克服する要因は何なのであろうか。

　マズローは次のように説明する（Maslow 1968, 邦訳 , pp. 81-83）。「不安や内気が、好奇心や知識や理解を動員し、いわばこれらが不安をやわらげるための道具として用いられるだけではない。また一方では、不安やおそれの積極的、消極的表現が、好奇心を失わせることもある。……われわれは、好奇心なり探究心なりは、安全を求める欲求よりも『高次』の欲求であること、つまり、安全、安心、安定、平静を感じる欲求は、好奇心よりも優勢で、強力なことを知っている。……見知らぬ環境におかれた子どもは、当然のこと母親にすがりつき、それから後、少しずつ物事を探るために母親の膝下を離れ、探求し、究明するであろう。母親が姿を消し、おそろしくなってくると、安全感がとり戻されるまで、好奇心は消えうせる。……不安から解放された人は、大胆で勇敢で、知識そのもののために探求し、理論化することができる」。ここで、不安の解消が欠乏欲求であり、好奇心の発揮が成長欲求であることが重要である。

　マズローは、幼少期に母親から無条件の愛情を十分に受けた人間は、勇敢に好奇心を発揮することができると言う。それだけではない。好奇心は、知識や探査スキルの向上だけではなく、人間性の向上、つまりマズローの言う「自己実現」ニーズと関連している。ベスウィックは、好奇心と不安、そして人間性の成長について興味あるフレームワークを提供している（Beswick 2004）。それは、外界からのシグナルまたは刺激と自己の過去の経験に基づいて世界を意味していた認知マップもしくはカテゴリー体系との間に適合性が欠如すれば、概念的葛藤（conceptual conflict）が発生することを示している。外界からのシグナルや刺激が認知マップと大きくずれている場合には、概念的葛藤は深刻になる。その葛藤は、同化（assimilation）と順応（accommodation）という２つのプロセスによって解消される。同化は、シグナルの意味を既存の認知マップに適合させるこ

とである。また順応は、シグナルの意味に適合するように自己の認知マップを修正することである。好奇心は、この2つのプロセスのミックスによって充足されるが、しかし不安や既存の認知マップに執着心の強い場合には、シグナルのユニークな内容に気づくことがなくなってしまう。

その一方で、ベスウィックは人間性の成長といったマクロの次元では、「われわれは予測していない成果を含む新しい人間性の成長目標を達成するために不確実性に寛容であることと、適切なリスクを取るための能力を発展させる方法を学習するにつれて、われわれは探求のためのツールを発展させるのである」と述べている（Beswick 2004）。

以上から、企業家の成功にとって決定的なのは、好奇心を人間性のミクロ次元とマクロ次元の双方にわたって十分に発揮するための不安感の克服であることが明らかになった。それでは成功した企業家は、どのようにして好奇心にまつわる不安感を克服しているのであろうか。Maslow が主張するように「幼少期のときの母親の無条件の愛情」が重要なことは言うまでもないが、マズロー自身、「このような不安ととりくむ方法はたくさんある」（Maslow 1968, 邦訳, p. 82）と語っている。

この点で、ジム・コリンズは興味深い指摘をしている（Jim Collins 2001, 邦訳, p. 59）。彼は最高水準の経営者である第5水準の指導者11名の特徴を抽出したのであるが、彼らの幾人かについて次のように語っている。「データをみていくと、今回の調査の対象となった指導者のうち何人かは、世界観が変わるような体験をしており、それが契機となって人間として円熟したとも思える。ダーウィン・スミスは癌に侵されてから、能力が開花している。ジョゼフ・カルマンは第2次大戦での経験、とくにぎりぎりの段階の命令変更で降りた艦艇がその後に沈められ、全員が戦死したことに極めて深い影響を受けた。強い信仰や改宗が第5水準の特徴を促すとも思える。たとえばコールマン・モックラーは、ハーバード大学経営大学院で学んでいるときに福音派に改宗した。しかし、残りの指導者はとくにきっかけになる体験があったわけではない。ごく普通の人生を歩み、やがて第5水準の頂点に立つようになっている」。

T&G ニーズの野尻は、高校時代にラグビー部で一番の親友が亡くなっ

て以降、生活を一変させた。彼は次のように言う（佐藤 2004c）。「そいつの夢が花園だったんです。それから僕は遊びは全部やめて、死に物狂いでラグビーに打ち込みました。それほど強い学校じゃなかったんですが、部設立 7 年目にして初の花園出場！　まさに、スクールウォーズ並みの記録です」と。またワタミの創業者の渡邉美樹は、小学校 5 年生のとき、母が病死し、父の会社の倒産という悲しみを体験している（佐藤 2003c）。

　グルメ杵屋の椋本彦之は、1935（昭和 10）年 11 月 24 日、男ばかりの 6 人兄弟の三男として生まれた。生家は米穀店を営んでいた。椋本が国民学校に入学した頃から、母ノブは椋本に独特な教育を施し始めた。椋本が学校から帰ってくると、店の帳場にはいつも母が座っており、そこで母は 1 日に 1 つずつ椋本家に伝わる処世訓を復唱させた。そのなかでも、椋本が特に強く覚えていて、グルメ杵屋の今日の事業にも強く影響を与えている言葉は、「お金儲けはヒゲさんを儲けようとしてはあかん。小さなお金をコツコツ儲けるのが商売のコツや」であった。「ヒゲさん」とは、硬貨に比べて高額な紙幣一般を指した言葉である。椋本の母は、商売のコツや人生のあり方を、難しい理屈で説明するのではなく、わかりやすい言葉を繰り返させることで、いわば椋本の体に覚え込ませたのであった（中村 2000, pp. 32-35）。

　前田英仁は、1986 年の 25 歳のときに、自己啓発や潜在能力開発に関する研究を独学で行なっていた公認会計士の西條文雄と出会い、彼から個人的にカウンセリングを受けるようになった。彼は次のように回想する。「私は先生のカウンセリングを受けることで、それまで無意識のうちに制限されていた意識がどんどん解き放たれていった。……私は自分がどうしたいのか、何をしたらいいのかわからないときには、必ず西條先生に助言してもらい、自分の本心、本質を引き出してもらった」と（前田 2004, pp. 125-27）。

　また前田は次のようにも言う（前田 2004, pp. 197-98）。「10 代の頃から、自己啓発にも関心があった。デール・カーネギーの世界的ベストセラー、自己啓発書の古典とも言われる『人を動かす』や『道は開ける』は、17 歳のときに読んだ。……当時は本を読み進めるたびに、『これでわかっ

た』と思った。しかしなかなか実行はできない。何か失敗したときにまた本を読むと、『失敗すべくして失敗しているんだな』と納得する。『よしわかった』。だが数日で野獣のように支離滅裂になる。そんなことの繰り返しだった。34歳のときに出会った『ラムサ：真・聖なる予言』は、100冊ほど買って30回は読んだ。100冊も買ったのは、人にあげるためではない。この本は永遠に読みつづける、私の人生の中でずっと必要なものだと思ったからだ。……西條先生と並んで、『自分がいかに自由な人間で、なんの制限もない存在であるのか』ということを、私に教えてくれた本である」。

　コリンズは、第5水準の指導者を育てる方法を一般化して以下のようにまとめている（Collins 2001, 邦訳, p. 59）。「自分を見つめる機会、意識的な努力、指導者、偉大な教師、愛情豊かな両親、世界観が変わるような体験、第5水準の上司などの条件があると、本来の能力が開花するようになる」と。

　さらに本節で取り上げた「好奇心と不安の克服」については、第5章で「企業家の覚醒のプロセス」との関連で詳細に分析する。

第3節　企業家精神の構成要素　ポジティブ・エモーションと自己効力感

　次に、成功する企業家精神の2つ目の構成要素であるポジティブ・エモーションと3つ目の構成要素である自己効力感について考察する。

1　ポジティブ・エモーションの好循環

　2000年以降、ポジティブ心理学（positive psychology）運動の一環としてポジティブ・エモーション（positive emotion; PE）への注目が大きくなってきている。この分野の一連の研究から以下のようなことが明らかになってきた。そのなかでもその研究に積極的に貢献しているのは、バーバラ・L・フレドリクソンである。彼女は、PEの"The Broaden-and-Build Theory"と"The Undoing Hypothesis"を提唱している。

　フレドリクソンは、"The Broaden-and-Build Theory"に関して次のよう

に説明している（Fredrickson 2003, p. 333）。すなわち、「PE は人々の瞬間的な思考・行為レパートリーを拡大させる。例えば、喜び（joy）は遊び戯れる行動を刺激する。これらの拡大された思考・行為レパートリーは、次には将来のための知的、肉体的、社会的、そして心理学的資源（スキル）を構築する。そのような資源は、生存や再生産の成功の見込みを拡大させるのである」と。また、フレドリクソンらは別の論文で以下のようにも主張している（Tugade, Fredrickson and Barrett 2004, p. 1166）。

「The Broaden-and-Build Theory を支持する証拠は、PE は明白に通常ではなく、柔軟的で、創造的で、統合的で、情報に対して開放的で、そして効率的な思考パターンを作り出すということを実証している研究から来る。……また、PE の誘発は人間の多様性への選好を増大させ、そして受容可能な行動オプションの範囲を拡大させる。PE のこれらの認知的作用は前部帯状回（anterior cingulate cortex）におけるドーパミン水準の増加とリンクしており、したがって特定の決定ルールに固執するのではなく、スイッチ・セットしたり、あるいは努力を修正したり調節したりする人間の能力を高める」のである。

フレドリクソンらのこの主張は、好奇心の発揮と PE との密接な関係を示していて興味深い。特に、PE がネガティブ・エモーション（negative emotion; NE）である不安の除去に貢献するとの指摘は、企業家の好奇心の発揮に PE がプラスの関係を持つことを意味している。

逆に、"The Undoing Hypothesis" は、NE が人々のマインドセットを狭め、そして PE がそれらを拡大させるとするなら、おそらく PE は NE の長引く影響を除去するという仮説を意味している。そして、この仮説は以下の実験によって支持された。

「PE は、NE の長引く影響を『除去する』（undo）ことを意味する。このことは被験者のグループに短時間のうちにスピーチを準備するようにと要求して彼らに不安を喚起させることによって調査された。彼らは結局、スピーチをしなくて良いとわかった後に、4 タイプの映画、すなわち楽しさを与える映画、安らぎを与える映画、エモーションを与えない映画、あるいは悲しみを与える映画のいずれかを見せられた。被験者の心臓の鼓動、

血圧、そして周辺血管収縮反応の測定は、PE の感覚は楽しさを与える映画を見た被験者が、彼らが不安喚起状況に置かれる前に測定された数値に最も速く回復したことを示した」（Fredrickson 2004, p. 334）のである。

2　希望の好循環

　企業家にとって夢（希望）の追求が重要なことは言うまでもない。夢の追求は、典型的な内発的動機づけであるし、また希望（夢）は PE の最も強力なものの1つである。この分野で精力的に研究しているのは C・R・スナイダーである。彼は希望を次のように定義している（Snyder 2002, p. 25）。「希望(hope)は、(a) エイジェンシー（目標に向けられたエネルギー）と (b) パスウエイ（目標を達成するための計画化）の2つの点で成功するという相互に得られた感覚に基づいたポジティブな動機づけ状態である」と。ここで重要なのはエイジェンシーの概念である。

　スナイダーは、エイジェンシーについて次のように説明している（Snyder 2002, p. 251）。「エイジェンシー思考（欲せられた目標に到達するためにその人のパスウエイを利用する知覚された能力）は、希望理論における動機づけの構成要素である。これらの自己言及的思考は、目標追求のすべての段階を通じて1つのパスウエイを開始し、それを利用し続ける精神的エネルギーを含む。この点に関連して、われわれは希望を高く持つ人（high hoper）が『私にはこれができる』や『私は止めるつもりはない』といった自身への語りかけ的なエイジェンシー・フレーズを利用するのを知っている」。

　スナイダーは、希望を高く持つ人の特徴を、希望の低い人と比べながら以下のように説明している（Snyder 2002）。

- ・希望の高い人は、目標追求に関する情緒的熱意の感覚で、長続きする PE を有するに違いない。希望の低い人は、目標追求に関する情緒的無気力の感覚で NE を有するに違いない（p. 252）。
- ・希望を高く持つ人のエモーションは、一貫して、フレンドリーネス、ハピネス、エネルギッシュ、霊感的で、そして大胆さに彩られている（p. 253, p. 261）。

- 希望の高い人は、より多くの目標を設定する（p. 253）。
- 希望の高い人は、類似した課業に対しては前回よりも高い目標を設定する（p. 253）。
- 希望の高い人は目標の追求を楽しみ、それらを PE セットで追求する（p. 254）。
- 希望の高い人は、自尊心と生活満足の感覚を高く持ち、憂鬱感も低い（p. 261）。
- 希望を高く持つ人にとって、ストレス要因はチャレンジと見られる（p. 255）。
- 希望の高い人は、ストレス要因の対応にベネフィットを見出す傾向が高い（p. 261）。
- 希望の高い人は不変の目標障害に直面したとき、柔軟に代替的目標を発見できる。希望の低い人は、そのようなとき、沈みこみ、魔術的な逃避空想に耽ってしまう（p. 261）。
- 希望の高い人は、目標達成の失敗とそれから生ずる NE というフィードバックを、それと同じ状況が将来に発生する場合に備えて、自分自身の目標追求の考え方と戦略とを改善するために利用できる。希望の低い思考の不幸な側面は、目標の不達成を何度も思い返し、自信喪失に陥ってしまうことである（p. 255）。
- 希望の高い人は、少ない孤独感、より大きな社交能力、より多くの社会的支援を認識する。希望の高い人は、一般に他人に対して寛容である。希望の低い人はその逆である。人々は希望の高い人に引き付けられ、希望の低い人から離れる傾向がある（pp. 261-62）。

希望の高い人間の以上の特徴は、成功した起業家に共通した特徴であると考えられる。例えば、前田英仁は、西條との個別カウンセリングにおいて、「もし自分がオールマイティだったら、全知全能だとしたら、何をしたい？」という「夢カード」の作成を勧められた。前田は以下のように回想する（前田 2004, pp. 129-31）。「最初は『ロートレックの版画が欲しい』『高級な外車が欲しい』……といった物欲に関することが多かった。それが次第に抽象的になってきて『その日起きて、ものすごく自由で気持ちよく

て、満たされる環境をつくりあげていくにはどうしたらいいか』といった方向に向かっていった。……この『夢カード』には、実に様々な願望を書いたが、最初は書いたものを見ても半信半疑だった。しかし、書いたことが何度も実現するのを体験するうちに、『究極は絶対に困らない』という確信を抱くようになった」。

すでに紹介したように、前田は「小学校時代はずっとワルで孤独。成績はもちろん悪かった。そんな私の楽しみが空想遊びだった。空想癖・妄想癖はこのころから直っていないということだ」（前田 2004, p. 93）と「希望の低い人間」と受け取れるように語っているが、西條の「夢カード」という希望水準を向上させるカウンセリングと「魂のレベルに訴えかける」書物との出会いによって人間的に成長したと考えることができる。

企業家にとっての希望の重要性について、西川清も以下のように回想している（西川 1999, p. 16）。「1962 年、大学を卒業後すぐに、建設用ビョウ打銃が主体であった工業用ファスナーメーカーへ就職した。わたしは、生意気なことに、最初からその会社の社長になろうと思っていた。何ごともトップでなければ気がすまない性分なのだ。男として生まれたからには、『これだ』と決めたことで、トップになろうと思うような気概がなければ面白くない。初めからそういう意気込みを持って、物事に取り組んでいるかどうかが、のちのち大きな差となって現れてくるのである」。

3　自己効力感

成功した企業家に共通したさらなる特徴は、自己の課業遂行能力に対する自己認識である自己効力感の高さである。自己効力感（perceived self-efficacy）という概念は、アルバート・バンデューラによって開発された。バンデューラは、人間のやる気は、自分の行動がある結果をもたらすという「結果期待（outcome expectation）」だけでなく、その行動を上手く行なうことができるという「効力期待（efficacy expectation）」を持つことから醸成されると言う（Bandura 1994）。バンデューラは、自己効力感を高めるためには、「行為的情報」（実際に自分でやってみることで得られる情報）、「代理的情報」（他者の成功や失敗を見ることによって得られる情

報)、「言語的説得の情報」(言葉による説得によって得られる情報)、そして「生理的喚起の情報」(声が震える、赤面するといった生理的反応に関わる情報)の4つの情報が有効であると主張する。

バンデューラによれば、自己効力感の高い人ほど、ある活動に挑戦し、その目標達成に努力し、粘り強く目標達成に挑み、その達成に向けて創意工夫する。自己効力感は、スポーツ選手の記録、セールスの成績、研究の生産性、職業選択、新しい仕事への適応などの広範なパフォーマンスに関係があることが、さまざまな調査によって明らかにされている(Bandura 1994, 1997, Bandura and Locke, 2003)。

スナイダーは、希望の重要な構成要素であるエイジェンシーとバンデューラの効力期待の異同性について次のように説明している(Snyder 2002, p. 258)。「この効力期待は、その人が特定の状況のコンテキストで必要とされる行為を遂行することができるかどうかに関する知覚にかかわっているが、他方で希望理論の強調はその人が必要とされる目標に向けられた行為を開始する(そして継続する)という自己言及的信念にある。ここでの重要な違いは *can* と *will* という言葉にある。つまり、効力期待は行為する能力に関連し、エイジェンシーは行為する意図(より意識的である意図)を反映しているのである」。

自己効力感については、成功した起業家は当然、ビジネスで成功することに対する自己効力感は強烈である。例えば T&G ニーズでは、全社員が集まって月1回サプライズ大会が開催されている。そのサプライズ大会には野尻自身が毎回参加しているが、野尻は「何時も自分が一番になると思う」と語っている(野尻 2005)。

第4節　構成要素間の全体的関係

第1節から第3節までの考察によって、成功する起業家の心理学的な特徴の全体的な鳥瞰図を描く用意ができた。図4-1は、「企業家精神の心理学：好奇心の上方スパイラル」を示している。

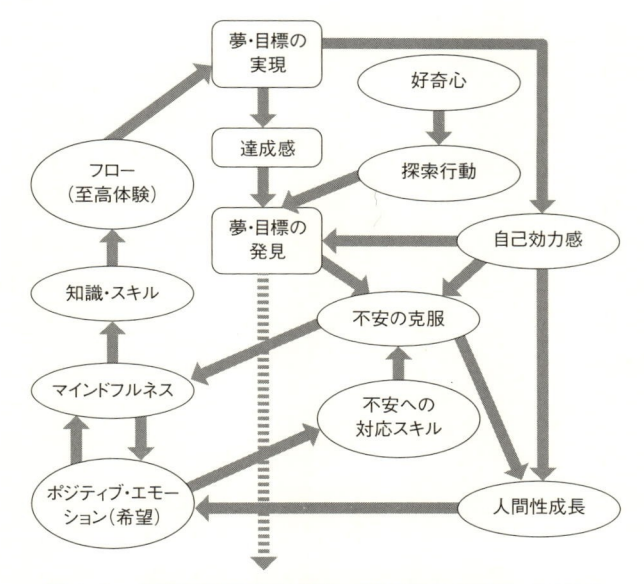

図 4-1　企業家精神の心理学：好奇心の上方スパイラル

　強い好奇心が企業家精神の出発点である。第 3 章で詳細に示したように、この好奇心により探索行動が開始され、企業家的発見がもたらされるのである。野尻や西川は特にこの部分の強い企業家である。しかし、好奇心を発揮した新しい発見の統合には強い不安感が伴う。自己の常識を覆すような情報に接した場合には、その不安感は強烈なものになる。そして、強烈な不安感に直面した人間は、それ以上の探索・探求を止めてしまう可能性が高い。その不安感を克服しなければ、新しい発見は得られないことになる。逆に、強烈な不安感をもたらす情報ほど、革新的な発見につながる。

　このような不安感は、探索能力や問題解決能力に対する高い自己効力感によって克服される。また不安感は、フレドリクソンらが実証した「除去効果仮説」が示しているように PE によっても削減される。また、強力なPE の 1 つである希望は、この不安感を楽しむべきチャレンジに転換させる効果を持つ。つまり、PE はストレスへの適応スキル（coping skill）を向上させるのである（Barrett, Gross, et al. 2001, Folkman and Moskowitz

2003, Lazarus and Folkman 1984）。

　PE（特に希望）は、マインドフルな探索・問題解決行動（＝マインドフルネス）を促進させる。逆に、マインドフルネスは PE に正の効果を与える。このように、PE とマインドフルネスは相乗効果を発揮するのである（Fredrickson 2003, p. 335）。マインドフルな探索・問題解決行動は、これらの知識やスキルを向上させる。また、チャレンジフルな探求や問題解決に取り組むことによってフロー状態に没入することができる。フロー状態とその結果としての夢・目標の実現による達成感は典型的な内発的報酬である。企業家はこの達成感という内発的報酬を求めてますます好奇心を発揮するようになる。また夢・目標の実現は、自己効力感をますます高めることになる。そして自己効力感の上昇はより高い夢・目標の設定を促すことになる。

　他方で、自己効力感の向上は不安に対する耐性も高めることになる（Folkman and Moskowitz 2003, p. 766）。自己効力感の上昇と不安への耐性の向上は、人間的な成長をもたらすことになる。その人間的な成長は、今度は PE の維持・高揚に貢献することになる。

　図 4-2 は、「企業家精神の心理学：希望と自己効力感の相乗効果」を示しているが、それは成功する企業家の夢・目標の実現過程を表している。希望の高い企業家ほど、そして自己効力感の高い企業家ほど、高い目標を設定する傾向がある。また、そのような企業家ほど、目標の実現に向けて、より一層の努力を行い、目標実現の困難・不安感への耐久力があり、そして目標実現に向けて創造性を発揮する。

　そのような目標実現のプロセスによって、その企業家の知識やスキルは向上する。また、このプロセスは企業家に、内発的報酬であるフロー（至高）体験を提供する。マズローが主張するように至高経験を通じて人間性は成長する（Maslow 1968）。また、企業家の人間性は「一皮むける経験」によって成長すると表現することも可能である。人間性が高くなった企業家の希望や自己効力感はより一層高くなる。このように目標の実現過程においても企業家の人間性は成長する。またこのことを通じて、希望と自己効力感そして目標の実現との間には上方スパイラルが作用することになる。

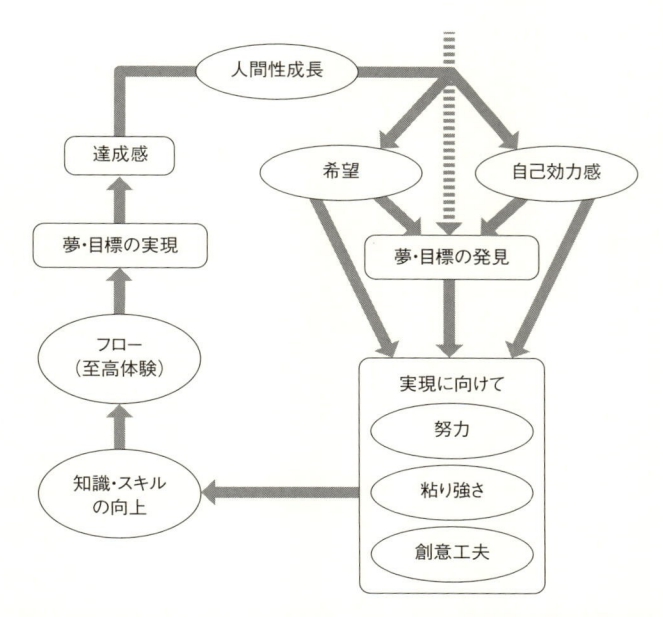

図 4-2　企業家精神の心理学：希望と自己効力感及び目標実現の相乗効果

第5節　結論と今後の課題

　以上で考察したように、成功した起業家の心理学的特徴の統合的な把握において、好奇心、PE、希望、そして自己効力感といった心理学における理論的フレームワークは有用であることが示された。それにもかかわらず、今後に残された課題も山積している。

　第1に、第2章と第3章の分析にも共通した問題点であるが、研究のベースになっているのが成功した企業家による事後的な回想によるデータという問題点である（Folkman and Moskowitz 2003, pp. 749-51）。

　第2の問題点は、マインドフルネスに関係している。本書においては紙幅の関係で、この分野の実質上のパイオニアであり、多くの重要な概念的貢献を行なってきているエレン・J・ランガーの研究（Langer 1997, 2000）にふれることができなかった点である。他日を期したい。

第3の課題は、企業家の育成に関連している。企業家にとって PE、自己効力感や希望を育成するにはどのような方法があるのだろうか。例えば、フレデリクソンは、PE を感じるためには間接的方法、すなわち物事からポジティブな意味を見出すことを提言している（Fredrickson 2003, p. 335）。また、企業家の自己効力感の高揚においては役割モデルが重要となる。実際に、成功した企業家の多くは実業家の子弟である。このことは、身近な役割モデルの重要性を示している。また前田も、「20 歳のころ、私の趣味は『豪邸めぐり』だった。地元で大成功している実業家や、急成長して上場を果たした実業家の豪邸を見てまわるのである。……私は特にある会社の社長に執着した。……」（前田 2004, pp. 103-04）と述べている。また、ワタミの渡邉美樹は、高校生の頃には城山三郎や高杉良のビジネス小説を読み「社長」のイメージを膨らましたと語っている（佐藤 2003c）。

　さらに、希望の実践的育成方法については、スナイダーたちの方法の企業家バージョンの立案が必要となる。さらに、不確実性や困難に直面したときに企業家が感じる不安感の克服についもより一層の研究が必要となる。

　第4に、企業家の成功にとって人的ネットワークの形成・維持は、たとえばドリームゲートなどの起業家（予備軍）の会合が示しているように重要となる。好奇心と希望とが、起業家の人間関係の形成にどのような作用を持つのかの研究も必要とされる（Kashdan and Roberts 2004）。

第5章

企業家精神の覚醒プロセス

　これまで企業家の「経営の真髄」への覚醒プロセスについては、その現象の重要性にもかかわらず、まったくと言ってよいほど分析されてこなかった。本章では、Weick（1995）の組織のおけるセンスメーキング概念と金井（2002, 2003）の「一皮むける経験」研究、そしてMezirow（1978）の変形学習理論を手掛かりにして、6名の企業家のケース・スタディ・リサーチをベースにして、この問題の解明を試みた。

第1節　企業家の経営への覚醒とは？

　人間は、あるとき、「自分は何をしているんだ、こんなことをしていて良いのか！」と突然に覚醒することがある。そして、そのときの覚醒が人生のターニング・ポイントとなる場合も多い。企業家の場合もそうである。企業家は、どのような状況で、そしてどのようなきっかけによって、「経営の真髄」に覚醒し、それをベースにして自社を急成長させることができるのか。本章は、このリサーチ・クエスチョンの解明を目的としている。

　企業家の経営姿勢に対する覚醒や気づきについての問題は、しかしながら、アントレプレナーシップ論においては、これまでのところほとんどと言ってよいほど研究されてこなかった。覚醒や気づきについての研究の遅れは、経営学全般についても当てはまる。筆者の管見によれば、カール・E・ワイクによる『センスメーキング・イン・オーガニゼーションズ』での気づきについての研究があるだけである。ワイクは、気づきについて以下のような先行研究に注目する（Weick 1995）。

その1つは、センスメーキングと気づき（noticing）との区別である。彼は次のように説明する。「（Starbuck and Milliken は）センスメーキングと気づきを区別している。彼らにあっては、気づきはフィルタリング、類型化、比較といった活動と関連しているが、センスメーキングは解釈、つまり気づかれた手掛かりの意味するところを確定する活動と関連している」（Weick 1995, 邦訳 p. 70）と。

　第2は、Fiske and Taylor（1991）と Kiesler and Sproull（1982）による気づきにおけるコンテキストの重要性に関する指摘である。ワイクはそれを以下のように引用しつつ説明する（Weick 1995, 邦訳 p. 71）。

　　諸々の物事の中でわれわれが気づくのは、「新奇なもの、ないしはコンテキストにおいて認知上の図となる物事、非日常的で予期せざる人びとや行動、極端で（ときに）否定的な行動でなおかつ現在の目標に関連のある刺激である。……また、注意には、状況的ないし個人的に定められたカテゴリーにわれわれを向かわせる傾向がある。最近のカテゴリーとか頻繁にあるいは慢性的に出会うカテゴリーが利用されやすいので、それらは刺激のコード化に大きな影響を及ぼす」（pp. 265-266）。問題感知（problem sensing）に関する Kiesler and Sproull（1982）の優れた記述は以上のような結論を先取りするものであった。……

　　「人は、不愉快で、逸脱的、極端で、激しく、非日常的で、突発的、華麗で、派手、孤立的、もしくはメリハリのある、そういった突出した物的事象に注意を向け、コード化する。組織の世界では、突出した情報とは、予測されざる金銭の流出ないし新しい税制や規制（不愉快な情報）、最善あるいは最悪の結果の予測（極端な情報）、ルーティンの崩壊や非常事態（激しく、非日常的で、突発的な情報）、そして大宣伝やラディカルな経営者（派手な情報）などのことをいう。もちろん、競争者の行動やその結果はメリハリのある情報で、地に対する図となる」（p. 556）。

　　どちらのリストも複雑で長いものだが、それらは少なくとも、コンテキストが手掛かりの抽出に影響を及ぼすこと、また微妙で小さな特徴が

センスメーキングに驚くほど大きな影響を与えることを明らかにしている。

　また、経営組織における経営者やビジネス・パーソンによる気づきに関する研究としては、金井壽宏による「一皮むける経験」についての研究がある。金井の研究はアメリカのCCL（Center for Creative Leadership）による「成功している」経営幹部191名の、ひと回り大きな人間やより自分らしいキャリア形成につながった体験の分析からヒントを得ている。この研究成果をまとめたモーガン・マッコールらは、この経験を "quantum leap experience" と表現している。金井はこの表現を「一皮むけた経験」という言葉に翻訳した。ちなみに、金井はそのように翻訳した理由を以下のように説明している（金井 2002, p. 26）。「直訳では『量子力学的な跳躍となった経験』という意味になるが、そんな大それた訳語は日本人の感性になじまないし、つかうことがためらわれた。日本語でこの言葉があらわす意味に近い表現をいろいろ探し、『脱皮』も考えてみたが、結局、『一皮むけた経験』という表現を当てることにした経緯がある」と。

　金井は関西経済連合会が実施した「豊かなキャリア形成へのメッセージ：経営幹部へのインタビュー調査を踏まえて」というプロジェクトから、以下の 11 の「一皮むける経験」を抽出している。すなわちそれらは、「入社初期段階の配属・移動」、「初めての管理職」、「新規事業・新市場のゼロからの立ち上げ」、「海外勤務」、「悲惨な部門・業務の改善と再構築」、「ラインからスタッフ部門・業務への配属」、「プロジェクトチームへの参画」、「降格・左遷を含む困難な環境に直面」、「昇進・昇格による権限の拡大」、「他の人からの影響」、「その他の配属・移動、あるいは業務」である（金井 2002）。

　金井の研究から明らかになった「一皮むける経験」の性格は以下の 2 点に要約できる。第 1 の点は、「今、自分が節目に立っている」と自覚することである。「節目ということの気づき」を促進させる標識には、「異動・配属」、「このままでは具合が悪いと思ったとき」、「メンターの声」、「ゆとりや楽しさが感じられるとき」、「カレンダーや年齢的な目印」などがある。

前記の 11 のカテゴリーがまさにそうである。第 2 の点は、「一皮むけた経験」となるためには、当事者が節目に直面している場合に、「現実を直視」し、「局面から逃げないこと」が必要になる。つまり、節目を「一皮むけた経験」にできた人たちは、「自分が対峙することになった現実を直視し、難局の打破や克服、収拾に立ち向かっている」ということが言える。言い換えれば、彼らは「どれほど困難で、どれほど辛くても、自分の責任や使命を自覚し、あるいは自分に課題を課し、何をここでなすべきかを考え、選び取り、行動に移している」のである（金井 2002, pp. 235-41）。

クリス・アージリスは、有名なシングルループ学習とダブルループ学習の概念を提唱している（Argiris 1991）。シングルループ学習とは手段目的連鎖における戦術レベルでの成果の修正である。いくら戦術レベルを変更しても芳しい成果が得られない場合には、戦術の前提となった戦略レベルで対応する必要がある。この対応がダブルループ学習である。アージリスは、このダブルループ学習を妨げている要因として、モデル I の考え方・行動様式を挙げている。

モデル I の構成要素は、支配的価値観は、（a）コントロール可能な状態にする、（b）敗北を最小化し、勝利を最大化する、（c）否定的な感情を抑制する（他人の期待を裏切らない）、そして（d）合理的な行為をする、である。その行為戦略は、（a）自己の見解の主張、（b）自己評価、そして（c）原因帰属から成り立っているが、これらは支配的価値観を満足させるため、自己の見解、自己評価、原因帰属を調査・検証しないような行為戦略を実行することになってしまう。以上の理由から、モデル I の使用理論（theory-in-use）に立脚しているかぎり、シングルループ学習という制限された学習になってしまうのである（Argyris and Schon 1974, pp. 68-69）。

他方で、ダブルループ学習を促進するモデル II の構成要素は、支配的価値観としては、（a）確かな情報、（b）情報下での選択、（c）自己の有効性を監視する個人責任である。その行為戦略は、（a）自己の見解の主張、（b）自己評価、（c）原因帰属から成り立っているが、これらは支配的価値観を満足させるため、自己の見解、評価、原因帰属の確からしさと有効性の調査・検証を刺激するような行為戦略を実行することになる。以上の理

由から、モデルⅡの使用理論を採用した場合には、自己防衛メカニズムの抑制を通じて、ダブルループ学習へとつながるのである（Argyris and Schon 1974, p. 87）。

アージリスは、人々が通常に無自覚的、無意識的に採用する使用理論はモデルⅠであると主張している。ちなみに、松下幸之助の『素直な心になるために』（2004）では、素直な心の内容 10 ヵ条、素直な心の効用 10 ヵ条、素直な心のない場合の弊害 10 ヵ条、そして素直な心を養うための実践 10 ヵ条が説明されている。ここで、素直な心の内容 10 ヵ条の一部の内容と素直な心のない場合の弊害 10 ヵ条の一部をそれぞれ対比する。それらは、「第 1 条：私心にとらわれない、第 2 条：耳を傾ける、第 3 条：寛容」と、「第 1 条：衆知が集まらない、第 2 条：固定停滞、第 3 条：目先の利害にとらわれる」、となっているが、これらはアージリスのモデルⅠとモデルⅡと基本的な考え方が相似しているように思われて興味深い。

トバートは、シングルループ・フィードバック（行動／オペレーションのフィードバック）、ダブルループ・フィードバック（戦略／構造／目標のそれ）、そしてトリプルループ・フィードバック（注目／意図／ビジョンのそれ）を区別している（Torbert 2004, p. 19）。アージリスのダブルループ学習は、トバートのシングルとダブルの内容の両面を含んでいる。その意味で、トリプルループ学習という概念は有用である。

トバートと同じようなトリプルループ学習を研究しているのが、成人教育（adult learning）の分野で顕著な業績を上げたジャック・メジローである。メジローはそれを変形学習（transformative learning）という興味深い概念にまとめている。彼はその概念を 1978 年に提唱（Mezirow 1978）したのであるが、メジローの変形学習理論は多くの議論を呼び起こした。彼は変形学習を以下のように説明している（Mezirow 2003, pp. 58-59）。

「変形学習とは、問題のある参照枠組み（frames of reference）、すなわち一連の固定された仮定や期待（習慣的性格：habits of mind）、意味のパースペクティブ、マインドセット）をより包括的で、物事を識別可能で、オープンで、省察的で、そして変化に情緒的に対応可能にするために、その問題のある参照枠組みを変換する学習である。そのような参照枠組み

は、それが行為を導くのにより真実であるか、正当化させると証明される信念や見解を生み出す可能性が高いので、他の参照枠組みよりも好ましい。

当然と見なされている参照枠組みには、固定された人間関係、政治的志向性、文化的バイアス、イデオロギー、スキーマ（schemata）、ステレオタイプ的態度や習慣、職業的な習慣的性格、宗教的教義、道徳的・倫理的規範、心理学的選好と図式、科学や数学におけるパラダイム、言語学や社会科学における枠組み、そして美的価値や基準が存在する」。

メジローは変形学習のプロセスを 10 段階にまとめている。変形学習は「当惑させられるディレンマ（disorienting dilemma）」、例えば「子供たちが独立して家から出て行くという空の巣といった見込み」（Mezirow 1981, p. 8）などから引き起こされる。その後、「2. 恐れ、怒り、罪あるいは恥の感情を伴った自己点検、3. 前提条件のクリティカルな評価、4. その人の不満や変換のプロセスが共有させているという認識、5. 新しい役割、関係および行為のための選択肢の探索、6. 行為のコースの計画化、7. その人の計画を実施するために必要な知識やスキルの獲得、8. 新しい役割の準備的な試行、9. 新しい役割や関係におけるコンピタンスや自信の構築、10. その人の新しいパースペクティブによって指示された状態をベースにしてその人の生活の再統合」（Mezirow 2000, p. 22）と進んでゆく。

メジローは、「当惑させられるディレンマ」には、「画期的な」（epochal）、つまり「突然の」かつ「劇的な」転換と「漸進的な」（incremental）な転換とがあると主張している（Mezirow 2000, p. 21）。「画期的な転換は変形学習にかかわる理論家たちの間で最もよく知られており、失業、健康問題あるいは家族の死といった重要な生活危機によく端を発する。累積的転換（cumulative transformation）もしくは漸進的転換も一連の出来事あるいはインサイトに基づき、個人の参照枠組みの変化を生じさせるのであるが、しかしながらこの変化は突然ではない。学習者が自分のパースペクティブがシフトしたと気づくのには数カ月から数年を要するかもしれない。というのも、ほとんどの転換はその転換に特に気づくことなく発生するのであるが、前提条件や期待のクリティカルなリフレクションは通常は人々が完全に意識的に行うものではなく、これは習慣的に意識下の作業なのであ

る」（Timmer 2015, p. 7）。

　企業家研究にとって、「一皮むける経験」、トリプルループ学習、あるいは変形学習は明らかに重要であるにもかかわらず、しかしながら、その内容についてはこれまでほとんど研究されてこなかった。この第5章においては、特に企業家の変形学習とその覚醒を促した要因との関連を、ケース・スタディ・リサーチを通じて明らかにすることを目的としている。

　その際に問題となるのは、どのような企業家をケース・スタディの素材として取り上げるかである。結果論的解釈であるが、「成功した企業家」は、文字通り、節目節目で「一皮むける経験」を繰り返していると考えることができる。以下では、それらの企業家の中から、自己の経営に対する考え方を反省し、経営に対する新しい考え方をとることによって急成長することになった、つまりどちらかと言えば、根本的に劇的な覚醒にいたった6名の企業家の変形学習を取り上げることにする。

　なお6名の企業家は、筆者が行なっている企業家の特徴に関する一連のケース・スタディ・リサーチの対象としている企業家群から選定された。この企業家群は、流通・サービス分野でビジネスモデルの革新をもたらした50名近い企業家から構成されているが、本章の執筆時点では、ここで取り上げた6名の企業家以外に劇的な覚醒を経験した企業家を識別することはできなかった。その意味で、これら6名はグラウンデッド・セオリーで言われる「理論的かつ飽和的サンプル」であると考えられる（Glaser 1993, Glaser and Strauss 1967, Dey 1999, 木下 2003, Strauss and Corbin 1998）。

第2節　代表的な企業家のケース

1　新井田傳（幸楽苑）の場合

　ラーメンチェーンを展開している幸楽苑を創業した新井田傳（にいだ　だつたえ）は次のような経緯で覚醒して現在にいたっている。彼は自分の覚醒の経緯を2003年に次のように語っている（佐藤 2006b）。

「1988 年 9 月に東京・赤坂に既存業態の『会津っぽ』を出店したことがあるのです。地元紙などに『幸楽苑がいよいよ東京に進出する』と大々的に報道されての出店でしたが、結果は大失敗。40 席弱の店舗で月商 500 万〜 600 万円台を見込んでいたのが、実際は 300 万〜 400 万円と目標を大幅に下回り、わずか 9 カ月で閉店を余儀なくされました。

　今思うと、動機があまりにも単純でした。当時は喜多方ラーメンが全国的なブームになっていた時期。「会津っぽ」の会津ラーメンは、喜多方ラーメンとほぼ同じ製法だったので、『今、東京に店を出せばブームに乗れ、ひと儲けができる』と考えたのです。私は幸楽苑を福島県一の外食企業にしたいと思い、75 年から本格的な多店舗展開を進めていたのですが、チェーン化は思ったように進まず、88 年の時点で店舗数はまだ 20 店弱。先が見えない状況の中で焦りを感じていたことも、"お粗末" な東京出店につながってしまったのだと思います。

　悪いことは重なるものです。当時は、バブル経済がピークの 7 合目くらいに差し掛かり、人手不足が始まっていた時期。当社は例年、10 人前後の新卒を採用していたのですが、この年、東京店の開店と同時期に実施した採用試験では、受験者ゼロという辛い思いも味わいました。何をやってもうまくいかない。私は挫折寸前まで追い詰められていました。

　苦境から抜け出す方法を探るため、私は翌 89 年、チェーンストア理論の第一人者、渥美俊一さんが主催する『ペガサスクラブ』のセミナーに久しぶりに顔を出しました。75 年に『ペガサスクラブ』に入会し、最初は真面目にチェーンストア理論を学んでいたのですが、実際の出店がなかなか進まない中で、次第に足が遠のいていました。

　セミナーで久々にチェーンストア理論に触れた私は、あることに気が付き、衝撃を受けました。広域でのチェーン展開を可能にするには、まず、限定された地域への集中出店で地域シェアを高め、競争力を培うことが重要です。『ドミナント戦略』と呼ばれるこの手法は、チェーンストア理論の基本であるはずなのに、私はこれをすっかり忘れていたのです。地元から遠く離れた東京に、突然 1 店出店したところで成功するはずがありません。東京出店の失敗は、あまりにも当然の結果でした。

　すっかり目が覚めた私は、基本に立ち戻ることを決意し、合宿を実施して、幹部陣と膝を突きあわせて語り合いました。特に、経営哲学や信念を持たずにいたことの反省から、新たに経営理念も定めました。1つは『より多くの人々の普段の食の場面に、より美味しい味で、より低価格の商品を提供することに喜びを持とう』というお客様に対する姿勢を打ち出したもの。もう1つは『働く人たちがやりがいや将来設計を持てる会社にしよう』という社員向けのメッセージです。

　働く人がハッピーでなければ、会社の発展はあり得ません。私は、2つ目の経営理念を実践するべく、その後、全力を挙げて労働環境の改善を進めていきました。年間休日は57日、年間賞与は2カ月分だったのが、3年後の92年には休日を105日、賞与が4.3カ月分と大幅な待遇改善を実現。これが功を奏し、93年には初めて大卒者の採用に成功しました。今では650人の社員のうち、7割以上をこの10年間に入社してきた大卒者が占めています。

　この大改革を機に、停滞していた多店舗展開は再び進み出しました。2001年には、新業態の『幸楽苑』を開発。店舗コンセプトは経営理念を踏まえ、『誕生日などの特別な場面ではなく、普段の食事で気軽に使える店』とし、インパクトのある低価格を打ち出すとともに、行列に並んでから食べ終わるまで40分未満に抑えるようにオペレーションの仕組みを整えました。

　これがお客様から支持されました。2001年6月から既存業態を『幸楽苑』へ転換し始め、翌7月から今に至るまで18カ月間、当社の既存店売上高は前年を上回り続けています」。

2　椋本彦之（グルメ杵屋）の場合

　グルメ杵屋の創業者である椋本彦之の覚醒は次のようにして起こった（以下は、中村 2001, pp. 78-79）。うどんチェーンの展開で大成功した椋本は、知らぬ間に、ワンマンで、自己本位で、「偉いのは自分だけだ」という傲慢さを身につけるようになっていた。そんななかで、「後にも先にもあれは経営者としての最大の試練だった」と、椋本が振り返る事件が勃発し

た。「杵屋」は快進撃していたが、人材不足がこのチェーンの唯一の弱点であった。当時はまだ外食産業の地位は低かった。椋本は西日本一帯の学校回りをして高卒者を集めようと奔走したが、どの学校でもまったく相手にされなかった。大阪中の職安を回ったが、希望にかなう人材は現れなかった。

　「兄弟や親戚、友人などのつてを頼って、来てもらうというのが実情でした。『うどん屋をやめて米屋に専念し、もっと楽に暮らしたい』と、何度思ったかしれません」と椋本は回想する。しかし、昭和50年代に入ってから、外食産業が成長業種としてにわかに脚光を浴びるようになり、他業界からぽつぽつと優秀な人材が中途入社してくるケースも出てきた。ところが、今度はライバルの外食企業が、手塩に掛けて育てた人材を、「杵屋の給料の1.5倍出すから来てくれ」と引き抜いてゆく。中途入社のある社員が「辞める」と言い出したのは、そんな頃であった。

　「その青年は真面目で、見込みがありそうでした。私達は『未来の幹部候補が現れた』と大喜びで、熱心にうどん作りのノウハウを教えました。ところが彼は、3カ月間の研修が終わり、晴れて店舗に配属されてやっと1週間というとき、突然、『独立したいから辞める』と言い出すのです。これには驚かされました。必死で引き止めたのですが、『もう店が出来ている』といって聞かないのです」。

　そこで椋本は、その青年から聞き出した住所を頼りに店を見に行った。マンションの1階にあったその店は、実演手打ちうどんのコーナーから、外装、レイアウトまで「杵屋」とそっくりであった。彼が初めからノウハウを盗む目的で「杵屋」に入ってきたのは明らかであった。椋本は血が逆流するほどの衝撃を受けた。大きな期待をかけた青年に裏切られた反動で、憎しみと怒りも頂点に達した。

　「夜も寝られないほど苦しみました……。絶対に許せないと思いました。私は、彼の店のすぐ隣に『杵屋』を出し、彼の店を叩きつぶしてやろうと、心に誓ったのです」。そのとき、「それだけは絶対にやってはいかん！」と、体を張って椋本を止めた人物がいた。ユニチカの女子バレーボール部で大松博文監督の補佐を務めていた吉田新四郎（故人）であった。

吉田は同社を定年退職し、両国食品人事課長として椋本の補佐役を務めていた。

外食産業にはもともと成功を約束してくれるような特許があるわけではなく、知的所有権があるわけでもない。初めから最後までが過当競争の世界である。そういう世界で生きている以上、「今回のようなことは、ある程度大目に見るべきだ」と、吉田は言った。椋本はどうすべきか悩んだ。椋本は、子供が通う中学校の森利一校長に相談してみた。当時、椋本はPTA の会長を務めていて、そこで話す機会を得た森を心から尊敬していた。酒席を設けて一部始終を話した。その後、森が椋本を以下のように諭した。

「あんたは、日頃何かと言えば『人を育てている』と言っているが、その青年の店を叩きつぶすというような考え方は、人を育てているのとは違う。それは単に、自分が儲かればよいという考え方だ。要するに、あんたは『人を育てている』と言いながら、自分の欲を育てているんだ。そんな自分本位の考え方は捨ててしまいなさい」。

森は、青年の店を叩きつぶすどころか、むしろお祝いを持って行ってやれと言った。「もしもその青年の作るうどんが形だけを真似したものでまずかったら、あんたが何もしなくてもいずれ店はつぶれてしまう。しかし、もしその青年の作るうどんが本当にうまければ、お客は『どこでうどん作りを修業したのか』と必ず聞くはずだ。そうすれば、その青年は『杵屋です』と答えるだろう。お客は『杵屋という店は凄いな』と思うに違いない。そして、そのお客は『杵屋』のうどんを食べに来るだろう。その青年にしたって店が繁盛すれば、『杵屋』への恩は決して忘れない。いつか恩を返しに来るはずだ」。

それでも椋本は納得できなかったが、心は少し動いた。その翌日、椋本は会社に出るとある社員を呼んで、その青年の店のことを尋ねてみた。するとその社員は、青年の店の開店の様子を知っているばかりでなく、青年が開店直後に過労から寝込んでしまったので、「『杵屋』の若手社員がそっと手伝いに行っていた」と、申し訳なさそうに話した。

「杵屋」の社員達にとって、独立開業は大きな夢であった。一足早くその

夢を実現したこの青年を、3カ月という短期間でも一緒に仕事をした仲間達は、何とか成功してほしいと応援していたのである。彼らは、部下の独立開業を妨害しようとする椋本に反感を抱いていた。そのとき、椋本は森が言おうとしたことにはっと気づいた。「私は誰よりも社員の心をつかんでいたつもりでしたが、それは社員の幸せを願うものではなかった。森先生がおっしゃったように、自分の欲、とりわけ自分の支配欲を満たしたいだけだった」と。ようやく自分の誤りに気づいた椋本は、「そうか。めでたいことやから、お祝いせなあかんな」と、軌道修正した。

3 山口聖二（関門海）の場合

格安のふぐ料理店をチェーン展開する関門海を創業した山口聖二の場合、経営理念への覚醒は劇的な形で訪れることになった（南山 2004, p. 54; 小野田 2003, pp. 58-61）。

たいした努力もしていないのに山口の事業は順風満帆。売上は右肩上がりであった。山口は、「仕事なんて、面白いものじゃないな」と感じていた。山口は 1989 年に「さかな亭」を法人設立したが、法人企業の経営者になっても今ひとつ、燃えるものが湧き上がってこなかった。山口は当時を以下のように回想する。

「商売の成功って、一瞬なんですよ。充実感に浸っている余韻はない。結果が出たら、もうその瞬間には次のことを考えなくてはならないでしょ。そういうのが性に合わないというか、仕事に関して充実感を感じたことは一度もありませんでした。そもそも、自分の中では努力している感覚さえ皆無。周りからどう見えていたかは、わかりませんけどね。そのぶん、遊びには全力投球でした。朝の9時ごろからゴルフでしょ、夕方帰ってくると、そく、マージャン。マージャンしながらラジオでプロ野球を聞くんですけど、こっちはこっちで夢中でね（笑）。そして夜10時頃になると、クラブに飲みに繰り出す。そんな遊び三昧の日々ですよ。

トップがこんな調子ですから、会社の人間も、店長も、みんなが遊びくるってました。我々は30代でしたが、店長クラスには20歳そこそこの人間もいて、それがン千万の年収を取るのです。高級輸入車を乗り回し、ク

ラブ通いに博打。世の中はバブルが弾けて下り坂なのに、自分たちは逆に羽振りが良くなっていく。流れの中にいるときは、それが不自然だとも、おかしいとも感じないものなんですよ」。

しかし、関門海のやり方を真似た競合店が増えてきた1998年頃、山口の身辺に暗雲が立ち込めてきた。まず、のれん分けした店の業績が落ち込んだ。このとき、山口にとってショックだったのは、「のれん分けした子達が、『社長、何とかしてくれよ』と私を責めてきたこと。自立した人間を育てるためにのれん分けしたつもりが、何と甘えた奴らにしてしまったのかと情けなくて……」。

さらに、山口を文字どおり奈落の底に突き落とす事件が起きた。山口は次のように回想する。「僕は、もともと欲のない人間じゃないけれど、ことお金に関しては執着が薄いというか、感覚がズレているところがあるんです。その弱点をみごとに突かれました。それまでも、遊び仲間に借金を頼まれると、二つ返事でOKしていました。時々、踏み倒されることもあったのですが、まあ数千万単位なら仕方ないか、と。やっぱりズレていますね（笑）。それが5、6年前（1998年から1999年）のことです。やはり遊び仲間だった男が正月にやって来たんですね。奥さんも、中学生ぐらいの子供も連れて。バブルが弾けて事業が危ないから金を貸してほしいと、泣いて頭を下げる。金額は数億円。このときも、お金で人が助けられるのならと、借用書も取らずに貸したのですが…。1カ月もしたら、『そんな借金をした覚えはない』ですよ。

やっと理解しました。『金は単なる道具にすぎない、道具で人が助かるのなら助けてあげればいい』という自分の考えが、根底から間違っていたことを。『単なる道具』である金で人を助けることなどできないのです。その道具をうまく扱えないから金に困る。その原因を正さない限り、その人はまた同じ過ちを繰り返すのです。真理に到達したのはいいのですが、さすがにこの一件はこたえました。やられた金額もさることながら、あまりにも汚いなぁと。

人間不信、そして金不信。絵に描いたような錯乱状態でした。そんな精神状態なのに、店長たちは相変わらず僕を『何でも可能にする天才』だと

思っている。こちらは自分の店を持って自由にやれという気持ちだったの
にもかかわらず、売り上げが低下してくると『どうにかしてくれ』という
姿勢が顕著になってきて。すべては代表である僕の責任なのですが、彼ら
もやっぱり、10年間何も考えていなかった。

　事ここに至り、頭の中を支配したのは『一体、経営とは何なのか？　何
のために商売をしているのか？』という問い。『金儲けとは違う目的がある
はず』と自問しつつも、その解はなかなか見つからなかった。でも、自分
がドロ沼から這いずり出るためには、それはどうしても必要な答えだった
のです」。

　山口はわらにもすがる気持ちで経営の専門書を読みあさり、あらゆる講
演会にも赴いた。しかし、心にストンと落ちる「理論」にはなかなか出合
えなかった。「あと１つ、何か事件が起きていたら、発狂していただろう」
と、山口は当時を振り返る。そんな「錯乱状態」にあった山口が、東京進
出を決意した。低価格フグ店の市場が、大阪で飽和状態に近づくなか、未
開拓で巨大な東京市場には以前から魅力を感じていた。「壁にぶち当たっ
たときこそ、前向きに行動するしかない」と。

　1999年冬の東京・新橋。その年の夏にオープンしたふぐ料理店「下関ふ
ぐ」は、鍋を囲むサラリーマンで大賑わいを見せていた。その一角で山口
聖二は、さめざめと泣いていた。目まぐるしい忙しさのなか、若い社員達
は１日３〜４時間の睡眠時間で奮闘している。「これほど必死で働いている
社員のために、社長の自分は何をしてきたのか」。「金は汚い」という思い
から、精神的に追い詰められていた山口に、無心に働く彼らの姿は救いと
同時に衝撃を与えた。「人は何のために働くのか？　自分は、何のために
事業をしているのか？」大阪に戻る新幹線の車中で、山口は自分に問い続
けた。

4　坂本孝（ブックオフコーポレーション）の場合

　新古書店チェーンを展開するブックオフコーポレーションを創業した坂
本孝の場合、経営への覚醒は以下のようにして発生した（佐藤2004b）。

　ブックオフを設立して３年ほど経った1994年のある日、坂本は店舗内の

書籍を片付けているうちに、1冊の本の、とあるページに目を留めた。「経営者は、事業の目的、意義を明確にせよ。なぜなら会社は、"あなた" 1人のものではないからだ。社員みんなの幸せのためにある」とあった。坂本はさらにページをめくった。「だからまず、社長が自らの心を磨くこと。そして一番大切なのは、人のために尽くす、人のために汗をかく、ということである」。坂本は思わずカバーを見直した。著者名は稲盛和夫と書いてあった。

　坂本は反発を覚えた。「ちょっと待ってくれ、稲盛さん。いくらなんでも、きれいごと過ぎないか？」これまで事業を行ってきた身からすると、稲盛の「言葉」はきれい過ぎて、「偽善」っぽく思えてしまうのであった。しかし、反発にもかかわらず、稲盛の「言葉」は、坂本の心にしっかり刻まれていた。心に引っ掛かりを感じた坂本は、稲盛の講演テープを買ってきた。カーステレオに入れ、車内で独りになって聴いた。稲盛は同じ「言葉」を繰り返していた。それを聴きながら、坂本は「稲盛さんの『言葉』が心に響くのは、どうしてなんだろうか。これはもう、稲盛さんから直接聴くしかない」と思った。

　意を決した坂本は、稲盛が主催する勉強会「盛和塾」に参加してみることにした。盛和塾の会員は3000人を超え、なかには有名な企業家もいるという。会場は琵琶湖畔の大津プリンスホテル大会議室で、1500人が参加した。そして、稲盛が現れた。会場は、大勢の人で埋め尽くされているのに、物音一つしない。稲盛は本やテープとまったく同じ話をした。しかし、坂本は強烈な印象を受けた。稲盛が動くと、周りの空気まで動く。言葉に重みがある。素直に首を縦に振ってしまう。稲盛の話が終わった。

　そして、坂本はなぜ、自分がオーディオショップで失敗したのかがわかった。あのとき、自分が見ていたのはカネだけだった。そんな経営者に人はついてこない。少々のカネを渡したところで社員は動かない。だから失敗した。稲盛は「利他」という言葉を頻繁に使う。経営者は自分以外の人間、つまり従業員や取引先をどれだけ幸せにできるか、その影響を及ぼす範囲の広さこそが「社長の器」の大きさだ、と稲盛は説く。「俺は自分の事しか考えていなかった」。社長の器以上に、事業は大きくならない。経

営者なら誰もが知っている金言であるが、坂本はその言葉の真に意味するところがわかった気がした。

　この日を境に坂本は変わった。「俺は稲盛教の信者だ。それでいい。稲盛さんの言葉をすべて飲み込み、実践しよう」。坂本は、稲盛が盛和塾で掲げた「経営の原点12カ条」を紙に記し、額に入れて壁に掛けた。店の朝礼では、社員に唱和させた。坂本は、自分と社員の"距離"を徹底的に近づけた。社員はもちろん、アルバイト1人ひとりを必ず名前で呼んだ。新店オープン時には、必ず前夜からその地を訪れ、決起会を開き、酒を飲み、全員と握手をした。坂本は「60cmのコミュニケーション」を毎日のように実践した。

　また坂本は、新入社員はあえて「バカ」を採用することにした。坂本の言う「バカ」とは、知識や常識に染まっていない「素のまま」ということである。だから、目標を与えてあげれば、一生懸命仕事をする。「利口」な人間は、「頭がいい」から己を通そうとする。結果、皮肉にも「利口」な人間は、周囲と相入れないから、いい仕事ができなくなる。それは、かつての坂本であった。坂本は「利口」な人間であった。だから、まったく新しいタイプのオーディオショップを立ち上げ、中古ピアノ販売を軌道に乗せ、ブックオフを設立できた。でも、「利口」なままでは、周囲はついてこない。すなわち、企業経営はできない。そこで坂本は、あえて「バカ」になった。稲盛の「言葉」を信じ、「素直に」経営した。そして、「素直」な人間が集まり、一緒に突っ走った。

5　西山知義（レインズインターナショナル）の場合

　焼肉店チェーンの牛角を展開するレインズインターナショナルの創業者である西山知義の場合には、経営への覚醒は以下のようにして起こった（山川 2002, pp. 96-99）。

　若い頃から企業家を目指していた西山は、大学を1年で中退し、1年間の不動産会社勤務を経て、1987年に、弱冠21歳で不動産の仲介・管理会社、国土信販を設立した。当時は地価高騰で業界に追い風が吹いていた。利益を出すのは難しいことではなかったが、優秀な営業成績の社員ほど、

給料の高い会社に移っていくため、経営はなかなか軌道に乗らなかった。泣かず飛ばずの状況が 4 年ほど続いた 1991 年、西山にとって忘れられない事件が起きた。社員の横領である。

　ある日、事務所の金庫から金がそっくり消えた。警察は「内部犯行しか考えられない」と言う。当時の従業員は 7 人。西山は、約 2 週間、警察と一緒に事情聴取を繰り返した。何人かが口裏を合わせている気配はあるが、決定的な証拠は出てこなかった。結局、大半の社員に辞めてもらったが、彼らは最後の 2 週間分の給与が支払われていないことを理由に、西山を労働基準局に訴えた。西山は、仕方なく高利貸しで借金をして給与を支払った。しかし辞めた社員たちは、半年後に近くに不動産会社を設立した。西山は残った社員とともに、不動産管理業を細々と続けて、なんとか食いつないでいた。

　当時、西山は社長を続ける傍ら、夜になると週 3 回、会社を抜け出して日本マクドナルドでアルバイトをしていた。そんな生活が 5 カ月間続いた。アルバイトの動機はお金を稼ぐことのほかにもう 1 つあった。西山は「職人を必要としない、マクドナルドというシステムに興味があった」と言う。営業マン個人の力と経験に依存する不動産会社の経営体質の脆さを身に染みて感じていた西山は、アルバイトを主体にしながら、安定した品質とサービスを提供しているマクドナルドの経営に興味を持っていた。不動産業をアルバイトのような素人だけで運営できないか。これが西山の着眼点だった。

　しかし、実際に働いてみると、西山は別のところに新鮮な驚きを感じた。厨房では、店員が冷めたフライドポテトや固くなったパンを惜しげもなく捨てている。「なぜ、捨てるんですか。もったいない」との西山の素朴な問いかけに、店長は「これから何十回も足を運んでくれるお客様に、冷めたポテトを出したらがっかりさせてしまうからね」と説明した。この答えに西山は衝撃を受けた。

　それまで西山は、売りにくい物件を、高値で売って利益を出すことが「商売」だと思っていた。顧客本位の姿勢などというのは、きれいごとだと思っていた。そこには、客との信頼感もなければ、営業の継続性もない。

「僕がやってきたのは、冷めたポテトから順番に売ることだったんです。それで客に文句を言われたら、『最初は温かったんですけれど』と開き直っていた」ことに西山は気づいた。

　しかし、マクドナルドではそれを、経営の中で実践しようとしており、現場の店長まで、その方針が行き渡っていた。さらに新鮮だったのは、アルバイトたちが控え室で熱心に勉強する姿であった。店舗には接客の仕方や部下の指導方法を記したテキストやビデオ教材がたくさん置いてあり、アルバイトたちは空き時間に勉強している。西山は不思議でならなかった。「不動産会社の社員たちは空いた時間にはスポーツ新聞を読んだり、たばこを吸っているのに、わずか1000円程度の時給で働くアルバイトが熱心に勉強するのが、理解できなかった」。「なぜ、そんなに熱心なのか」と尋ねると、「習熟度や経験に応じて、少しずつ職位が上がり、責任を持たされるのが面白い」という答えが返ってきた。見れば、控え室のボードには、全アルバイトの職位が一目でわかる表が貼られていた。

　「人間はカネのために働くと思っていた。でも、それは間違いだった」と西山は悟った。「大切なのは、社員に成功体験や成長しているという実感を積ませてやることだ」と。「社員は経営者の考え方を映す鏡だ。私が経営理念を持たず、目先の利益ばかり追いかけていたから、社員も間違った考えを持つようになった」。西山は、頭の中から離れなかった横領事件を突き放して見られるようになった。

　西山は、一から出直すことにした。マクドナルドで学んだことを不動産事業に生かそうと2〜3年の間、試行錯誤を続けたが、業務の性質があまりに違いすぎてうまくいかない。バブル崩壊もあって、不動産業で会社を成長させることには限界も感じていた。「もっと客の反応がダイレクトに伝わる仕事をしたい」。そう考えた西山は、マクドナルドと同じ外食産業への参入を決意した。

6　西川清（パーク24）の場合

　短時間貸しの駐車場であるタイムズ24を経営するパーク24を創業した西川の経営への覚醒は以下のようにして起こった（佐藤2004d）。

　業績が倍々ゲームで伸びていって3年目。36歳の西川は、「そこで
ちょっと油断したんだね。なんだ世の中、こんなものか。こんなに儲かる
なら人生長いんだし、ここでしゃかりきになることもないか」と感じるよ
うになった。食べるのに困らなくなったら、意欲がうせた。以後、7年
間、会社は続けていたが、西川は「遊んで暮らした」と言う。そうして40
歳を過ぎて厄年が終わるころ、西川は「いつまでもこんなことをしていて
はいかん」と、やっと眠りから覚めた。西川は、一転、拡大戦略にシフト
し、新規採用を増やし全国に支店営業所網を展開して、それまでの2億円
程度の売上を、一気に10億円まで伸ばした。それでも西川はなにか満足
しきれないものを感じていた。

　そんな折、ある都市交通のシンポジウムで、警察庁の役人が「これから
は駐車違反を徹底的に取り締まる」と言った言葉に、西川は駐車場マー
ケットの市場拡大を直感した。「目の前にこんな素晴らしいマーケットが
与えられているのに、駐車場業界の草分けである私が、何もしないでいて
は商売の神様に申し訳ない。50歳を目前にして人生3度目の奮発の末に生
まれたのが、現在の24時間無人式コイン駐車場ビジネスである。こうし
て「タイムズ24」は、1991年12月、東京・上野のホテル跡地から全国展
開が始まった。

　西川は別の機会にも次のように語っている。「50歳を越えたとき、転機
がやってきました。当時、社員は40人弱で年商は30億円ぐらい。独立
後、わずかの期間でそこそこの成功を収めたせいか、『ビジネスなんてこ
んなものか』と軽く見て、遊びにうつつをぬかした結果、売り上げが伸び
悩んでいたのです。ところが50歳を過ぎ、『自分の人生に残された時間は
そんなに長くない』と意識するようになると、考え方が変わりました。『こ
れではいけない。もう一度創業の精神に立ち返り、大きな目標を持つべき
だ』ということで掲げた目標が株式の店頭公開でした。

　店頭公開を実現するには、毎年2桁近い増収増益を続けていく必要があ
りました。そのためには、新たな商品が不可欠です。そこで、ホテルや病
院の駐車場で培ったノウハウを街中の駐車場に当てはめた『タイムズ』を
始めたのです」。

西川清は自著『「社長」になりたい君へ』の中で、自身の経営への取り組みへの気づきのきっかけについて次のように説明している（西川 1999, pp. 100-07）。

　「パークロックに出会い、一気に売上が伸びたことで、あくせく働いても仕方がないという気持ちがどこかにあった。他の 30 代のサラリーマンでは手にできないほどの稼ぎもあった。そのため、とにかく遊びまくっていた。家内が怒るような遊びを全部やっていた。家に帰らないなんてこともあった。

　さすがにこれだけ遊んでいると、自分なりに反省するようになる。自分でも真面目に仕事をしていないということが分かっていた。……だからこそ、こんなことやっててていいのかな、という気持ちになってくる。こんなことをいつまでもやっていたら、えらいことになる。へたをすると会社をつぶすな、と思っていた。

　40 歳頃には、それまで所属していた青年会議所も卒業しなければならない。もう青年ではないんだ、という実感がわいてくる。そこで、少しカブトの緒を締めようと思い、九州に営業所を開設し、社員も新たに何人か募集した。……

　45 歳の頃にも、再び漠然とした不安を感じるようになった。遊びも楽しい、家庭不和もない、楽しく生活している。売上も伸び、仕事も順調。しかし、なんだか分からない、言うに言われぬ不安が出てきた。このままで大丈夫かな、会社つぶれないだろうなあ、といったものだ。これは 50 という年齢がみえてきたことによる不安であり、常に前進していないと感じるという不安だった。……再び、なんとかしなければいけないと、名古屋に支店を出したり、パーク 24 のもとになった会社の設立準備などを始めたのである。……

　さらに 50 歳になると、またしても、いつまでもこんなことをやっている場合ではないという強い不安感が出てきた。このときは、不安感などを通り越した危機感だった。最終コーナーを回って、もうホームストレッチしかない、という切羽詰まった感覚だった。

　これで、これからの 5 年、10 年を無駄に過ごしていたら、とんでもない

ことになる。こんな大きなマーケットを独占的に与えられ、ずっと20年間このマーケットを見てきた生き商人として、何もしないままにほって置いたら商売の神様に申し訳ない。わたしを信じてついてきた従業員にも申し訳ない。生きていたという証も欲しい。わたしがやらなくて誰がやるんだ、という気持ちだった。『なにかをやらなければいけない！』株式会社という名称がついているのだから、やはり株の公開をして、できれば上場を目指そう。これをやらなかったら、独立した意味がないじゃないか、と考えた。

　よし、目標は決まった。あとは、この目標に向けてチャレンジするだけだ。しかし、こんなチャランポランな男のままではできっこない。自分自身にプレッシャーをかけなければいけない。だから、いきなり社内で、今後の目標を宣言した。新聞にも店頭公開することを発表してしまった。それは、何日も考えてつくったものではなく、ずっと頭の中でモヤモヤしていたものが、どっとあふれるように出てきたものだった。……

　このように、やらざるをえないという状況に、自分自身を追い込む。こういうことは意識してやることが多い。これが、言ったからには何がなんでもやるというエネルギーになる」。

第3節　気づきのきっかけとその内容の確認

　ここまで6名の企業家の「経営の真髄」への覚醒プロセスを見てきた。そこで次に、6名の企業家の覚醒プロセスを確認することにする。ワイクやメジローの考え方で整理する。ワイクは、「人は、不愉快で、逸脱的、極端で、激しく、非日常的で、突発的、華麗で、派手、孤立的、もしくはメリハリのある、そういった突出した物的事象に注意を向け、コード化する」と主張する。また、メジローは「当惑すべきディレンマ」への直面が変形学習の初発になると主張する。正しく6名の企業家の経営への気づきのきっかけもそうであった。

　さらに、金井の研究から明らかになったように、6名の企業家たちは、

まさに「今、自分が節目に立っている」と自覚し、そして節目に直面したとき、「現実を直視」し、「局面から逃げる」ことがなかった。つまり、6名の企業家はすべて、コンテクストに触発された「節目に立っている」ということの気づきと、そしてその節目の現実を直視して局面に立ち向かうことから触発される「センスメーキング」としての気づきという2つの気づきを得ることから、「一皮むける体験」を行ったのである。以下で、再度の確認を行う。

　幸楽苑を創業した新井田傳の場合には、気づきのきっかけとなったコンテクストは、東京進出の失敗であった。新井田はその失敗の原因を探るために、久々にペガサスクラブの勉強会に参加し、そこで覚醒した。そして彼はそれをきっかけとして、顧客価値と従業員価値の創造が重要であることに気づき、それをベースにして幸楽苑を急成長させた。

　グルメ杵屋を創業した椋本彦之も、「後にも先にもあれが経営者としての最大の試練だった」と椋本自身が振り返る"事件"（「グルメ杵屋」2001, pp. 78-79）をきっかけとして「一皮むける経験」をした。椋本の場合の覚醒のコンテクストは経営者としての「慢心」や「驕り」であった。そして「椋本は、この退職者の"事件"をきっかけに、人間として、また経営者として、それまでとははっきりと変わった行動をとるようになった」のである（「グルメ杵屋」2001, pp. 78-79）。そして、それがグルメ杵屋の急成長のベースとなった。

　関門海を創業した山口聖二は、人格的に破綻するほどの危機的状況のなか（＝コンテクスト）で経営への覚醒を行っている。彼は、「『一体、経営とは何なのか？　何のために商売をしているのか？』という問い。『金儲けとは違う目的があるはず』と自問しつつも、その解はなかなか見つからなかった。でも、自分がドロ沼から這いずり出るためには、それはどうしても必要な答えだったのです」と回想している。山口の場合、覚醒の直接的なきっかけは、新しく進出した東京店で必死に働く社員の姿を見たことであった。山口は大阪に戻る新幹線の車中で、「人は何のために働くのか？自分は、何のために事業をしているのか？」と自分自身に問い続け、そしてその答えを得た。従業員と顧客の満足のために経営する必要を。

　ブックオフを創業した坂本孝の場合は、稲盛の本との出合いによって事業に失敗した理由に気づくことになり、そして「経営の真髄」に覚醒した。つまり、坂本にとっての覚醒のコンテクストは自殺を考えたほどの事業の失敗のトラウマである。稲盛の講話を直接に聞くことによって坂本は、「人は金のためには働かない。社長の器以上に、事業は大きくならない」という経営者なら誰もが知っている金言の真に意味するところが分かった気がしたのである。

　レインズインターナショナルを創業した西山知義にとって、経営の覚醒のコンテクストは、従業員の窃盗というショッキングな出来事と、さらには不動産従業員の仕事に対する不信感であった。そんななかで、西山はマクドナルドでのアルバイト体験から経営に覚醒することになった。経営にとって顧客価値と従業員価値の創造が決定的に重要であると。西山は、「人間はカネのために働くと思っていた。でも、それは間違いだった」と悟ったのであった。「大切なのは、社員に成功体験や成長しているという実感を積ませてやることだ。……社員は経営者の考え方を映す鏡だ。私が経営理念を持たず、目先の利益ばかり追いかけていたから、社員も間違った考えを持つようになった」と。

　最後に、パーク24を創業した西川清の場合はどうであろうか。西川の場合のコンテクストは油断とそこから派生する「こんなことをしていていいのだろうか」という経営への不安感であった。彼は以下のように語っている。「そこでちょっと油断したんだね。なんだ世の中、こんなものか。こんなに儲かるなら人生長いんだし、ここでしゃかりきになることもないか」と感じるようになったと。そして、西川が経営へ覚醒するきっかけは、人生の年齢的な節目、具体的には40歳、45歳、そして50歳になるときであった。そこから西川は、株式の公開という目標の設定と、その目標に向けたチャレンジを行うことになった。そして西川は、自分自身にプレッシャーをかけるために、社内や新聞に店頭公開することを発表した。西山は、「それは、何日も考えてつくったものではなく、ずっと頭の中でモヤモヤしていたものが、どっとあふれるように出てきたものだった」と回想している。

第4節　企業成長と経営への覚醒の関係

　それでは6名の企業家の経営への覚醒は、どのような意味で、彼らの企業のその後の急成長をもたらすことになったのであろうか。彼らの覚醒は例外なく成功する経営戦略の核心を突いたものであった。それでは、成功する企業家に共通した要素とは何であろうか。

　たとえば、チクセントミハイは、39名に及ぶビジョナリーなビジネス・リーダーを調査した結果、次のように証言している（Csikszentmihalyi 2003, p. 153）。「これらのビジョナリーなビジネス・リーダーが語ったことや、彼らが実際に行った方法をレビューすると、彼らの生活に対する態度の中で5つの特性が最も重要であるように思われる。第1は無制限の楽観主義であり、それらは人間を一般に好意的に考えることと、そして将来について積極的であることに存在する。……第2は清廉潔白の重要性に対する強い信念、すなわち相互信頼が基礎になるという原理への確固たる執着である。第3の特徴は、困難への耐久力と結びついた非常に高いレベルの野心である。第4は、不断の好奇心と学習することへの欲望である。第5に、彼らのすべては他者への感情移入の重要性と相互尊敬の意識に言及している」。

　チクセントミハイの証言が特筆に価するのは、彼がこの調査から発見した次の点にある。彼はそれを次のように説明している（Csikszentmihalyi 2003, pp. 164-65）。「これらの模範となるビジネスピープルにとって非常に顕著な特性と、そして他の分野、例えば科学や芸術の分野で指導的立場にある人々の特性とを比較することは興味深い。多くの特徴は両グループに共通している。例えば、科学者も芸術家も高潔さに価値を置くし、高い野心と困難への耐久力を有し、そして好奇心に満ちている。しかしながら、ビジョンを持ったビジネス・リーダーを際立たせているのは、彼らの仲間の人間に対する無制限の楽観主義と信頼、そして（人の気持ちへの）共鳴と尊厳への彼らの崇拝にある。これらは他の分野の専門家にはそれほど多く見られず、そしてこのグループの顕著な特徴であるように思われる

のである」。その意味で、すぐれたビジネス・リーダーを特徴づけているのは、まさに心の知能指数（EQ）であると言い換えることもできる（Golman 1995）。

　従業員満足の追求に目覚めた企業家は、西川以外の5名であった。そうは言っても、西川が従業員満足に目覚めていなかったわけではない。西川は従業員に対する自身の姿勢を、自著の中で次のように述べている。「社員に使命感、やる気を与えるということでは、社長であるわたしから、一般教書というものを出している。……来期はこんなことを実施して欲しい。私の考えと方針はこれだ。これらに対して、できることとできないことを検討したうえで返答して欲しい、というわけだ。……また、使命感、やる気を与える意味でも、年俸契約にしたい者はどんどん言ってくるように話している。……パーク24では、毎年、若手社員をニューヨーク研修に行かせている。……クルマ先進国であるアメリカの現状を肌で感じることで、少しでも何かをつかんで欲しいと思っている」（西川 1999, pp. 100-07）。

　その5名の中で、経営戦略における人的資源管理の重要性について明確に理解したのは西山であった。西山は覚醒の結果、次のような認識を抱くようになった。「人間はカネのために働くと思っていた。でも、それは間違いだった。……大切なのは、社員に成功体験や成長しているという実感を積ませてやることだ」と。全員参加経営を標榜するレインズの経営の原点はここから始まったのであった（山川 2002, pp. 96-99）。これが西山の経営に対するセンスメーキングなのであった。

　新井田の場合は、優秀な人材を確保する必要性から従業員満足の重要性に覚醒した。また椋本は、従業員の独立事件をきっかけにして大きく変化した。この事件を境にして、椋本は「独善を戒め、腰をかがめる、謙虚な姿勢（を心がけるようになり）、そして社員とは目線を同じくして、対等を貫く。どんな時でも思いやりを持って接する」といった経営スタイルを確立していったのである（中村 2001, pp. 78-79）。

　また坂本も、「なぜ、自分がオーディオショップで失敗したのかが分かった。あの時、自分が見ていたのはカネだけだった。そんな経営者に人はついてこない。少々のカネを渡したところで社員は動かない。だから失

敗した」と悟り、その後、坂本は「自分と社員の"距離"を徹底的に近づけた。社員はもちろん、アルバイト1人ひとりを必ず名前で呼んだ。新店オープン時には、必ず前夜からその地を訪れ、決起会を開き、酒を飲み、全員と握手をした。60cmのコミュニケーションを毎日のように実践した」のである。

それでは、最も劇的な覚醒を体験した山口の場合はどうであったのであろうか。山口の場合、彼はもともと、後輩や従業員の面倒見の良い人物であった。山口は、覚醒後に、従業員との結びつきの重要性を違う意味で再認識したのである。ここで取り上げた6名の企業家の業種がサービス業であることを考えれば、従業員満足を重視する経営が決定的なことはP・コトラーのサービス・マーケティングの前提としてのインターナル・マーケティングの強調を待つまでもない（Kotler 2002）。

以上のように、6名のうちの5名の企業家は、従業員の満足度を向上させることの必要性を「一皮むけた経験」を通じて覚醒した。それでは、パーク24を創業したもう1人の企業家である西川清の場合の覚醒はどのようなものなのであろうか？　実は、以上のような企業家の覚醒の性格を解明する場合に、うってつけの理論的なフレームワークが存在する。

ケース分析に理論的なフレームワークを適用する場合には重要なポイントが存在する。たとえばグラウンデッド・セオリー・アプローチの鉄則は、ケース・スタディからの抽象的概念の階層的抽出が終了してから、そこで初めて全体的な理論化の作業を開始するということである。最初から、理論的フレームワークを設定して、それに適合すると考えられるケースを選定することは誤りであるし、またケースの分析に際して最初から特定の理論的フレームワークを適用しながら抽象的概念を抽出することも誤りである。本章でのケース・スタディ・リサーチにおいてはこの鉄則が守られている（これらの点については、Glaser 1993, Glaser and Strauss 1967, Dey 1999, 木下 2003, Strauss and Corbin 1998 を参照した）。

そのフレームワークとは、エドワード・L・デシとリチャード・M・リヤンを中心に発展させられてきた心理学における自己決定理論（Self-Determination Theory; SDT）である（Deci, Vallerand, Pelletier, and Ryan

1991; Deci and Ryan 2000; Ryan and Deci 2000; Eccles and Wigfield 2002)。SDT は人間の3つの根源的心理的ニーズの存在を前提とする。それらは自律性（autonomy）、有能性（competence）、そして関係性（relatedness）のニーズである。デシとリヤンは以下のように述べて SDT の妥当性を説明する。「SDT による3つの根源的ニーズ、すなわち有能性、関係性、そして自律性の特定化は、単なる仮説的ないしはア・プリオリなプロセスではなく、帰納的で演繹的な経験的プロセスから生み出されたのである。私たちは、そのニーズのコンセプトがなければ、私たちが基本的で生涯にわたる心理学的成長機能であると考える**内発的動機づけ**や、そして私たちが心理学的な健全性と社会的凝集性の基本的側面であると考える**内部化**といった領域における多様な研究成果について、心理学的に意味がある解釈と統合を提供することができないことに気がついたのである」（Deci and Ryan 2000, p. 232 ゴシックは原文でイタリック）。

　SDT によれば、これら3つのニーズが満たされているときに人間は幸福を感じ、逆にこれらのニーズの実現が阻害される場合には、「他者への無関心、自己中心主義、極端な場合には、心理学的引きこもり、ニーズの非実現に対する補償動機としての反社会的活動をとるように」なるのである（Deci and Ryan 2000, p. 229）。

　また SDT は、動機づけに関して内発的動機づけ（intrinsic motivation）と外発的動機づけ（extrinsic motivation）の区別を重視する。内発的動機づけは、その活動自体が楽しい、あるいは興味を引くものであるので活動を行うというものである。それに対して、外発的動機づけは、外部の誘引や強制によって行動を行うというものである。SDT は、外発的動機づけを内部化（internalization）の程度によって4つに区分する。図 5-1 はそれを示している。

　デシたちの分類によれば、動機づけは以下のような連続体になっている（Ryan and Deci 2000, p. 72）。第1は、外的規制（external regulation）である。これは有形の報酬を求めてか、あるいは脅迫された懲罰を避けるために、ある行動を行うことを意味している。第2は取り入れ（introjection）であり、これは自尊心を防御したり罪の意識から、ある行動を取ることを

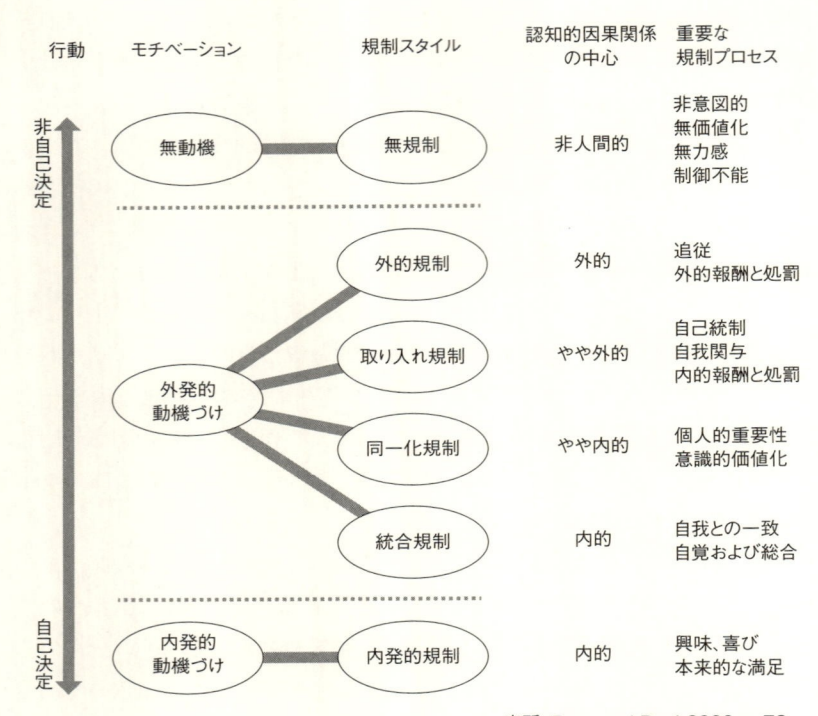

出所: Ryan and Deci 2000, p. 72.

図 5-1　内発的動機づけと外発的動機づけの関係

意味している。つまり、社会的な意識の部分的取り込みを意味する。第 3
は、同一化（identification）である。例えば、健康に良いので運動をする、あ
るいは将来に役に立つので勉強するというように、外的な価値が内面的な
価値を達成するための手段の役割を演じている。第 4 は統合（integration）
であるが、これは外在的な価値が自我と完全に一致している状態である。

　SDT は、外的規制と取り入れを外発的動機づけ、そして同一化と統合
を内発的動機づけと位置づけている。外発的動機づけの場合、活動自体に
楽しみはなく、外的要因がなくなれば活動する動機はなくなる。そして、
内発的動機づけの場合、活動自体が楽しかったり、活動自体に自我を満足
させる要素が多い。SDT の研究からは、内発的動機づけに基づいて活動

している場合には、努力の程度、創造性の程度、そして障害に直面したときの耐性の程度も高くなることが判明している。逆に、外発的動機づけの場合には、それらの程度は弱い（Deci, Vallerand, et al. 1991, Deci and Ryan 2000, Ryan and Deci 2000, Eccles and Wigfield 2002）。

　以上で分析の準備が完了した。実際に、本章でケース・スタディ・リサーチの素材として取り上げた 6 名の企業家の行動や思考方法から明らかになった特徴は、SDT のフレームワークによって鮮やかに整理することができる。

　まず、6 名の中では最も特異的であると考えられる西川清の覚醒は、SDT によればどのように説明されるのであろうか。西川の次の言葉が大きなヒントとなる。すなわち、「業績が倍々ゲームで伸びていって 3 年目。36 歳の西川は、『そこでちょっと油断したんだね。なんだ世の中、こんなものか。こんなに儲かるなら人生長いんだし、ここでしゃかりきになることもないか』と感じるようになった。食べるのに困らなくなったら、意欲がうせた。以後、7 年間、会社は続けていたが、西川は『遊んで暮らした』と言う」。

　第 1 に、西川は有能性を他者に誇示したり、それを向上させる意欲を喪失してしまっている（SDT の変種である目標達成理論においては、有能性ニーズを、他者に誇示するニーズ（ego involvement or performance goals）と有能性を向上させるニーズ（task involvement or learning goals）に分けて論じる場合もある）。第 2 に、西川は「食べるのに困らなくなったら、意欲がうせた」。この時点の西川は、事業の目的を最も外発的な動機づけである「外的規制」に求めていたのであり、西川は当然、活動自体を楽しむことはできなかったはずである。

　それでは、その後、彼はなぜ覚醒したのであろうか。西川の覚醒のベースとなったのは自律性ニーズである。自律性ニーズは他人から強制されたくない、自律的に自己決定したいというニーズに基づいている。しかし、自己決定には責任や失敗の恐怖が付随する。西川は遊び呆けることによって、「自己を十分に律することのできる人間でありたい」という自律性ニーズの実現を阻害する行動を取っていたのである。それが年齢の節目節目

で、「年甲斐もなくそんなことをやっていても良いのか」という心の声（＝自律性ニーズの声）が大きくなった。西川はそこで覚醒し、以前よりも大きな目標を設定することによって再び有能性ニーズの実現に向け行動し始めたのである。

　関門海を創業した山口聖二の場合も西川とよく似ている。若くして、そしてそれほど努力せずにビジネスに成功したとの過信や慢心によって、山口も有能性ニーズのより一層の実現意欲を喪失してしまった。山口の場合には、さらに関係性ニーズの阻害という要因が発生した。山口が成長を願って面倒を見ていた舎弟分たちは向上の努力をしていないし、また知人には大金を踏み倒されて、山口は人間不信に陥ってしまった。しかも、山口自身も遊び呆けていた。つまり彼は、自律性ニーズも実現してこなかった。山口の場合には、このように人間の本源的な３つのニーズがすべて疎外されるという極限状態に陥ってしまったのである。SDT においては、このような状況を無動機（amotivation）と呼んでいる。「無動機は最低の成果と精神的不健全さとの両方と結びついているのである」（Deci and Ryan 2000, p. 242）。

　それでは、山口はどのようにして立ち直ったのであろうか。第１に、山口は難局に直面しても逃げなかった。むしろ、難局を解決するための糸口を求め続けた。第２に、山口は東京へ進出した。つまり彼は、自律性ニーズを少し取り戻しつつあった。そのような状況で山口は、熱心に寝食を忘れて、顧客のため、会社のために働く社員を見て、関係性ニーズの充足に出会ったのである。そこで、山口は「経営の真髄」を悟った。すなわち、金や見栄のために働くという外発的動機づけではなく、顧客のため、社員のため、そして世の中のために働くという内発的動機づけに基づいた経営哲学を獲得したのである。ここに山口は、顧客のため、社員のため、そして世の中のために働くという行動規制を完全に内部化することに成功した。

　ブックオフの坂本孝や、グルメ杵屋の椋本彦之、あるいはレインズの西山知義や幸楽苑の新井田傳の失敗と覚醒のプロセスも同じようにして分析することが可能である。

第5節　キャリアアンカー型とブランド・ハプンスタンス型生き方

　本書で取り上げる起業に成功した企業家の人生目標の形成の仕方とその後の企業家的キャリアを追跡すると、キャリアアンカー型とブランド・ハプンスタンス型の企業家的キャリア形成とに二分されるように考えられる。

　ここでキャリアアンカー型と称するタイプは、メジローの主張する突然の劇的な「当惑すべきディレンマ」に直面して変形学習を体験した企業家である。例えば、有名なパティシエである辻口博啓は小学校3年生のときに友人の家で行われた誕生パーティの席で生まれて初めて生クリームのケーキを食べ、そのうまさに衝撃を受けただけではなく、友人の母親から「辻口君のお家は和菓子屋さんだから、こんなおいしいケーキは出ないよね」といわれてショックを受けた。彼はその場で、将来は世界一のケーキ職人になると決心し、以後は世界一のパティシエになるために一途に修行とそのためのキャリア形成を行った。

　同様に、ハウスウェディング事業の草分け的存在であるT&Gニーズを創業した野尻佳孝は、明治大学付属中野中学に入学して、桁外れのお金持ちの同級生の存在に気づき、父兄名簿で世帯主の職業を調べた結果、将来は絶対に創業社長になると決めた。野尻もそれ以降は創業社長になるための道を一直線に歩んできた。ワタミを創業した渡邉美樹もそうである。渡邉は小学校5年生のときに社長になることを決めた。この年に、母が早世し、父の経営する会社も倒産した。この二重の衝撃が渡邉を、「将来、絶対に社長になろう」と決意させたのである。渡邉もその後は社長になるための道を一直線に歩んだ。また、野尻と渡邉はともに「夢に日付を入れる」ことを実践していることでも有名である。

　キャリアアンカー（CA）というのは、MITのスローンビジネススクールのエドガー・シャイン教授が提唱した概念（Schein 2006）で、職業上の自覚された価値観・才能・動機をベースにして発見するものである。具体的には次の3つの質問群（合計で40問）から形成される。自分は何が得意で何が不得意なのか、本当にやりたいことは何か、そして自分はどういう

ことに価値を感じるのか、がそうである。このなかでも、特に自分はどういうことに価値を感じるのかが重要である。

このように従来のキャリア開発理論の主流は、どこに錨を下ろすかを探すキャリアアンカー理論が一般的であった。つまり、「目標設定→実行→達成」という観点である。ところが、1990年代の後半になって、キャリア・コンサルタントのキャサリン・ミッチェルやスタンフォード大学のクランボルツ教授らによって「プランド・ハプンスタンス (Planned Happenstance; 計画された偶然性理論)」という概念が提出されている。PH を簡単に説明すれば、「キャリア開発をいくら綿密に計画しても、遭遇する人物や出来事の影響を受けたり、予期せぬ出来事によって修正せざるを得ないときがある。そんなとき、自分を取り巻く新しい状況のなかで、結果が見えなくても積極的な行動を起こしてチャンスを切り開けば、偶然の出来事を必然として生かすことができる」ということである(Mitchell, Levin and Krumboltz 1999)。

本書で取り上げた成功した企業家のほとんどが HP 型であると考えられる。このタイプの企業家の特徴は、自分の巡り合ったチャンスを捕捉する勘が鋭いこと、チャンスを捉まえる勇気がある（＝リスク・テーキングできる）こと、チャンスに巡り合うための努力をし続けていること(パスツールの言葉に、「幸運の女神はそれを捕捉する準備をしている人のもとに降りてくる」がある)、逆境をポジティブに解釈することができること、そして柔軟に環境変化に対応できることが挙げられる（Mitchell et al. p. 118)。

このタイプの企業家の典型例は、アップルを創業したスティーブ・ジョブズであると考えられる。彼はスタンフォード大学の卒業式の有名な祝辞を "Stay hungry, stay foolish！" という言葉で締めくくっているが、その演説の前段でジョブズは自分自身の人生を振り返って「点と点とがつながって線になる生き方」について語っている。つまり、その時々を一生懸命に生きて、そして過去を振り返ったときに点と点とがつながって線になるような生き方をして欲しいと語っているのである。これはまさに典型的な PH 型の企業家の発言である。

他方で、CA 型企業家キャリアの人々の特徴は、人生の目標を決めれば

それに向かって一直線に邁進することである。そのために、彼らは最終目標に到達するための道程を逆算の論理を用いて細分化してゆく。例えば、辻口がその典型である。以下で紹介する（佐藤 2010a）。

　目標を設定して以降、辻口は決定的に変わった。それは、将来を決めたのだから、それに向かって必死になるということだった。「オレはいつかケーキ職人になる。それが夢だ。夢を実現するにはどうするか。ケーキを作る技術がいる。技術を手にするためにはどうするか。ブルース・リーの映画だってそうだったじゃないか。彼は修行して強くなっていった。そうなると、どうなる……？」。辻口は逆算で考えていた。逆算というのは、ゴールを先に思いついて、それを順にちょっと前、ちょっと前と戻っていって、現時点まで辿り着くという考え方だ。

　辻口は「やった！」と叫んでいる自分を思い浮かべることが得意だった。そして「やった！」と言うには、「『やった！』をいう直前の段階」があることに気づいた。そうすると、「『やった！』をいう直前の段階」には、これまた直前の段階がある。その直前の直前の直前の……、頭が混乱しそうだけれど、落ち着いて考えると、この考え方は間違っていないはずだ。ハシゴの段がひとつでもないと上に登っていけない。「じゃあ、オレの人生にハシゴをかけよう」というわけだ。「逆算作戦」の結論は、高校を出たらどこかのケーキ屋さんに修行に出るということだった。

　このようにCA型企業家キャリアを歩む企業家の特徴は、ロジカルに左脳的に人生行路を設計し、最終目標を達成するための下位目標を達成するために強い意志力で猛烈な努力をし、そして第4章で説明したように、下位目標を達成するたびに達成感と自己効力感を高めるという目標達成の2つの好循環を回転させ続けることにある。

　同じく世界的に有名なパティシエであるHP型企業家である小山進の場合には、辻口とはまったく異なっている（佐藤 2012）。小山はケーキ職人だった父親の影響もありケーキ職人に憧れていたが、それがすべてではなかった。バンド活動も行っており、音楽の道に進むのも良いかなと思っていた。彼は最初に勤めたスイス菓子ハイジでケーキ職人としてではなく、喫茶部門に配属されたが、それでもめげずにその場所で精一杯に努力して

社長に認めてもらった。彼はその時々の状況を把握し、チャンスを捉まえる能力が高く、まさに PH 型の右脳的発想や行動様式をとって成功したと考えられる。

　ここで重要な点は、メジローが変形学習には劇的な突然型と漸進型（累積型）があると指摘している点である。突然型はワイクのセンスメーキング概念と類似している。また、漸進型は金井の一皮むける体験と類似している。その意味では、PH 型の企業家の多くは、漸進型の企業家的キャリアを歩んでいると考えても良い。しかし、ここで取り上げた 6 名の企業家は起業後に変形学習を経験し、その後は CA 的企業家キャリアを歩み始めている。また、第 3 章で分析した企業家的発見の瞬間も、ある意味では変形学習であると考えられる。そのなかでは、その後に CA 型と PH 型の企業家キャリアを歩むものに二分されていると考えることができる。

　ここまでのポイントとサラスバシーのコーゼーションとエフェクチュエーションの対応関係との関係を考えてみよう。すでに明らかなように、CA 型キャリアはコーゼーションをベースにした企業家キャリアだと考えられる。ビジョンをベースにして具体的な目標を考え、現状と目標とのギャップを逆算の論理を用いて、そのギャップを埋める戦略を考えることはコーゼーションの論理そのものである。しかし、本当にそうなのであろうか。

　確かに、渡邉と野尻の場合には、少年時代に創業社長になる、つまり将来は起業したいという変形学習を経験し、そこから創業社長になるための努力を行ってきた。しかし、どの分野で起業するのかということまでは具体的に目標設定できていなかった。渡邉はワタミという居酒屋とファミリーレストランとの中間業態に行きつくまでには数度の「ハッとする体験」（＝少し程度の低い変形学習）をしてきている。野尻もそうである。知人の結婚式に参列していたときに「なんてつまらない結婚式なんだろうか」と思って、ハウスウェディングビジネスに思いを馳せるようになったのである。

　以上の起業の経緯を考えると、渡邉や野尻はそれこそ HP 型企業家キャリアと考えられるのではないだろうか。つまり、社長になるという部分が

プランドであり、具体的に起業の分野を決定するのがハプンスタンスであるからである。他方で、辻口の場合には世界一のパティシエになるという職業を選択しただけで、将来は実家を継ぐ予定だったので起業する（＝創業社長になる）という選択肢はなかった。

　他方で、サラスバシーのエフェクチュエーションは HP 型企業家キャリアだと考えられるのだろうか。実は、サラスバシーのエフェクチュエーションは、「私は誰か、私は何を知っているか、私は誰を知っているか」⇒「私は何かできるか」（図 3-6, 本書 p. 69）をベースにして起業にいたるルートを想定しているのである。これはまさに「私は何が好きで、私は何が得意で、私は何をしているときに充実感を得るのか」に基づいてキャリアを決定する CA そのものではないだろうか。唯一の異なる点は、「私は誰を知っているか」という社会（ネットワーク）資本を起業の前提条件においている点である。そして、起業に際してはこれらをベースにして具体的にどの分野での起業なのかを決定させている。しかし、その後の流れはハプンスタンス的に決定させているというのがエフェクチュエーションなのである。

　また、本章で説明したビジネスモデルへの気づきのレベルと競争優位性との関係は表 5-1 のようになると考えられる。

気づきのレベル 学習のタイプ	戦術レベル	戦略レベル	人生観・価値観・世界観
シングルループ学習	ビジネスモデルの改善 ↓ 一時的競争優位	×	×
ダブルループ学習	×	革新的ビジネスモデル の発見 ↓ 持続可能な 競争優位性	×
トリプルループ学習 （変形学習）	×	×	利己心→利他心、 ES 起点の経営 ↓ 持続可能な競争優位性 発揮のための十分条件

表 5-1　気づきのレベルとビジネスモデルとの対応関係

表 5-1 の競争優位性の概念については、ジェイ・バーニーの VRIO 分析をベースにしている（Barney 1997, p.163）。ビジネスモデルのシングルループ学習的な気づきは戦術レベルに対応しており、その気づきによるビジネスモデルの改良によって一時的な競争優位性を獲得することができる。しかし、競争者はすぐに模倣してくるので、競争優位性は「すぐに消失」してしまう。本書で取り上げている企業のビジネスモデルへの気づきのほとんどは、戦略レベル以上の気づきである。

　ビジネスモデルに関するダブルループ学習の例としては、次のケースがある。高齢者顧客からの電話に対して、オペレーターに時間を気にせずに、仕事に関係しない話でも気長に対話を続けてくださいとお願いしてから、顧客が急増した安全センターのケースがそうである。通常はいかに効率的に顧客からの問い合わせに対応するのかが重視されるのであるが、安全センターはその逆の対応をしたのである。さらには、大学のサークルの幹事を捕まえている毎日コムネットのケース、コンクールに優勝するためには独りよがりの作品ではなく、審査員が評価してくれる作品を作るべきだと気づいたパティシエの辻口博啓のケースがある。

　さらに、チーズの高級専門店を展開していて、3 年間は売れ残ったチーズを廃棄する毎日が続いていたが、あるときのお客さまからのクレームにハッと気づき、その後から顧客へのチーズの説明や試食を勧めることに工夫をし始めて大成功した、チーズ王国の久田寿男のケースもこの範疇の気づきに含まれる（佐藤 2001a）。

　以上のようなレベルの気づきについては、当事者や関係者から教えてもらう以外には、競争者はなかなか対応することが困難である。その意味で、競争者が気づいたり、教えてもらったりした場合は模倣が可能になるので、そのときまでの持続的競争優位であると考えられる。

　ビジネスモデルに対するトリプルループ学習（変形学習）は、ビジネスモデルの前提となっている人生観や世界観の転換を意味している。Timmer（2015, p.6）では学習のレベルをシングルループ、ダブルループそして変形学習としているが、表 5-1 ではトバート（2004）の分類を採用した。このレベルでのビジネスモデル転換の典型例は、性善説でビジネスモ

デルを運営させるのか、それとも逆に性悪説に基づいてそうするのか、あるいはダグラス・マクレガーの X 理論と Y 理論（McGregor 1960）のいずれを採用するのかの違いである。そうすれば、前者の前提の場合には Y 理論やサーバントリーダーシップが採用される。逆に後者の場合には、X 理論や取引型リーダーシップが適用されることになる。

　本章で取り上げた 6 名の企業家はすべてこの範疇の気づきを行っている。ほとんどの気づきは従業員の幸福を第一に考えるというものであった。このような気づきは競争者にとっても模倣が困難であるので、競争優位の持続可能性は高いと考えられる。

第 6 節　結論と今後の研究課題

　これまで企業家の「経営の真髄」への覚醒プロセス、すなわち「一皮むける経験」については、その現象の重要性にもかかわらず、まったくと言ってよいほど、注目もされもしなければ、当然のことながら分析もされてこなかった。あるいは、注目はされていたのであるが、分析のための手掛かりがなく、それゆえに分析されなかったと表現したほうが正確であるのかもしれない。

　本章では、カール・ワイクの組織のおけるセンスメーキング概念と金井壽宏による「一皮むける経験」研究を手掛かりにして、6 名の企業家のケース・スタディ・リサーチをベースにして、この問題の解明を試みた。多くの企業家群の中からの 6 名の企業家の選択、そして選択された 6 名の企業家のケースの記述、6 名の企業家の「一皮むける経験」の分析、さらには 6 名の企業家の「経営の真髄」への覚醒プロセスの自己決定理論のフレームを利用した解明という一連の流れは方法論的にも妥当であろう。

　今後の研究課題としては、ここで取り上げた劇的な企業家の覚醒プロセスではなく、もう少し普遍性の高い「常識的な企業家の覚醒プロセス」の研究が必要となる。そのことによって、企業家の劇的な覚醒プロセスと常識的な覚醒プロセスとの異同性がさらに明らかになる。金井（2003）は、

人生の節目節目における一皮むける経験、つまりキャリア・トランジション・サイクルを解説している（金井 2003）。

　これらは比較的スムーズな流れのなかでのトランジション・モデルである。ここで取り上げた企業家としては、西川清がそれに近いかもしれない。40 歳、45 歳、50 歳と 5 年ごとの節目に西川はさしたる外的な波乱もなくキャリア・トランジションを行っていると考えられるからである。

　すでに本書の一連の研究で示されているように、革新的なビジネスモデルを構築・実現した企業家にも様々なキャリア発達がある。例えば、少年時代から将来は創業社長になることを目標に設定してそれを実現した企業家や、あるいは脱サラして創業した企業家など、そのバリエーションは多様である。特に、第 3 章においては、その分野でのケイパビリティなしに、発想だけで創業し、その後にビジネスモデルの実施に難渋した多くの企業家は、劇的な「一皮むける経験」をしていると解釈することができる。その場合に、彼らは「経営の真髄」をどのようにして覚醒することになったのかという問題を、本章で明らかになった点とさらに比較することは興味深い。グラウンデッド・セオリー・アプローチの真価も多様な企業家群をサンプルとして分析することによって発揮されるからである。

第6章

企業家による新市場の開拓パターン

　企業家（起業家）の革新プロセス、とりわけ新市場の創造プロセスについては、実は十分には解明されていない。彼らは、どのようにして新市場を創造するのであろうか。企業家の新市場創造には、特定のパターンが存在するのであろうか。そして、そのようにして創造された新市場は、どのような発展経路をたどることになるのだろうか。本章は、流通・サービス分野において新市場を創造した企業家のケース・ベースド・リサーチを行うことによって、以上の問題の解明を目的としている。

　まず、新市場の定義を行うことが必要となる。以下では新市場を、エイベルのフレームワークを利用して定義する（Abel 1980, Markides 1999）。エイベルは、事業ドメインを、Who、What、How の観点から定義することを提唱している。すなわち、事業の顧客は誰か（Who）、どのような顧客ニーズを充足しようとするのか（What）、そして顧客に対してどのようにアプローチするのか(How: 4P のプロモーションとプレイス)と顧客ニーズの充足方法（How: 4P のプロダクトとプライス）がそうである。

　ここでは、新市場の創造を Who、What、How を1つ以上変更したケースと定義する。Who の場合には顧客の変更である。つまり、これは新しい顧客カテゴリーに、従来と同じ製品やサービスを（同じ顧客ニーズに向けて）提供することである。逆に、What の変更の場合には、同一の顧客のレベルの異なった顧客ニーズを、従来と同じ製品やサービスをリポジショニングすることによって充足することとなる。他方で、How の変更は、本章で取り上げる流通・サービス分野の起業家の場合には、Who やWhat の変更に伴って行われる場合が圧倒的に多い。この点に、メーカー分野の起業家との決定的な違いがあると考えられる。以下では、新しい市

場カテゴリーの創造を具体的に考察する。

第1節　Whoの革新　新しい顧客カテゴリーの発掘

　このタイプの新市場の創造は、市場の真空地帯の発掘（潜在的にニーズが存在するにもかかわらず、それが満たされていない顧客の発見）である。医薬品業界では、これはアンメットニーズ（unmet needs）と呼ばれている。対象とする企業は、高齢者に特化した海外旅行代理店のニッコウトラベル、学生サークルに焦点を当てた旅行代理店の毎日コムネット、そしてハイファッションの子供服に特化したナルミヤ・インターナショナルである。

　ニッコウトラベルの場合は次のようにして新しい顧客を発見した（佐藤2001b）。旅行代理店を経営していた久野木和宏は、台湾政府観光局の担当者から、買春の悪いイメージがあり不振であった台湾への日本人観光客の増加策を依頼された。久野木は、お年寄りの夫婦客をターゲットにすることを思いついた。そこで久野木は、「夫婦で行く台湾一周」と銘打って新聞に募集広告を出した。その結果、募集人員200人に対して約3000人の顧客が殺到したのであった。久野木は、「台湾にゆかりのある日本人は多い。旅行会社が需要を発掘できないだけだったのか」と初めて気づいた。そして久野木は、「日本の旅行市場では65歳以上の中高齢者市場は真空地帯だ」とひらめいたのであった。

　その後、久野木は海外の政府観光局とタイアップし、独自にツアーを企画し始めた。政府観光局は、大都市のPRはあまりせず、有名でない地方を巡るツアーを売り込もうとする。そうしたツアーに参加するのは、結果として旅慣れて都市部への旅行に飽きた年配者であった。そして久野木は、「次第に年配層に対するノウハウを蓄積してきた」のであった。

　以上から、ニッコウトラベルの新市場の発見プロセスは2段階になっていることがわかる。すなわち第1は、老人という海外旅行の新しい顧客カテゴリー（Who）の発見である。そして第2は、同社が老人一般からさら

にターゲット・ニーズを「旅慣れて都市部への旅行に飽きた（裕福な）年
配者」(What)ニーズに絞り込んだ点である。そして、同社はWhoとWhat
に適応したHowを徐々に開発することによって、持続的競争優位を構築
していったのである。

　同じく旅行代理店の毎日コムネットの場合には、新しいWhoは次のよ
うにして発見された（佐藤 2003e）。伊藤守は、3年間の旅行代理店経営の
苦闘の後、学生サークルに目をつけた。伊藤は以下のように当時を回想し
ている。「本社の近くにある明治大学の漫画研究会に行ったら、世間話を
しているだけで70人の合宿が取れてしまった。これはいいと思ったのが
きっかけだ」と。伊藤は次のように説明する。「1980年代前半の当時は、
テニスなどの同好会活動も盛んになり、一方でペンションが増え始めてい
た。利が薄いため、大手旅行会社が本気で扱わない両者を結びつけたら、
母校の体育会を手始めに次々に顧客が増えていったのです」と。学生の合
宿市場は当時の旅行業界では真空地帯であった。それを伊藤は、Whatと
Howの対応を工夫することによって市場として開拓することに成功した
のであった。

　当時の職場旅行の定番は温泉と芸者であった。一方、学生サークルはグ
ラウンドや体育館を使う合宿が主である。その当時、1泊の1人当たり単
価は、学生サークル合宿の場合には3500円で、職場旅行の場合には1万
3000円であった。しかし、職場旅行は土日に集中するが、学生は平日で
も宿泊するために、宿泊施設やバス会社に対する交渉も有利であった。ま
た、学生サークルの場合には、「年2回（夏・冬）の合宿で期間も1週間。
添乗員が不必要で事務処理コストも低い」ことから、伊藤は首都圏の大学
をターゲットにしたのであった。伊藤は、大手旅行会社が学生サークル市
場に参入することが難しい理由を次のように説明する。「（大手の）参入は
決して簡単ではない。大学のサークルは部室がない場合も多く、どこに集
まっているのか、だれが幹事なのか外から見て簡単にはわからない。当社
は大学に行ってどぶ板営業をするなどの方法でネットワークを作り上げ
た。……仕入れる宿泊施設も他の観光旅行とは違う。合宿の場合、観光や
食事は二の次。スポーツ系のサークルならば、練習する体育館などが充実

していることが重要になる。従来の観光地とのネットワークでは対応できないわけだ」と。

次に、ハイファッションの子供服に特化したナルミヤ・インターナショナルを取り上げる（佐藤 2004a）。成宮雄三（なるみやゆうぞう）は、1991 年 8 月に父が経営する呉服卸会社から独立し、ナルミヤ・インターナショナルを設立した。成宮は、1985 年には、既存ブランドを親子で着たいという要望を受け、7 歳以下の子供服市場に参入し、ベビー服の「MINI-K」をヒットさせ、その翌月にはジュニア（9-15 歳）世代に向けたエンジェルブルーを発売した。成宮は海外市場の研究から「小学校以上でもいける」と考え、2 年間かけてエンジェルブルーを開発したのであった。

成宮は当時を次のように振り返る。「ジュニア市場はウチが取り組む前から大手アパレルが手掛けていましたが、どこもうまくいかなかった。百貨店の子供服売場ではベビー服が好調でも、ジュニアの売場はどんどん縮小されていました」。成宮は、地味な機能服でなく、放課後と週末におしゃれする服をコンセプトにした。しかし、成宮が百貨店を回っても門前払いであった。エンジェルブルーは、それまでのブランド子供服のように、大人好みのおとなしいデザインを見慣れた百貨店からは大ブーイングを受けたのであった。

成宮はその理由を次のように説明する。「ウチが始める前のジュニア市場は、『地味で目立たない服が一番』という世界でした。今もまだそういう傾向はありますが、PTA も学校も地味であることが最大の美徳だった。日本の子は小学校に入った途端にダサくなりますが、欧米では日系人やアジア系の子供たちもかわいいんですよね。『これは日本の子供服がよくないせいだ、子供たちもかわいい服を待っているはずだ』と思って百貨店に提案したんですが、『こんな服で学校に行くわけがない』と完全に否定された。それなら、アフタースクールでいこうということにしたんです」。

成宮の説明は続く。「かわいいからいいだろうと、膝上 15 センチメートルぐらいのミニスカートを作ったりしましたが、売れなかった。子供は恥ずかしがり、お母さんは嫌がった」と。流行をそのまま子供向けに当てはめるのでなく、多少、抑えめにアレンジする必要があったのである。ジュ

ニア服経験のあるパタンナーなどそうはいないので、婦人服担当者らが一から手探りした。そして1990年代中頃、ジュニア・タレントのSPEEDにエンジェルブルーを提供したことがきっかけとなって、ナルミヤはニッチ市場で独占的地位を確立し始めたのであった。

　ナルミヤの場合には、最初に当時の空白市場であった女子のジュニア顧客にターゲットを設定したが、それは地味ではなくかわいい洋服を提案すれば受け入れられるという想定の下にであった。しかし、なかなか成功しなかったが、粘り強くHowを試行錯誤しながら工夫し続け、1990年代半ばに機が熟して成功することになったのである。

第2節　Whatの革新　新しい顧客ニーズの発掘

　Whatの革新には2つのタイプが存在する。第1は、「業界の近代化」路線である。これは旧態依然とした業界のビジネスプロセスを、いわばリエンジニアリングするタイプである。その意味で、高額な製品・サービスの大衆化路線（＝マスマーケット型）ということができる。第2は、市場カテゴリーの中間領域の発見・開拓である。例えば、高額な製品・サービスと大衆品・サービスの両極端の業態しか存在しない場合に、その中間に顧客の潜在的なニーズを発見して、それを提案・充足する新業態を開発する場合がそうである。以下で、この順に詳しく考察する。

1　マスマーケット型の革新

　本書で取り上げた革新企業の中ではこのタイプが圧倒的に多かった。簡単に紹介すると次のようになる。アメリカ型のスーパーマーケットを日本に初めて導入した関西スーパーマーケット、近代的な警備保障を日本に導入したセコム、紳士服業界に近代化をもたらした青山商事、うどん業界に近代化をもたらしたグルメ杵屋、讃岐うどん業界に近代化を持ち込んだ「はなまる」、ラーメン業界に本格的チェーンオペレーションを持ち込んだ幸楽苑とラーメン一番本部、理髪業をリエンジニアリングしたQBハウ

ス、子供用写真館に近代化を持ち込んだスタジオアリス、回転寿司業態を開発した元禄寿司、ホテル業界にセルフサービス型の近代化を持ち込んだスーパーホテル、アミューズメント業界に近代化を持ち込んだネクストジャパン、駐車場業界に近代化を持ち込んだパーク21、厨房設備の中古品業界に近代化を持ち込んだテンポスバスターズ、古本業界に近代化を持ち込んだブックオフ、喫茶店業界に近代化を持ち込んだドトールコーヒー、100円均一店業界に近代化を持ち込んだ大創産業、質屋業界に近代化を持ち込んだコメ兵、そして引越し業界に近代化を持ち込んだアート引越センターがそうである。以下で、このタイプの代表的な企業を紹介する。

　最初に関西スーパーマーケットのケースから考察する（Sato 2004, pp. 76-91）。同社のケースからは、What に対応するために、How の革新にいかに腐心したのかがよくわかる。1967年2月、自己流でスーパーを経営していた北野祐二（きたのゆうじ）は「スーパーの本場を見ておくべきだ」と思い立ち、同業の経営者と米国ハワイにあるタイムズ・スーパーマーケットのカイルア店に足を踏み入れた。北野は店を見て衝撃を受けた。北野は以下のように回想する。「スーパーとはこういうものなのか。毎日の食材しか売っていないのを見た瞬間、『これだ！』と思いましたね。しかも、店内は果物や野菜の香りがあふれ、作り付けの冷蔵庫で温度管理された新鮮な商品がオープン冷蔵ケースにずらっと並んでいる光景に大感激しました」。北野は帰国すると、驚く役員をしり目に全商品を半値で売るよう指示した。「灰皿、瀬戸物……何でもよく売れたが、唯一衣料品がダメ。衣料品は安くても買ってもらえない。取り扱ってはならんと感じた。スーパーマーケットに徹しきるには結果的によかった」。

　同時に北野は、自店の青果作業場に手作りの冷蔵庫を設置した。また、北野は短期間のうちに日本の実情に適合した冷凍オープンケースを開発し、その中にフィルムとトレーで包装した青果物を陳列した。彼は青果物のプリパッケージ方式の販売を開始したのである。アメリカで開発された鮮度保持装置である冷蔵オープンケースは、そのままではハウス栽培の軟弱野菜が多い日本に適さなかった。それまで青果物は、品質の劣化が激しく、時間とともに「しおれ」「品傷み」「腐敗」が発生するため、それに応

じて販売価格を下げたり、廃棄処分にしなければならなかった。このロス
は当然、鮮度の高い時間帯に回収しなければならないから、1日のうちに
何度も価格を改定することになる。しかも、毎日その日に仕入れたもの
を、その日のうちに売り切るため、開店時には商品が全部そろわず、夕方
には売り切れて品切れするのも当たり前のことであった。

　品質が一定なら価格も一定にできた。それまでの夕方に発生する売れ残
りのロスを織り込んで、朝は高い値段をつける青果物の商慣習が変わっ
た。そのうち、お客さんから「関西スーパーの野菜は新鮮でおいしい」と
評判が立ってきた。つられて鮮魚も売れ行きが上がり、さらに新鮮な魚が
入るようになるというように、商品が好循環で回り出した。1968年12月
に伊丹市に出店した4号店である鴻池店はオープンケース、専用冷蔵庫フ
ル装備の新店で、たちまち盛況になり、「こういう店を作ればやっていけ
る」という大きな自信になった。

　鮮魚については、同社は1970年6月に対面販売方式をやめ、全面的にセ
ルフサービス方式に転換した。それは「当時自動車や電気製品メーカーで
やっていた手法をスーパーマーケットの作業に取り入れた」ものであり、
「作業を単純化、標準化、平均化させることによって労働コストの安い素
人でもできるように再編成」したものであった。鮮魚をプリパッケージす
るまでの作業を細かい工程ごとに分解する「単純化」によって各工程の従
事者の技術取得を容易にしたうえで、その手順を「標準化」することによっ
て人的資源の流動化を推進し、さらに商品を作り置きする「平均化」によっ
て対面販売が有していた時間的ロスを解消した。鮮魚の場合、北野は以下
のような問題意識も持っていた。「鮮魚の販売をセルフサービス方式にす
れば、給料の高い職人が客待ちしている時間に、素人でもピーク時に備え
て商品づくりをさせることができる。職人でないとできないのは、お客の
注文を聞いて、目の前で素早く調理することだけだが、プリパックしてセ
ルフサービスにすればその必要もない。鮮度の管理は設備と知識ででき
る。客の呼び込みは威勢のよい職人のかけ声ではなく商品そのものの鮮度
の良さにさせるべきだ」と。

　精肉について、同社は、1973年4月開店の兵庫店を皮切りに、売場の直

営化を開始した。そしてそれと同時に、「食肉の部位表示」を導入した。それまでは、精肉の過程で様々な部位を混合するのが一般的であった。この混合と雑肉からつくるミンチにこそ、最も職人の技術が要求されると考えられていた。北野は、部位表示を明確にすることによって、それぞれ異なる価格で販売すべきと考えるようになったのである。北野は次のように指摘する。「（当時）まだ一般家庭の肉料理のバラエティも貧弱で、スキヤキくらいしかなく、肉屋はスライスした肉を『牛肉上』とか『牛肉並』と表示して売っていた。だが、何をもって『上』であり『並』とするのか不明確だった」。そこで部位を表示し、混合割合も表示して、価格差の理解を求めたが、「当時のお客様には、その誠意は通じなかった。肩肉とモモ肉がどう違うのか、肉質や味についての知識がなかったのである。サッパリと言ってよいほど売れなかった。結局、職人の言うとおり、商品づくりも表示の仕方は伝統的なやり方に戻さざるを得なかった」。しかし同社は、その後も「鮮度の良い肉」を提供する技術開発を続けることによって、部位表示も定着させていった。1976年1月には、精肉のマーチャンダイジングについての知識と技術を身につけさせるために、同社は従業員4名をハワイのスター・マーケットに派遣した。北野は、「1976年の広田店の開店で一応システムが完成」したと言う。

　北野の1967年2月のハワイのスーパーの視察から、関西スーパーは、1968年2月に青果物のセルフ化に成功し、鮮魚のセルフ化には1970年6月に成功し、そして精肉のセルフ化には1976年に成功している。実に、同社は10年近い歳月を要して、世界に誇る日本型スーパーマーケットの完成にこぎつけたのであった。Howの革新がいかに困難に満ちたものであったのかがわかる。これがマスマーケット型の大きな特徴となっている。

　以下で、もう1社を紹介する。はなまるのケースである（佐藤2003d）。靴下やTシャツなどを扱う衣料品卸の会社、エイジェンスを経営していた前田英仁は、2000年5月、高松市内に「はなまるうどん」を開店した。1997年のある日、セルフうどん店の行列に並んでいた前田は考えた。客の流れはファストフードやカフェと変わらない。コストパフォーマンスも高い。ポップでカジュアルな店にすれば、若い人にも支持されるのではな

いかと。前田は次のように回想する。「香川県の人は、離乳食がうどん、というくらい生活に密着している。ビジネスマンの 4 割が昼食にうどんを食べるとも言われる。なのに、どの店でも女性客があまりに少ないのはどうしてなのだろう。……女性客やファミリーに好まれる店造りにするための工夫を重ね、高松市に『はなまる』1 号店を出店してみた。すると狙いどおりに繁盛し、女性客も 5 割という数字を達成できた。それまでうどん屋に来店しなかった若い OL や女学生が来てくれた」と。

　前田は、「和のファストフードという新しいマーケットを創造した。ライバルはマクドナルドや吉野家ですね」と言う。つまり前田は、「マック行こうか」の代わりに「はなまる行こうか」と言われるように、身近で実用的な店を目指している。前田は次のように言う。「うどん屋を始めたのは、なにも“うどん道”を極めてやろうなんて大胆な野心などではなく、なんとなく、うどんは面白そうという軽いノリ。たまたま香川県生まれだったから、うどんだったようなもので、熊本県に生まれていたなら馬肉、長野県に生まれていたなら信州そばに手を出していたかもしれません。古いものでも、切り口や視点を変えると新しい視野が開けてくる。そこで何かを創造できるかどうかということでしょう。これまであったものでも新しい商品になり得る。違うものが見えてくる。その意味でチャンスはどこにでも転がっているのではないでしょうか」と。

　この前田の最後の言葉は、マス型の市場創造を考えるうえで示唆に富んでいる。すでに明らかなように、マス型の市場革新にとって重要な点は、スケールメリットを活かした低価格戦略にある。関西スーパーも低価格によって市場を席巻したし、はなまるはかけうどんが 100 円であった。マス型の市場革新には、低価格が大量販売を可能にし、そしてそれがスケールメリットを発揮させ、そしてそのことがより一層の低価格を可能にするという循環が存在する。そのことを典型的に示しているのはテンポスバスターズのケースである（佐藤 2006a）。

　森下篤史が経営する食器洗浄機メーカーのキョウドウの売上は、バブル崩壊と市場成熟化もあって 1992 年頃から下降線をたどった。森下は事業多角化を決断し、英会話教室や回転すし店、外国人専用の賃貸アパートな

ど6つの事業に手を染めたが、1つもうまくいかなかった。失敗の原因は社員に任せていたからで、これは自分が率先してやるしかないなと思っていたところに出合ったのが、リサイクル事業であった。森下は、「テレビを見ていたら中古販売の経営者がベンツに乗って廃棄物のステレオを売っていた。拾ったものを売ってベンツに乗れるなんてぼろい商売だ。土地勘のある中古の厨房機器に絞り込めば成功するだろうと思った」と言う。森下はやると決めるとキョウドウを部下に任せ、社員を1人だけ連れて新会社を設立した。名前は日本でもヒットした米映画「ゴーストバスターズ」から取った。森下は「破綻した飲食店からすべてを買いつけ、片づける。だから映画が幽霊を退治する掃除人なら、ウチは店舗のバスターズ（掃除人）というわけ」と説明する。

　森下はテンポスバスターズと既存中古業者とのビジネスモデルの違いを次のように説明する 。「これまでも中古品を扱う業者はあったわけですけど、既存の人たちと違うのは、1つは値付けに対する考え方です。既存の業者は、お客さんが買ってくれる上限のところで値段を付ける。平気で仕入れ値の30倍とか40倍で売るんです。うちも当初はわからないからそういう値付けをしてたら、これがえらい儲かる。そうすると恐ろしい商売だなっていうか、こういうことでは成熟するビジネスにはならないなと直感的に思った。それで、値段を徐々に下げていったんですよ。そうやって値段を下げていくと、店の管理体制だとか製品の修理再生の精度だとかっていうところに力を入れないと、儲からなくなってくる。

　最初のうちは中古品だけ集めて売ってたわけですが、お客さんから中古品だけじゃすべてを揃えられないと言われ、じゃあっていうことで新品も並べ始めた。そうしたら新品の仕入値がやたら高いわけですよ。それなら赤字で売ってやれと。原価率78％で仕入れたやつを半額で、つまり28％の赤字を覚悟で売っていた。損は中古品で儲けた分で埋めればいいやというわけです。ところが新品の扱い量が増えてくると、今度は新品の仕入値も下がってくるんですね。そうすると新品でも利益が出るようになる。で、さらに中古品の値段を下げていったわけです。こうしてギリギリの利益で勝負しているうちに、中古も新品も同じように売れるようになって、

今では売り場に並んでいるのは中古品と新品が半々くらいです」。

　この森下の発言は、マス型市場革新の場合に、スケールメリットを媒介にした大量販売と低価格との好循環が存在することを証明している。次に、中間領域の市場カテゴリーの発見・開拓型の市場革新の場合を考察する。

2　中間領域の市場カテゴリーの発見・開拓

　中間領域の市場カテゴリーを発掘した企業としては、自然化粧品店チェーンのハウス オブ ローゼ、焼き立てパンをウリにしたレストランチェーンのサンマルク、居酒屋とファミリーレストランとの中間である「居食屋」業態を開発したワタミ、そして繁華街でのくつろぎの空間の提供をウリにしたスターバックスがある。

　ハウス オブ ローゼのケースから考察する（佐藤 2000）。ハウス オブ ローゼは、1978 年に川原暢によって創業された。ハウス オブ ローゼのスローガンは「肌を磨きあげる」である。栄養クリームを中心にお肌をいたわり、口紅やお白粉、アイシャドーなどで「粧う」という情緒的な化粧品と、比較的低価格の石鹸やシャンプーでお肌を「清潔にする」という機能的なトイレタリーとに二極分解しているマーケットの間に、川原は「楽しくお肌を磨きあげる」という新しいカテゴリーを見出したのであった。

　また同社のターゲットは 20 歳代の若い女性であった。同社は、省力化や低コストを追求する大手メーカーとは違って、顧客に商品の使い方を教えながら販売し、時間と労力をかけて販売する戦略をとってきた。もちろん化粧品業界では、顧客の肌の状態から「乾燥肌には、このタイプが向いている」といった推奨販売は以前から重要視されていた。しかし、同社の販売員はもう一歩踏み込む。例えば、朝もクレンジングが必要なのは、「寝る前につけたクリームや乳液が起床時になると、油分として出ているから」と説明する。同社が 1 人の顧客にかけるカウンセリング時間は平均して約20分、ときには1時間になることもある。川原社長は、同社は製品すべてを提携企業に生産委託しており、製造にかかるコストを抑えて、「営業に手間と人件費をかけている」と説明する。

サンマルクの場合はどうであろうか（片山 1996）。同社は、ベーカリーレストランという高級ホテルのレストランとファミリーレストランとの中間業態を開発した。片山直之は 1980 年に岡山で叔父が経営するケーキ専門店 15 店をチェーン展開していた新谷製菓に就職した。同社のチェーン店のほとんどは郊外のショッピングセンター（SC）へのテナント出店のため、会社の業績は SC の集客力に左右された。これが不満だった片山は、1989 年に、「自分で客を引っぱってこれる商売をやりたい」と、新谷製菓の一部門として、店頭で焼き上げた熱々の焼き立てパンを提供するベーカリーレストラン（サンマルクの第 1 号店）を始めた。片山は、「新谷製菓の一部でパンもやっていたので、焼き立てのパンが本当においしいことを知っていた。だから、最初から焼き立てパンを店の目玉にしようと考えていた」と説明する。

　片山はパンには多少の知識があったものの、レストラン業は初体験であったので、開店当初はレストランもパンもそれぞれに職人を頼んでスタートした。開店後、レストランの売上は不振を極めた。さらには、職人たちが集団で辞めた（「総あがりを食らった」）。「これでは事業にならない」と思った片山は、すべてをマニュアル化し、職人でなくても誰でも覚えればできるようにしなければと痛感した。1 人だけ残った料理人が調理マニュアルを作成した。それ以外のマニュアルは、片山が中心になって書いた。売上が爆発的に伸び始めたのは、開店から 2 年後の 1991 年であった。そのとき、気がついてみたら職人は 1 人もいなかった。マニュアル化が完了していた。

　ワタミの場合はどうであろうか（佐藤 2003c）。1992 年 4 月、つぼ八の FC 店を 13 店舗経営していた渡邉美樹は、居食屋業態の和民の 1 号店を開店した。居食屋とは渡邉の造語で、居酒屋とファミリーレストランの要素を組み合わせた新しいタイプのレストランである。基本コンセプトは「もう 1 つの家庭の食卓」であり、自宅で食事するように、おいしいものを気取らずに安く食べられるよう様々な面で工夫を凝らしている。料理の品揃えは 120 種類と豊富である。料理の 70％は店で材料を仕入れて加工し、手づくり感を出す。特にコロッケなどは揚げる直前にパン粉をつけ、サクッ

とした歯ざわりが楽しめるようにするなど手間をかけている。酒類も、ビール、日本酒、ウイスキーなど幅広く用意する。酒はメーカー希望小売価格でボトルキープできる。料理のメニュー単価は250〜500円、平均で380円に抑えている。渡邉は、「コンビニエンスストアで総菜とビールを買って帰り、部屋で食べる人も多いが、そんな人が『和民』に来てくれるようにしたい。ライバルはずばり、セブンイレブンだ」と言い切る。

　渡邉が創造した居食屋の意味は、居酒屋よりも食事メニューが充実しており、そしてファミリーレストランよりもお酒のメニューが充実している点にある。和民は、そのような顧客の潜在的なニーズを刺激したのである。

　それでは、スターバックスの場合はどうであろうか（佐藤 2003a）。1996年8月、スターバックスコーヒージャパンは銀座に第1号店を出店した。装飾を凝らした内装、キャラメルやチョコレートなどのフレーバーを加えたコーヒーが20〜30代の女性を中心とした層に受けた。同社は、家具、生活雑貨などを販売する店舗「アフタヌーンティー」を展開するサザビーと米国スターバックスコーヒーインターナショナルの折半出資により1995年10月に設立された。ドトールコーヒーの創業者である鳥羽博道は次のように語っている。「セルフ方式では180円を超える価格でコーヒーを売るのは難しいと思っていました。ところが店を高級化することによって、エスプレッソコーヒーを250円で売るという市場を外資に見せてもらい、『こんな市場があったのか』と大変勉強になりました。そこでうちも97年に『エクセルシオール カフェ』という店をつくった。コーヒー1杯250円です。この店は渋谷や六本木、新宿などの超一等地に出店して高級感を打ち出しています」と。

　スターバックスの中間領域の意味は、都心の一等地で高級ホテルの喫茶ルームのような贅沢な時間を、セルフコーヒー店よりも若干高い価格で満喫できるという点にある。スターバックスジャパンは、日本の消費者のそのような潜在的なニーズを見事に実現させたのである。

　以上のすべてのケースに共通するのは、中間領域を発見して、それを市場として開拓する場合には How の部分での革新的な改革が必要なことである。その他の中間領域の市場カテゴリーを発見・開拓したケースとし

て、東京個別指導学院がある。同社は、家庭教師とスクール形式の塾の中間領域（家庭教師のきめの細かい指導と塾の安価な料金体系というメリットを採用）を狙ったのである。また銭湯業界に革新を起こしたスーパー銭湯の自然堂、そして昔ながらの定食屋とファミリーレストランの中間業態を開発した大戸屋もそうである。

次に、How の発想から新しい市場を開拓したケースを考察する。

第3節　Howの革新　ニッチマーケット型の革新

How の発想から新しい市場の開拓に成功したケースは、青梅慶友病院、ドン・キホーテ、オオゼキ、ポプラ、久田（チーズ王国）、旭山動物園、安全センター、T&G ニーズ、そしてモスフードサービスなどが存在する。ここで「など」とした理由は、Who → What 革新型（真空地帯）と位置づけられるニッコウトラベルや What 型の中間領域の市場を発見・開拓したハウス オブ ローゼなども、実質的にこのHow型の革新に含められるからである（もっとも、これらの企業の当初の問題意識は、ターゲットにあったのであるが）。

How 型は多くの場合、ニッチ型の市場創造と位置づけられる。すなわち、これらのケースは大衆化路線とは逆に、顧客ニーズにきめ細かく対応する「ハイタッチ型」の路線である。逆に表現すれば、ディスカウントストアのドン・キホーテやスーパーマーケットのオオゼキ、そしてコンビニエンスストアのポプラ（佐藤 2002a）のように、「反チェーンストア理論」を標榜している場合が多いのである。このタイプを、マスマーケット型（マス型）に対比する意味で、ここではニッチマーケット型（ニッチ型）と呼ぶ。以下では、代表的ないくつかのケースを考察する。

まず、青梅慶有病院のケースから考察する（佐藤 2005a）。大塚宣夫は、かつて友人の祖母の入院先を探すため、ある老人病院を訪ねたとき、その"汚い""暗い""臭い"悲惨な状況に強いショックを受けた。それと同時に、彼は、高齢者が本当に喜びを感じて晩年を過ごすことができる施設が

ないことにも改めて気づいた。それならば自分で施設をつくろうと、大塚は 1980 年に青梅慶友病院を創設した。大塚にとって、「お客さまのほうを向いて、そのニーズに徹底的に応えること」こそが重要であり、「絶対に期待を裏切らないだけでなく、期待された以上のものをお客様にお返しする」という青梅慶友病院の理念は創業以来、一貫している。

大塚の語る「顧客」には、患者自身はもとより、その家族が大きな位置を占めている。老人病院は、老親を預ける家族にとって、どこか後ろめたい悲惨な施設であった。そうではなく、「青梅慶友病院に入れることがステータスとなり、親孝行と思われるようなサービスを展開する」というのが、大塚の基本的スタンスである。お金を払い、評判を伝えてくれるのは家族である。その家族の満足度を高める必要性を発見したことは、経営上の大きなポイントであった。しかし、院長や医師が頂点にいて、看護、介護スタッフに命令し、そしてその命令系統の最後に患者がいるという通常の病院組織では、こうしたアイディアは実現されない。頂点は患者・家族で、その顧客と直接に接する現場のスタッフだけが、院内で唯一、生産者である。だからこそ、その生産者の思いがいかに実現できるかを考えて仕組みをつくる必要があるというのが、大塚の考えである。いわば逆ピラミッド型組織である。

サービス業では、職員 1 人ひとりの質が顧客満足に大きく影響する。大塚は、「"100 − 1 = 0" がサービス業の宿命と言う。つまり、99 人がいかに努力しても 1 人に問題があったり、99 の優れたサービスを提供しても、1 つのサービスに問題があれば、お客さまを失う」と語る。そこで同院では、職員同士あるいは管理職が部下、部下が管理職を評価する「全員評価」（360 度評価）を実施している。評価によっては退職勧告も出るという厳しい人事考課制度である。

青梅慶友病院による市場革新は、Who（潜在的顧客ニーズの顕在化）と考えることができるが、しかしながら、大塚の問題意識の中には既存の老人病院に対する痛烈な問題意識（＝ How）が存在していたことは確実である。その意味で、当病院は How 型の市場創造と考えられるのである。How 型市場革新の特徴は、以上のように、既存業態の How に対する痛切

な問題意識が先行する場合が多い。

　それではオオゼキの場合はどうであろうか（佐藤 2007b）。オオゼキは、経営理念として、お客様第一主義・地域主義・個店主義を標榜している。2003 年に、創業者の佐藤達雄はそれを次のように説明している。「オオゼキのお客様第一主義の典型的な事例にキャッシュバックカードがあります。……景品やポイントよりも、現金でというところが特徴ですね。現金なら、お客様は自由に使えます。オオゼキですぐに買ってくれるかもしれないし、他の店で買い物するかもしれない。いずれにせよ、お客様の選択に委ねられています。『一度レジに入れた売上金を現金で返すなんてばかげている』と周囲からは言われましたが、何がお客様のためかを考えると結論はおのずと明らかです。

　地域密着も、口で言うのは簡単です。しかし、個店重視という裏づけがなければ、地域密着は不完全なものに終わるでしょう。考えてもみてください。『たくさん仕入れたからこれを売れ』などと、本部が各店舗の現状を無視して号令を下して、本当の地域密着が実現するでしょうか。プロの意識を持った売場責任者に、仕入から販売まですべてを任せる。これがオオゼキの基本方針です。業界では異例のことですが、当社の正社員比率は 8 割に達します。自分の店、自分の売場は自分で守っていくという強い思いがあるから、創意工夫も生まれる。単位面積当たりの売上で、常に業界ナンバーワンの地位を保てるのも個店主義をベースとした地域密着を実践しているからです」と。

　オオゼキでは、新入社員も担当分野の売上、利益、在庫管理に責任を持つ。社員は 3 カ月から 1 年ごとに担当部門を換わり、全部門を経験した後にサブチーフ、部門長に昇進する。店長ではなく、部門長が商品を仕入れる個別分散仕入によって地域に合った商品戦略が可能になる。同社では、「同様の面積だと他社は 6000-8000 種類の商品展開が普通。しかし（当社の）松原店では 1 万 4000-1 万 5000 種類の商品が常時動いている」と言う。顧客が求める商品はすべて揃える。この思想が、同社の特徴である少量多品種の品揃えを生んだのである。

　オオゼキの場合には、How の起点をお客様第一主義という経営理念を

貫徹させるために徹底的に顧客に置いた。それが地域密着主義・個店主義となって現われたのである。

　最後に、旭山動物園のケースを分析する（佐藤 2014）。旭山動物園は、1967 年に北海道旭川市東旭川町倉沼に開園された。1985 年に菅野浩は園長に就いたが、開園から 20 年近くたち、施設は老朽化が進んでいた。他の園が次々と改装されるなか、旭山動物園は取り残された。鉄格子とコンクリートの飼育舎で眠ってばかりの動物に、入園者から「つまらない」、「こんなところに入れられてかわいそう」との声が出始めた。入園者は次第に減少した。しかし菅野は、「金をかけてもらえないなら、そのなかでできることはないか。逆にお金があったら、どんな施設にしようか」と、閉園後の事務所で職員とともに「理想の園」、「夢の園」を考えた。1986 年からは、毎週日曜と祝日に、担当動物にまつわるエピソードなどを紹介させる「ワンポイントガイド」を始めた 。「なんで飼育係が人前で話さなくてはならないんだ」と、しり込みする声もあった。しかし菅野は、「動物のことを一番わかっているのは飼育係じゃないか。だから一番いい説明ができる」と説得した。飼育係たちは原稿を用意し練習を繰り返した。一度、やると決めたら決して休まなかった。台風で客がいなくても説明に立った。

　1993 年、園を訪れた北海道大学の大学院生が副園長の小菅正夫につぶやいた。「エサを探す苦労がない動物園の動物は、行動のレパートリーが少ない。そこを改善すべきだ」。それがきっかけとなった。小菅は、動物をオリに閉じ込めて展示する観賞者本位の「形態型展示」とは一線を画し、動物が本能に目覚め、自由に行動できる環境を作る「行動展示」を目指すようになった。坂東元は当時を回想して、「自分たちは毎日、動物たちを見ていても飽きないのに、お客さんたちが『飽きた』というのはなぜなのか。それはつまり、お客さんが動物本来の姿を見ていないということ。じゃあ、見せ方を変えよう」ということになったと説明する。

　動物は人間に見られるとストレスを感じるのでなるべく観客の視線から隠そう。そうした考え方が強いなかで、小菅園長はあえて動物と人間がほとんど触れんばかりに感じられる接点を設けた。「動物は好奇心が強いので隠れる場所さえあれば自らそこから出て人間に近寄って来る」との信念

からだという。いわゆる「逆転の発想」が成功を呼んだ。小菅は次のように も言う。「（成果の評価の）すべては来園者の感動度だ。例えば、ニホンザルが採食する様子を間近で見てもらおうと、サル山を囲う施設のガラスに好物のハチミツや米粒を塗った。それをサルがなめることで『初めて口の中を見た』と来園者に感動を与えた。仮にサル山を訪れる人数が変わらなくても、感動度は以前の5倍にも10倍にもなったはずだ。小さな変化かもしれないが、こうしたアイデアの積み重ねが感動度になって現れる」と。

　旭山動物園の市場革新も、「逆転の発想」に基づいている。一番の要因は、動物園をサービス業と位置づけた菅野前園長の英断にある。それは「ワンポイントガイド」の実施である。担当している動物の一番面白い情報を有しているのは飼育係である。かれらを飼育の専門家とするのではなく、お客にも説明をする係、すなわち「飼育展示係」とすることによって、彼らには顧客の満足から自分たちのモチベーションを高めるという顧客満足（CS）と従業員満足（ES）との好循環が発生することになる。その発想は、小菅にも引き継がれている。小菅は、「成果は来園者の感動度だ」と断言する。この視座は、青梅慶友病院の患者第一主義やオオゼキのお客様第一主義と共通している。

第4節　創造された市場のダイナミクス

　以上で市場革新のタイプを Who 型、What 型、そして How 型に焦点を合わせながら考察してきた。本節においては、創造された市場が、その後の時間的な経過とともにどのように展開してゆくのかを考察する。以下では、マスマーケット型市場創造、ニッチマーケット型市場創造、そして中間領域型市場創造に整理して考察する。

1　マスマーケット型市場創造

　マスマーケット型市場創造とは、本章で What 型革新として位置づけられた市場創造のタイプである。マス型の特徴は、既存市場を低価格によっ

て拡大させる点にある。例えば、価格の低下と透明性、そして店舗内の生産工程の機械化による寿司職人の供給の限界の打破によって、回転寿司業態による寿司市場の拡大を考えれば、このことは明らかである。実際に、マス型市場創造においては、ほとんど例外なく、低価格化と価格に対する信頼（＝価格の透明性）という需要側への貢献と機械化やマニュアル化による職人供給の限界の打破という供給側への貢献、この 2 つの貢献が決定的に重要な役割を演じている。このタイプが「業界の近代化」と表現される理由もまさにこの点にある。図 6-1 は、マスマーケット型市場創造の特徴を示している。

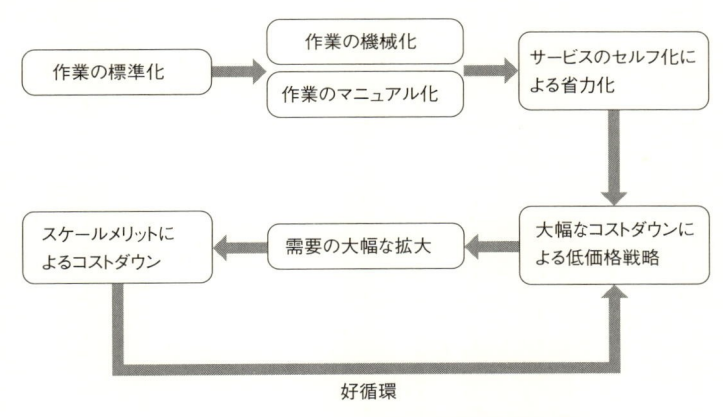

図 6-1　マスマーケット型市場創造の特徴

　市場の成長とともに模倣企業が登場してくるが、この模倣企業の登場がさらに市場を成長させることになる。その理由は 3 つある。第 1 に、模倣企業との競争によって価格は低下し、逆に品質は向上する。第 2 に広告競争によって、そして第 3 に出店競争によって、消費者の新業態に対する認知度は劇的に向上する。

　競争戦略的に重要な点は、模倣企業の参入にいかに対応するかである。ここで取り上げられた多くのベンチャー企業はこの対応に失敗してきている。たとえば、讃岐うどん業界に近代化をもたらした「はなまる」がそうである（佐藤 2003d）。はなまるが手軽さで讃岐うどんブームに火をつける

や否や、多くの模倣業者が登場することとなった。たとえば、模倣企業として、紳士服チェーンのはるやま商事や、高松に本社があり中古書店チェーンを展開するフォー・ユーなどもこの市場に参入した。しかし、その後すぐにブームは去ってしまい、各社は業績不振に陥った。フォー・ユーの小町うどんは2004年6月にすかいらーくに営業譲渡された。一方ではなまるは、2004年5月より吉野家ディー・アンド・シー傘下になった。

模倣企業の登場は、小規模企業にとって市場成長のための格好の機会である。ここで確固たるナンバーワンのポジションを獲得する戦略を採用する必要がある。ファーストムーバー（パイオニア）・アドバンテージ（先発者優位性）の活用がそうである。重要な点は、オリジナリティーやリアルさをブランドに保持し続ける点である。

2　ニッチマーケット型市場創造

ニッチ型市場創造のタイプは、Who 革新型と How 革新型の両方が含まれる。Who 革新型の場合には、特定の顧客にターゲットを絞り込むことによってニッチ型となる。逆に、How 革新型の場合には、顧客へのきめの細かいサービスを提供する必要性から少数の顧客にしか対応できないという意味でニッチ型となる。前者の場合には、企業成長の限界は市場規模から、そして後者の場合には、それは How のキャパシティ（経営の資源量と顧客対応能力）の限界から発生する。

ニッチマーケットの創造は、一般にマスマーケットの一部を切り取って、それを成長させるパターンが多い（佐藤 1999a）。これは、典型的な市場細分化（market segmentation）のケースである。Who 型市場創造の例は、海外旅行の一般客からお金持ちの老人にターゲットを絞り込んだニッコウトラベルのケースである。毎日コムネット（大学生をターゲットに）やナルミヤ・インターナショナル（ジュニアをターゲットに）もそうである。他方で、How の場合には、マス型の How からニッチ型の How という形でニッチ市場が創造される。例えば、マクドナルドと、それに対して和風と二等地立地・FC 展開という How にこだわったモスフードサービスや、反チェーンストア理論を標榜するドン・キホーテやオオゼキ、そして

ポプラの場合がそうである。

　このタイプの市場展開にとって重要な点は、模倣企業の登場と個別企業の急成長の罠である。模倣企業の登場は、Who 革新型企業に市場規模の限界という制約を顕著にさせる。もう1つの問題である急成長の罠は、How の制約から発生する。オオゼキはその罠に陥りそうになった。オオゼキは 1999 年 11 月に株式を店頭公開した。それ以降、同社は出店ペースを加速し、2005 年までに店舗数と売上高を倍増させる計画を明らかにした。同社は 2005 年 8 月中間決算で 1999 年の上場以来初の経常減益となった。経常減益の原因は、前年同期比 4％減となった既存店の落ち込みであった。商品別に見ると青果が 7％減となったほか、鮮魚が 6％減、精肉が 3％減と生鮮部門がいずれも不振であった。オオゼキの強みであった正社員比率は低下を続けていたし、また現場での顧客第一主義の精神は株主第一主義や競争者対応に変化していたからである（佐藤 2007a）。同様に、ナルミヤ・インターナショナルもニッチ市場の制約ゆえに失敗することとなった（佐藤 2007a）。

　それでは、同じく反チェーンストア理論を標榜しているドン・キホーテ（以下ドンキ）の場合には、なぜ急成長にもかかわらず業績はそれほど低下していないのであろうか（佐藤 2002a）。ドンキも売場主任が仕入と陳列の権限を有している。しかし、ドンキの場合には、創業者の安田隆夫が指摘するように、スポット商品の仕入を行うのは、主要客層と同じ年齢層の20 代前半から 30 代半ばの素人の若者である。彼等が自分達の嗜好や感性で、商品を仕入れ、自分が買いたいと思う値段をつけて売っているのである。おそらくプロの仕入担当者なら、こんなものは売れっこないと最初からはねる商品でも、自分が欲しいと思えば積極的に仕入れる。いわば素人の目線で行う仕入が、同世代の若者のニーズを捉え、これが深夜でもたくさんの人を集める大きな要因となっている。安田は、「うちの権限委譲は狭くて深い。自己完結型の責任体制を取るため、ゲーム性が出てきて仕事が楽しくなり、上達も早い」と説明する。これに対して、オオゼキの仕入担当者には生鮮食品の仕入というプロの目利きと処理技術が必要とされるのである。つまり、ドンキの成長は人材育成と人材供給というハードルの

低さが大きな要因となっているのである。

3 中間領域型市場創造

Who 革新型の市場創造の場合には、市場の動態はこの中間市場自体の収縮によって規定されることになる。そして、その収縮は中間領域を取り巻く周辺市場環境の動向にも左右されることになる。

たとえば、高級品と大衆品の中間市場の場合、あるいはハイファッションと大衆品との中間市場では、興味深い現象がアメリカで発生した。前者は、バナナリパブリックとギャップ、そしてオールドネイビーという3業態の間の関係で発生したキャニバリゼーションである。ギャップ社は、テイストはギャップと同じであるが高級業態のバナナリパブリックを、次いでテイストはギャップと同じでより低価格品を扱うオールドネイビーを成功裏に立ち上げた。その結果、ギャップ業態はバナナリパブリックとオールドネイビーの拡大に圧縮されることになり、ギャップ社全体としての業績は低迷することとなった。

後者は、リーバイストラウスが 1990 年代後半に直面した問題である。当時のジーンズ市場はカルバンクラインやポロラルフローレンなどのハイファッション企業がいっせいに参入し、それらのブランドはリーバイス・ブランドの上位に位置することとなった。他方で、J・C・ペニーやシアーズローバックはアリゾナやブルーリバーという PB のジーンズの強化を図っており、それらは若者に人気を博していた。その結果、リーバイスはハイファッション・ブランドと PB から挟撃されることになり、同社の業績は長らく低迷することとなった。これらの例は図 6-2 に示されている。

両端からの圧縮の可能性は、水平的な業態展開のケースにも存在する。例えば、カテゴリーキラーとしてのトイザらスは、業態としては専門店と総合ディスカウントストアの中間に位置する。1990 年代後半以降、米国のトイザらスは、一方では専門店の巻き返しと、そして他方ではウォルマートなどの総合ディスカウントストアとの競争に苦戦した。そして、この点は一世を風靡したカテゴリーキラー全般についても当てはまる（佐藤 1999a）。図 6-3 はこの関係を示している。

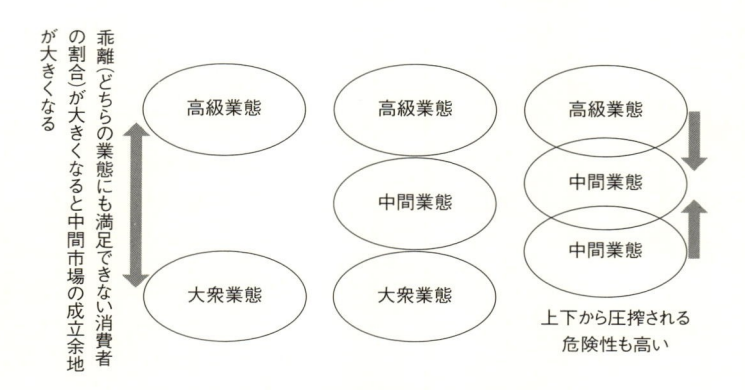

図 6-2　垂直型中間領域市場創造の特徴

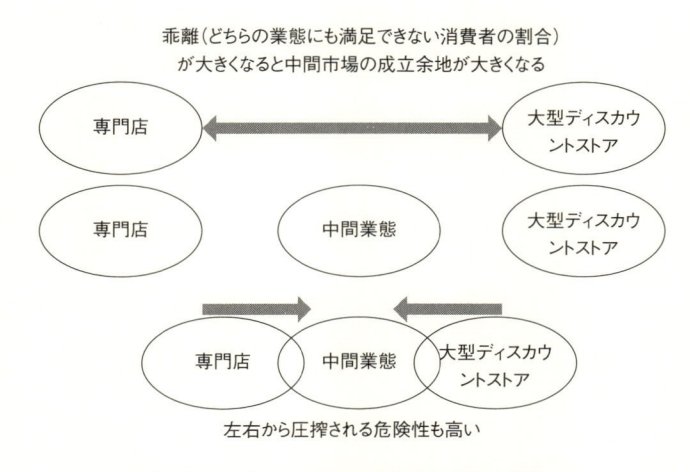

図 6-3　水平型中間領域市場創造の特徴

第5節　結論とさらなる研究の課題

　ここまで、流通・サービス分野の新市場創造と市場発展の類型について考察してきた。最後に、本研究の戦略的ならびに理論的含意を述べることによって筆を置く。

　本章の戦略的含意は、市場創造とそこでの企業成長の指針の提供にある。起業家がどのタイプの市場革新を目指すのかが明らかになれば、その市場革新に必要となる核心的なポイントと、そして模倣企業の登場をテコにした企業成長に必要なポイントと、逆に成長の罠が明らかになる。また本章の理論的貢献は、これまで明らかにされてこなかった市場創造とその動態の類型とそこでの市場動態の性格を多くの企業のケースに基づいて明らかにした点にある。今後は、各類型の内部の論理をさらにリファインする必要がある。

第7章

革新的急成長企業の失敗原因の分析

ここまでの章で、革新的な企業家が、どのようにして独自の事業領域を開拓したのかをケース・ベースト・リサーチを用いて明らかにしてきた。そこからは、いくつかの興味深いリサーチ・クエスチョンを解明してきた。たとえば、以下のような問題群がそうである。

企業家は市場機会を、どのようなタイミングで、そしてどのような理由で発見するのか。企業家による市場機会の発見とその具体化には、どのようなパターンが存在するのか。企業家が市場機会を発見し、それを実現するうえで、どのようなパーソナリティや信条、あるいは個人能力が必要となるのか。企業家は、どのようなきっかけで経営の真髄に覚醒するのか。

この第7章においては、企業家が創業した革新的ニッチ企業が持続的成長に失敗する理由を分析する。残念ながら、これまでの問題群の解明と同様に、ニッチ企業の持続的成長の失敗に対する先行研究もほとんど存在しない。ただ、Finkelstein（2003）は、大企業の名経営者が陥った約51社の事例を分析し、名経営者が陥りやすい「7つの習慣」を抽出しているのであるが……。従って、本章においても、この課題に対してケース・ベースト・リサーチによってアプローチする。

第1節　ニッチ企業の持続的成長の失敗の類型化

ニッチ企業は、どのような理由で成長に失敗するのであろうか。それには、様々な理由が考えられる。たとえば、急成長しすぎることによる様々なひずみの発生、大企業の参入や模倣企業との競争、ブーム化現象とポス

トブームによる市場の急激な縮小、ニッチ性による市場規模の限界、あるいはカリスマ創業者の引退による事業承継（継承）の失敗などがそうである。

　これらの失敗の理由は、多くの場合複合化している。たとえば、急成長することによって他企業の注目を引き、参入企業が急速に増加し、そのことが市場を一気に拡大させることになる。そして、それがより一層の急成長を強いることになるなどの要因間の重層的関係である。しかし本章では、業界に革新をもたらしたニッチ企業が持続的成長に失敗する単独の理由を抽出する。

　一般に、ニッチ企業の成長は二重の意味で制約を受けている。1つは、経営資源面での制約であるが、これはユニークな顧客価値を生み出すための経営資源を蓄積・展開する際に直面する制約である。第2の制約は、市場の規模である。通常、ニッチとは「隙間市場」を意味することが多いが、これはまさに市場規模の狭隘性を意味している。このように、ニッチ企業の成長は、資源面での制約という内部要因と市場の狭隘性という外部要因の両面から失敗する可能性がある。以下で、革新的ニッチ企業の持続的成長の失敗の原因を順に考察する。

第2節　急成長による経営の歪み

　一般に、この失敗は、企業の急速な成長に経営資源の蓄積・展開が追い付かないという状況から発生する。この失敗は人的資源の活用をベースにした対人的なサービス業の場合に最も多く見られるが、それはサービス品質の低下によるリピート顧客の離脱となって現象する。以下では、この点を2社のラーメン企業、幸楽苑とラーメン一番本部のケース（佐藤 2006b, 佐藤 2006e）で確認する。

1　幸楽苑のケース

2006年5月16日、幸楽苑は主力商品の中華そばを従来よりも100円安

い 290 円で販売し始めた。幸楽苑の創業者、新井田傳会長は以下のように説明した。「5 年前に 390 円を打ち出した時はかなり衝撃があり、急成長につながった。昨今は、まねする店が増え競争力が低下。(西への)出店地域拡大は踊り場を迎えていた。今回の値下げで他社を振り切れば全国制覇がぐっと近づく。290 円という価格は味を落とさない限り他社には追随できない。味や量、製法を変えず、スケールメリットで原価を下げることで値下げを実現した。客単価は下がっても増益にできる」。

　2006 年 10 月 24 日、幸楽苑は長谷川利弘社長の取締役降格と、新井田傳会長の社長兼務を発表した。2007 年 3 月期の連結経常利益が 3 期連続減益に転じる見通しとなり、実務の責任者の長谷川は引責辞任を決めた。5 月に実施した値下げにより原価率が上昇して利益を圧迫した。2005 年 9 月中間期に 583 円だった平均客単価は、この上半期に 568 円に下落した。既存店客数は横ばいであった。店舗数は、東北から西日本へ向け毎年 100 店前後の大量出店を続け、2010 年 3 月期に 1000 店を超す計画であったが、9 月末時点で 317 店であった。長谷川が新井田にかわって社長になった 2004 年 3 月期末の 197 店から 2 年半で 120 店しか増やせなかった。急激な出店に人材が追いつかず、既存店の運営が乱れた。デフレブームも沈静化した。

　その後、2016 年後半にいたるまで同社の業績は回復していない。また、同社は 2016 年 9 月には、重大問題を引き起こしてしまった([衝撃事件の核心] 2016)。同社によると、9 月 8 日に「幸楽苑　静岡清水インター店」のパート女性従業員が店舗内のチャーシュースライサーで仕込み作業をしていた際、誤って左手の親指の先端部分を切断してしまった。機械の上にあったスライス中のチャーシューは廃棄したものの、切断された指の一部が仕込み済みのチャーシューの容器に紛れ込んだ。2 日後の 10 日昼に来店した子連れの女性客が「お子様セット」を注文したところ、ラーメンのスープの中に指の一部があるのを見つけ、店は大騒ぎになった。13 日には、静岡市保健所が店舗に立ち入り調査に入ったが、市保健所によると、混入したのは幅約 1 センチ、長さ 7 〜 8 ミリの爪の付いた指先。しかし、店の担当者は「爪の一部が混入した」とする報告書を提出し、保健所から「指ではないのか」と指摘を受け、報告書を書き直していた事実も発

覚したのであった。

2　ラーメン一番本部のケース

加藤博一は、かねて高いと感じていたラーメンの原価をはじいてみた。
すると、自家製の麺とスープが各15円、チャーシュー8円など50円にも
満たないことがわかった。1997年11月、加藤は180円のラーメンを売り
にする「びっくりラーメン」の1号店を開いた。加藤は「ラーメン屋をや
るつもりはなかった。初めからラーメン"ビジネス"をしようと思ってい
た」と言う。加藤は「ラーメンをおとり商品にしたくない」との思いから、
ラーメンだけでも利益を生み出せる仕組みを構築した。同社は大阪市の子
会社のキッチンカトーで、麺、スープ、具を生産して店舗に配送するセン
トラルキッチン方式を取っている。

同社は、出店戦略でも常識の殻を破った。通常、ラーメン店の出店場所
といえば、駅前や繁華街、商店街、幹線道路沿い。ところが、ラーメン一
番本部の場合、住宅街や工業地帯、商店街の外れといった二等、三等立
地。家賃が安く、売上高賃料比率は5〜6％。店舗によっては2％のところ
もある。外食業の賃料比率は、一般的に20％程度、良くても11〜12％で
あると言われている。

2007年8月30日、吉野家ディー・アンド・シーは、大阪地裁に民事再
生法手続きの申し立てをしたラーメン一番本部からラーメン事業を譲り受
けると発表した。ラーメン一番本部は「ラーメン一番」のほか、うどん店
などを展開。関西を中心に直営店を約165店舗、FCを約25店舗を有して
いる。帝国データバンクによるとピーク時の売上高は2005年12月期の58
億円。急激な店舗拡大などで資金繰りが悪化した。

幸楽苑の失敗は、家族客をメイン・ターゲットとしてファミリーレスト
ラン風のサービスを提供していたラーメン店が、低価格を売りにしたマス
型ビジネスモデル＝コストリーダーシップ戦略に変更したことによる。既
存ターゲット客への顧客価値低下と、逆に新規のマス顧客に対するコスト
リーダーシップ戦略の中途半端さが失敗の原因である。他方で、ラーメン
一番本部は、マス型ビジネスモデルとして出発したのであったが、その前

提となる急激な多店舗展開に従業員のサービス水準が追いつかずに顧客が離脱した典型的なケースである。これらの失敗のパターンは外食産業において発生しやすいが、しかし以下で紹介するようにアミューズメント施設企業でも発生している。

3　ネクストジャパンのケース

　1999年5月、長江芳実は会員制レジャー事業としてビリヤード専門店「ビリヤードJJ」東大阪店をオープンさせた（佐藤 2004e）。ビリヤードの第3次ブームがくるかといわれていたが、結局、それはこなかった。会社は傾きかけた。そこで、長江は「単独レジャーは流行り廃りが激しい。けれども、レジャーに行く人の人口を合計すると一定である。1つの店にビリヤード、ボーリング、ゲーム機……何もかもあったら安定するのでは」と考えた。こうして、15分100円で遊び放題の複合型レジャー施設「JJCLUB100」1号店が誕生した。

　しかし、客は入らなかった。顧客管理のための会員登録、身分証明が高いハードルとなっていたのである。レジャー施設で身分証がいるなんて当時の常識では考えられなかった。しかし長江は、客にいろいろな遊びを知ってもらうためには顧客管理が必要と考えたのであった。そこで彼は、その理由を1人ひとりに地道に説明していった。すると、その高いハードルが今度はリピーターを呼び、業績は順調に伸びた。会員登録による顧客の利用履歴などをベースにして、受付が来場した顧客の好きなゲーム機などの情報を、「今このコーナーが人気です」「ここが空いています」などと知らせたりすることが顧客満足の向上に結びついたのである。

　ネクストジャパンの2006年1月中間期決算は、単独経常損益が従来予想の4億円の黒字から2億8000万円の赤字に転落した。その理由は、急成長による人的資源と物的資源の稀釈化により顧客満足が低下したことと競争激化で既存店売上高が前年同期比30％程度減少したためである。2006年7月、同社は渡辺一正上席副社長が10月25日付で社長に就任すると発表した。創業者で筆頭株主の長江芳実社長は代表権のない会長に退く。2006年7月期（単体）は34億円の最終赤字に転落する見通しであった。

それでは、革新的なニッチ企業は、そもそもなぜ急成長しようとするのだろうか。それにはいくつかの理由が考えられる。ひとつの理由は、マス型ビジネスモデル＝コストリーダーシップ戦略の追求である。ラーメン一番本部の場合が典型例である。同社は、大量出店をベースとしたスケールメリットを事前に組み込んだ形で価格戦略を展開した。予定通りのペースで出店できなければ赤字になってしまうのである。幸楽苑の場合には、もともとコストリーダーシップ戦略よりも、ファミリーレストラン型ラーメン店業態が強みであった。それを途中からコストリーダーシップ戦略に転換したのであるが、経営資源の転換は可塑的ではなかったのである。

　ネクストジャパンの急速な出店戦略は、相次ぐ模倣企業の登場に、有望立地場所の囲い込みに走ったためであった。そのために人的資源や物的資源の稀釈化が発生し、顧客満足度が低下したのである。この失敗のパターンも多く見られる現象である。

4　チーズ王国のケース

　急速な多店舗展開に慎重なのはチーズ王国を経営する株式会社久田である。創業者である久田寿男は、チーズ王国の出店依頼は多いが、質にこだわり開店は年に1店に抑えていると言う（佐藤 2001a）。ところが、2003年4月28日時点の同社ホームページ（HP）には、「現在、優秀でやる気のある社員を対称に（ママ）フランチャイズ設立に向けて準備を進めている」とあった。同社の最近の HP では、それは「独立支援制度」として、「3〜5年をめどにチーズ王国で経験を積み、『チーズのプロ』として手に職をつけ、将来はオーナーとして自分の店を持つことを目標にする仕事。一生モノのスキルとして身につけたチーズに関する知識を、最大限に活かす環境がここにはあります。現在オーナーを目指すスタッフは50人以上。あなたも一緒に目標に向かって切磋琢磨してみませんか」。「現在全国のデパート40店舗以上から出展（ママ）依頼が来ています。1日も早く、出展（ママ）を！」とある。その後、同社の HP（〈http://www.cheese-oukoku.co.jp/kyuujin.html〉2008年1月7日にアクセス）からは FC の勧誘は削除され、同社では依然として人的資源と物的資源（特に、熟成させたチーズの品質）

の急成長による稀釈化問題を防止する事業展開をしている。

　しかし、2016 年 11 月 9 日に同社の HP を確認したところ、次のような文章が記載されていた。「当社で 3〜5 年チーズのプロを目指し、全国のデパート、駅ビルに　貴方がオーナーとして、出店してもらいます。　現在全国のデパート 40 店舗以上から出展依頼が来ています。　1 日も早く、出展（ママ）を！」〈http://www.hisada.biz/corporate/recruit/〉。

　革新的ニッチ企業が急激な成長に駆り立てられるもう 1 つの理由は、株式の上場である。株主利益を優先させれば、株価を上昇させたり、高額の配当金を支払うことが必要になる。そのためには売上を拡大したり、利益を増加させたりしなければならなくなる。それが急成長を駆り立てることになるのである。ニッチ型スーパーで高収益を誇ったオオゼキが陥った理由も上場をきっかけとしている。

　オオゼキの創業者の佐藤達雄は、ともに苦労してきた妻の正恵が亡くなったとき、妻の「供養」のつもりで多店舗展開を徐々に進めたと言っている。そして、佐藤は 1999 年の店頭公開を機に、2005 年までに店舗数と売上高を倍増させると発表したのである（佐藤 2007, pp. 24-33）。同様に、モスフードの創業者である櫻田慧も、1983 年 12 月に吉野祥がロサンゼルスで急死したとき、「吉野の弔い合戦」として拡大路線に転換した。同社は路線転換以後 1 年の間に 100 店を増加させ、1985 年 11 月には外食フランチャイズとして初の株式店頭公開も果たした（佐藤 1999, pp. 9-10）。

　もちろん、ペンローズが指摘するような帝国主義を求める創業者の欲望も確かに存在する。T&G ニーズを創業した野尻佳孝がそうである。彼は次のように言う（野尻 2005b, pp. 100-01）。

　「〈一番になりたい。一番じゃなければ意味がない〉、物心ついたときから片時も頭を離れることのない、一番へのこだわり。一番になれなければ、頑張った実感が湧いてこないのだ。なぜなら、自分よりも上に誰かがいるということは、自分よりも努力した人間がいるということに他ならないから。……ボクシングに例えるなら KO 勝ち、マラソンなら世界新記録で 2 位に大差をつけて優勝。そんな風に、100 人いたら 100 人全員が文句なしに認めてくれる勝ち方をしたい。一番へこだわる理由は、率直に表現

すればそういうことになるだろう」。

第3節　競争企業の出現

革新的ニッチ企業が成長を始めると、同業界や他業界の既存企業が、そして他の企業家が新しく摸倣型追随創業することによって、その分野に参入してくることになる。特に、経営資源の豊富な大企業の参入はニッチ企業にとって脅威となる。その場合に、ニッチ企業にとっては持続的競争優位性の構築が必要となる。最初に、製造企業のケースであるが、模倣型追随企業との競争に苦慮した事例として、日本におけるロングライフ（LL）パンのパイオニア企業であるコモのケースを紹介する（佐藤 2009）。

1　コモのケース

2004 年 1 月下旬、コモの上田浩二社長は、最近の業績の伸び悩みを「階段の踊り場だと思っていたら、いつのまにか長い廊下になってしまった」と語った。同社は日持ちする LL パンを武器に業績を拡大してきたが、ここ 5 年は経常利益の微減が続いていた。上田社長は、その理由を「業界 1 位（山崎製パン）と 2 位（敷島製パン）が参入し競争が厳しくなっている」と説明する。それだけではない。多くの中小零細企業も LL パンの分野に参入してきたのである。

このような状況でコモの持続可能な競争優位性は何であろうか。それは賞味期間が 30 日という LL パンの特長を生かした特殊な販路（例えば、自販機、キオスク、生協の共同購入など）の開拓ノウハウと販路の囲い込み、そして LL パンのパイオニア企業としてのブランド・イメージである。しかし、コモは大企業を迎え撃つという戦略に打って出た。それは大都市圏のコンビニやスーパーといった販路への進出であった。これらはまさに山崎や敷島が得意としている販路であった。これ以降、コモの業績は急速に落ち込むこととなった。

コモが苦戦した理由は、大企業に対抗したという点だけでなく、大企業

の参入がコモの上場のタイミングと一致していたという点にも求められる。すなわち、同社は従来のようなニッチ販路に特化していては売上の急速な成長は期待できないため、地方都市の特殊販路から大都市圏のスーパーやコンビニ販路へと、競争優位性のない土俵（ドメイン）に活動をシフトさせたからであった。その後も、コモの売上高や営業利益率は最盛期のそれには届かない状態となっている。

2　ニッコウトラベルのケース

　1999年6月、ニッコウトラベルの久野木和宏社長は、新聞記者の「JTBなど大手が熟年層の需要開拓に力を入れだしている。脅威ではないか」という質問に対して、「確かに高齢者のサークルをまとめて香港に連れていったり、退職金で一度海外旅行をしてみようといった高齢者層の開拓は盛んになるだろう。だが、我々は趣味で何度も旅行をする高齢者層が対象。競合はしにくいと思う」と応えた（佐藤 2001b）。

　ニッコウトラベルは、お年よりの体調を考慮して、ボリュームのある洋食よりも消化に良いサンドイッチやスープの特別メニューを揃えたり、移動距離や時間を極力短くして疲れにくい旅を工夫している。同社に対しては、旅行業界では「中高年齢層を対象に絞った市場では他の追随を許さない」との評価が定着していた。同社の売上高に対する経常利益率は高い。"薄利多売"を強いられている大手がせいぜい数％なのに対し、ニッコウトラベルは約8.5％（1999年3月期決算）を誇っている。

　ニッコウトラベルは、確かにリピート顧客に対しては大手に対する持続的競争優位を構築していた。しかし、新規顧客の競争に関してはそうではなかった。また業界では、熟年用の海外旅行のニッチ企業が続々と登場してきていた。なかでも、ワールド航空サービスは、比較的に体力に自信のある熟年層向けのツアーに特色がある。参加者の平均年齢は65歳で、欧米の田舎、東欧や中国の奥地など大手ではまず回らないツアーを企画している。菊間潤吾社長は、「客の多くは、20回程度の海外旅行歴を持つベテラン。初めて海外に出かける人など、めったに来ない。……当社を卒業してニッコウへ流れる人は多い」と話す。

同社のほかにも、トラベル世界、ユーラシア旅行社、あるいはデザイン
ルームなどは、いずれも 60 代を中心に、夫婦や女性グループを引き付け
ている。大手旅行会社は、ツアーの添乗員に専門の派遣会社を利用する
ケースが多い。これに対して、熟年向けツアー各社はほとんどが自社かグ
ループ企業の社員を添乗させ、客のアンケートを人事評価に直結させてい
る。これらはニッコウトラベルの競争力のベースでもあった。

　ニッコウトラベルは大手旅行代理店に対して、熟年にターゲットを絞り
込んでいるという意味でまさにニッチ企業である。しかし 2000 年代の中
頃から、大手企業もニッコウトラベルのビジネスモデルを複写した事業部
などを設立し、ニッコウトラベルから顧客を奪取し始めている。他方で、
ワールド航空サービスなどは熟年の海外旅行でもニッコウトラベルよりも
もっとターゲットやテーマを絞り込んでいる。これらの企業は、ニッチ内
ニッチ（niches-within-a-niche）企業、あるいは特に小売企業の場合にはカ
テゴリー・キラーキラーとも呼ばれる（佐藤 1999a）。その後も、ニッコウ
トラベルの売上高や営業利益率は最盛期のそれには届かない状態となって
いる。

第 4 節　ブーム化による市場の歪み

　ニッチ企業の持続的成長の失敗の第 3 のパターンは、ブーム期における
市場の急激な膨張とブーム後の市場の急速な縮小を原因とする。ブームに
は 2 つのタイプが存在する。1 つは、製品やサービスの機能や効能が評価
されてブーム化する場合である。例えば、「芸能人は歯が命」で一世を風靡
したサンギのアパガードや、ポリフェノールの健康作用が注目された赤ワ
イン・ブームなどがそうである。ブームのもう 1 つのタイプは、ファッ
ションに関連している。流行がある程度まで普及すると、その後はピタリ
とブームが去ってしまうという現象がある。例えば、ナイキのスニーカー
やユニクロのフリースなどのブームがそうである。これはエベリット・ロ
ジャースの「革新（流行）の普及モデル」がうまく説明することのできる

現象である。以下では、ナルミヤ・インターナショナル（佐藤 2004a）と
はなまる（佐藤 2003d）のケース、そして製造企業のケースではあるが、
伊那食品工業のケースを紹介する。

1　ナルミヤ・インターナショナルのケース

1991 年 8 月、成宮雄三は父の経営する呉服卸会社から独立し、ナルミ
ヤ・インターナショナル（以下、ナルミヤ）を設立した。そして、翌月に
ジュニア（9-15 歳）世代に向けたエンジェルブルーを発売した。成宮は海
外市場の研究から、大手が失敗したのは親が喜ぶ地味な服ばかり作るから
であり、キャラクターを使い、子供が喜ぶ明るい服を作ればどうかと考え
た。1990 年代中盤、ジュニア・タレントの SPEED にエンジェルブルーを
提供したことがきっかけとなって、ナルミヤはニッチ市場で独占的地位を
確立し始めた。

エンジェルブルーの躍進は、ナカムラ君のキャラクター人気とそれを伝
播させた雑誌の力が大きい。1997 年に新潮社がこの世代向けのファッ
ション雑誌『ニコラ』を創刊した。また 1986 年に占いや恋をテーマに学研
が創刊した『ピチレモン』も、1999 年にファッション誌に衣替えした。エ
ンジェルブルーの成長とともに両誌は部数を伸ばした。成宮は「売り切れ
で、消費者に飢餓感を与えるぐらいの方が、結果的に消費者満足が高くな
るんです」と説明する 。

同社は流行を創造するために、3 種類の「セレブ」を重層的に活用した。
ひとつは、ジュニアタレントの活用である。もう 1 つは、ファッション誌
の読者モデル、そして最後の仕上げは教室のオピニオンリーダーの活用で
ある。これらのセレブの間の関係は、次のようになっている。ジュニアタ
レントがエンジェルブルーを着ると、彼女たちに憧れているファッション
誌の読者モデルがそれを採用する。読者モデルが採用すると、今度は彼女
たちに憧れている教室のオピニオンリーダーがそれを採用する。そして最
後に、教室のオピニオンリーダーに憧れている普通の子がエンジェルブ
ルーを採用するようになる。

しかし、ナルミヤの急成長は、「クラス全員がエンジェルブルー」と言わ

れるようになると、急速にストップしてしまった。鮮度が喪失し、飽きら
れてしまったからである。2005年7月中間期のエンジェルブルーの売上高
は1年前に比べ約2割落ち込んだ。後に成宮雄三は、「ジュニア層が年下の
子と同じ服を着るのを嫌がることは分かっていたが、逃げ足が予想以上に
早かった」と振り返る。当時、成宮は、2年ほど前から何らかの手を打つ
必要は感じていたが、売り場では数字が順調に伸びていたため「わざわざ
面倒なことをしなくても」という多くの声に、対応が後手に回ったと語っ
ている。その後、ナルミヤは2010年6月に、多くの衣料専門店を展開する
大手企業であるポイントの前社長の石井稔晃を社長に迎え、経営の再建に
取り組んでいる。

　同様に、セレブを活用してブームを創造した革新型ニッチ企業にサマン
サタバサが存在する。同社は、セレブをデザイナーとしても起用し、セレ
ブごとのファンを巧みに育成して行った。しかし、同社もナルミヤと同じ
轍を踏もうとしている。その後、サマンサタバサはブームの危機を脱出し
売上高を順調に成長させている（しかし、当期純利益は平成25年2月期と
平成28年2月期に赤字になっている）。

2　はなまるのケース

　1999年、前田英仁は高松市内の住宅街にセルフ方式の讃岐うどん店、
木太店を出した。オレンジ色のポップな外観に、白熱灯を使った明るい店
内。前田は、「女性客やファミリーに好まれる店造りにするための工夫を
重ね、……高松市に『はなまる』1号店を出店してみた。すると狙いどお
りに繁盛し、女性客も5割という数字を達成できた。それまでうどん屋に
来店しなかった若いOLや女学生が来てくれた」と言う 。

　100円という価格設定にこだわったことも成功した理由と考えられる。
実は、木太店のオープン当初は、「かけうどん（小）」はセルフ式うどん店
の平均的な金額である180円に設定していた。しかし、前田は店の繁盛ぶ
りを見て、「100円でも勝負できるのでは。……そもそも、うどんの原価は
安い。100円のかけうどんでも十分に利益が出る」と判断し、開店から7
カ月後に100円に値下げした。すると、客数は前月比30％増であったが、

しかし意外にも客単価は 450 円のままであった。理由は、天ぷらやおにぎりなどのトッピングを追加するお客が増えたためである。

　しかし、東京進出に際しては内輪でちょっとした議論が起こった。社内では、「讃岐うどんブームの今、なにも 100 円で出さなくてもいいのでは。渋谷の店は値上げしましょう」という意見が多数を占めた。しかし、前田は一歩も譲らなかった。「既に都内でもセルフ店が登場しており、いずれ価格競争に突入する。価格が 100 円で横並びすれば、次はブランド力の勝負になる。だからこそ、値上げして売れる売れないの問題ではなく、100 円のインパクトで一気に知名度を上げなければ」と考えた。実際、「100 円うどん」として、「はなまる」の名前は東京で一躍知れ渡った。

　前田は渋谷を立地場所に選んだ理由を「ブランドの力は大きい。『マクドナルド』や『吉野家』を見れば明らかだ。『はなまるうどん』も、どうせ多店化するならそこまで目指したい。そのためには、1 号店は東京都内ならどこでもいいわけではなく、東京随一の若者の街、渋谷でなければならない」と説明する。

　2004 年 3 月になり、讃岐うどんチェーン各社の出店が減速していた（『香川の讃岐うどん』2004, p. 12）。はなまるの店舗数は、3 月末時点見込みで 167。全国 38 都道府県をカバーするが、1-3 月の出店数は 13。39 店だった昨年 10-12 月の 3 分の 1 にとどまる。また 1 月に初めて店舗を閉鎖してから、すでに計 4 店を閉めた。「さぬき小町うどん」を展開するフォー・ユーは 2004 年には、新たな出店を見送る方針である。首都圏などでは 2003 年に、県外チェーン店を含め出店ラッシュに沸いたが、ブーム一巡で顧客の取り合いが進むのは必至とみられる。その後、2004 年 6 月、小町うどんは業績不振で、フォー・ユーからすかいらーくに営業譲渡され、社名変更し（株）すかいらーくレプロになった。また、はなまるは 2004 年 5 月より吉野家ディー・アンド・シー傘下に入った。

3　伊那食品工業のケース　ブームの危険性への認識

　伊那食品工業会長の塚越寛は、ブームの危険性について以下のように語っている（佐藤 2012b）。「……逆境というと、3 年前（2005 年）に寒天

ブームが起こった時がそうでした。あの時、私はすぐに社員を集めて言いました。『これは会社にとって最大の危機になるかもしれない』と。当社はそれまでブームがなくともずっと順調に伸びてきました。自分の努力で伸ばすのが仕事であって、ブームに乗って安易に伸ばしても、それに見合った実力が伴っていませんから、脆いし、必ずその反動が来るのです。

ですから本当はたくさんつくりたくなかったんですが、電話を随分たくさんいただきましてね。糖尿病に寒天がいいと聞いたとか、便通がよくなったとか、医者に勧められたとかいう人がなかなか手に入らなくて困っているといって、次々と問い合わせてこられたのです。社員に相談したら、無理してでもやりましょうと言ってくれて、それまでうちは絶対に三交代をさせなかったんですが、自分たちから三交代を買って出て対応してくれたんです。

だからその年は売り上げが25％くらい伸びたんですが、案の定、翌年にはドーンと下がりました。それに付随して、原料価格が上がってコスト管理に支障を来たしましたし、中国からにわかづくりの安物が大量に入ってきました。業界のイメージが悪くなると思い、非常に危機感を持ちました。

結局、それまで48年間続いてきた増収増益は、そこで途絶えてしまいました。……いまはブームも去って市場もようやく落ち着きを取り戻し、胸をなで下ろしているところです。……私たちは小さかった寒天のマーケットを、努力を重ねて広げてきました。売り上げの1割は研究開発に投じて、常に新しい可能性を探ってきたのです。そういう姿勢が会社の体質になっていましたから、ブームに乗って伸ばすという発想は生まれなかったのです」。

塚越会長は研究開発の重要性を指摘しているが、飽きられないためにも絶えざる品質改善は必須の条件となる。その点で、第6章でも紹介した旭山動物園はブーム現象とも言われているが、その入園者数は激増の一途を辿っている。園の大きさには限界があるので、入園者数の増加はいずれストップするはずである。しかし、行動展示という画期的な仕組みを考案し、しかもスタッフが入園者の感動を高めるために日々努力している点を

考えれば、この動物園の急成長が決してブームではないことが理解できる。

　実際に、園長の小菅正夫は、「（成果の評価の）すべては来園者の感動度だ。例えば、ニホンザルが採食する様子を間近で見てもらおうと、サル山を囲う施設のガラスに好物のハチミツや米粒を塗った。それをサルがなめることで『初めて口の中を見た』と来園者に感動を与えた」と語っている。旭山動物園の入園者数は平成18年度には304万650名、そして平成19年度には307万2353名となった。しかし、入園者数が300万人を超過するということは確実にブーム現象だと判断せざるをえない。実際に、入園者数は翌年の平成20年度には276万9210名に減少し、平成23年度には入園者数は200万名を割り切って172万3649名となった。平成24年度は162万5975名、平成25年度は165万57名となり、久々に前年度を上回ることとなった。平成26年度は165万1430名であった（佐藤2014）。

第5節　ニッチ性ゆえの市場規模の狭隘性

　一般に、多くのニッチ企業は市場規模の限界を克服するために、比較的早い段階から、企業を成長させるために多角化戦略を採用する傾向がある。この点を確認するために、毎日コムネット（佐藤2005b）、安全サービス（佐藤2003b）、そしてT&Gニーズ（佐藤2004c; 2007a）のケースを紹介する。

1　毎日コムネットのケース

　第6章でも紹介したように、伊藤守は1979年春に友人の1人と東京の御茶ノ水に六畳一間を借りて株式会社トラベル・ドゥ・インターナショナルを創業した。3年間の模索後、伊藤は学生サークルに目をつけ、大学サークルの合宿旅行の企画・斡旋を思いついた。1980年代前半は、テニスサークルがブームとなり、女子学生も参加する合宿旅行のニーズが高まった。一方では、しゃれたペンションがちょうど増え始めていた時期でもあった。大学生と顧客基盤を持たず集客に苦労するペンションとをつなぐ伊藤

の仲介ビジネスは見事に的中した。伊藤は、大手旅行会社にとって学生サークル市場への参入が難しい理由を次のように説明する。「（大手の）参入は決して簡単ではない。大学のサークルは部室がない場合も多く、どこに集まっているのか、だれが幹事なのか外から見て簡単にはわからない」と。

　1988年、伊藤は学生向けマンション事業に参入した。計画の発表段階には、社内には「旅行会社に入ったのに、バブルっぽい不動産なんて」と反対する声もあった。しかし、伊藤は「空室を埋めるのは旅行業も不動産業も同じ」と説得した。不動産事業は1995年ごろから軌道に乗り出した。伊藤の事業はそこから次々に広がっていった。伊藤は1998年12月に、事業の多角化を次のように説明した。「部員募集のチラシを無料で提供するなど各校のサークル支援を充実しているうち、学生側からの要請もあって、リゾート地でのテニスやサッカートーナメントの開催、情報誌の発行、スポーツ用品の販売も始めた。今（1998年12月）では年間60件のイベントを開き、6万人以上が参加している」と。

　2007年11月中間期における毎日コムネットの事業領域の売上構成は次の通りである。学生マンション部門（22億8500万円）、開発部門（9億3300万円）、課外活動支援部門（5億9900万円）、人材ソリューション部門（1200万円）。開発部門も学生不動産事業であるので、全事業に占める学生不動産事業の比率は84％となる。同社の2015年2月期の売上高は121億4600万円、当期純利益は8億1900万円であった。このうち不動産事業の売上高は92億300万円であり、学生生活支援は29億4100万円であった。結局、毎日コムネットのコア・ビジネスは、市場規模の大規模な学生マンション部門になっている。

2　安全センターのケース

　1987年6月、大村弘道は、住友商事を退職すると同時に安全センターを設立した。緊急通報は、在宅の高齢者に異常が発生した時に、携帯するペンダントのボタンを押すと、看護師ら専門スタッフに連絡できるサービスである。大村はサービスを差別化するため、とびきり優秀な看護師を採用

し、必ず2人が待機するシフトを組んだ。サービス開始時の陣容は男性4人を含む16人であった。一方、顧客は親戚の老女と彼女の友達のたったの2人であった。しかし大村は、収入の枠内で経費規模を決めるという経営の鉄則もあえて破った。人の命を預かるサービスの質は落としたくなかったからである。

他方で、安全センターは積極的にサービスの多角化を行った。1993年4月には電話を使った健康・医療相談サービス事業に参入した。1993年5月には会員の高齢者向けにレトルト食品を販売すると発表した。1993年7月には電話で毎日、会員の容体を確認する「毎日お電話」サービスを開始すると発表した。

1999年4月、大村は自社の課題を次のように指摘した。「1998年12月期の業績は、売上高約11億円、経常利益5700万円だが、売上高の大部分を占める緊急通報事業に限ると利益は800万円にとどまる。受け手不足で電話を待たせる事態を避けるため常に多めの人員を配置し、しかもセンターは24時間稼働。『大もうけしようとは思わないが、実際にもうからない。』

毎日、"余剰人員"を抱えている状態を少しでも効率化しようと、健康関連商品の電話相談受け付けや電話による健康相談業務の受託なども始めている。健康に関する専門知識を持った社員が電話対応するという点では緊急通報と形は同じだからで、『余剰人員』の多重活用で生き残りを目指す」と。

2000年3月22日、山武ビルシステムは、1999年11月に100%出資で設立した子会社「山武ケアネット」と共同でシルバー事業に参入すると発表した。このほど親会社の山武が、会員数3万を抱える緊急通報サービス最大手の安全センターの株式を買収することで、安全センターの筆頭株主の自動車部品メーカー、エフテックと基本合意契約書を締結した。安全センターの失敗は、大村のコストを無視した経営理念もさることながら、市場規模の狭隘性もあり、高齢者向けの総合サービスを提供する会社に飲み込まれることになったのである。その後、2015年に綜合警備保障株式会社（ALSOK）が安全センターのすべての株式を取得し、社名もALSOKあんしんケアサポート株式会社に変更された。

3　T&Gニーズのケース

2003年5月、野尻佳孝社長は、サービス内容を保つため、「国内出店は50店程度を上限とし、その後は（あっせんを含めた）海外ウェディングを伸ばす」と語った。T&Gニーズは、新しい企業成長の「種」を早急に蒔く必要がある。野尻は、2005年に出版した自書の中でT&Gのビジョンについて以下のように語っている（野尻 2005, pp. 268-71）。

「T&Gには、2つのビジョンがある。……現在T&Gは、2兆円と言われる挙式披露宴市場の中の5％に当たる1000億円の売上高を、早期に実現したいと考えている。私は経営者として、すでにその目標が達成可能な地点にまできているという手応えを感じている。そんな今だからこそ、私が掲げたもう1つのビジョンは、『生活総合企業を目指すこと』である。衣食住、私たちの生活に根ざした分野のビジネスチャンスは、無限に広がっている。レストラン、ホテル、海外ウェディング、ジュエリー、旅行、家具、雑貨ギフト、アパレル、住宅、保険、ローン、フラワー、エステ、不動産開発、エンターテインメント開発……。数え上げればきりがないが、まずはブライダル事業を軸に、シナジーの高いビジネスから着手していくことになるだろう」。

2006年になり、T&Gは事業の多角化を本格化し始めた。結婚資金の融資など婚礼周辺業務にとどまらず、リラクゼーション施設の運営など「非挙式」事業にも着手した。同社は2007年3月期で邸宅風挙式施設の新規出店を原則停止する方針を打ち出す。同社ではこうした新規事業の育成で、2009年3月期以降には「ハウスウェディング以外で売上高の半分以上を稼ぐ」と青写真を描く。はたして、このような急激な多角化は可能なのであろうか。

野尻はHP（〈http://www.tgn.co.jp/ir/strategy/message/〉2008年1月5日にアクセス）で「T&Gが目指すのは『総合生活カンパニー』です」と謳っている。筆者には、それがかつてダイエーや西部セゾングループがコングロマリット型多角化のキャッチフレーズとして使用していた事業ドメインと同じであるような気がしてならない。そして、この点は以下の経営

理念や経営ビジョンの問題と共通する。

　実際に、同社は 2008 年 3 月期に上場以来初の最終赤字を見込んでいた。野尻は「結婚を機に仕事に対する見方が変わった。自分だけで生きていくのではないと気づかされた」と感銘を受けながら、「お客様にこの感動を与えられているかと考えさせられた」と反省する。野尻は、急速な規模拡大に人材育成が追いつかず、「婚礼のプロデュース力が不十分になっていた」が、研修制度の強化など改革に着手しており「規模拡大より感動を与える力をまず取り戻す」と語った。

　2010 年 6 月 29 日、野尻社長が代表取締役会長に、そして新しい代表取締役社長には知識賢治が就任した。知識は鐘紡ではカネボウ化粧品に配属され、1992 年に新ブランド「リサージ」の立ち上げに参画し、1998 年には株式会社リサージ代表取締役に就任し、リサージを年商 130 億円のブランドに育て上げた。また、知識は 2004 年には産業再生機構の支援を受け、カネボウ株式会社から分離・設立されたカネボウ化粧品の再建を成功させている。T&G ニーズの平成 25 年 3 月期決算短信（p. 2）によれば、売上高は過去最高の 528 億 400 万円（前年同期比 10.0％増）、営業利益は 28 億 3200 万円（同 28.0％増）、当期純利益は 10 億 8600 万円（前年同期比 139.9％増）となった。

第6節　経営理念の欠如やカリスマ創業者の引退による方向感覚のブレ

　企業の成長を長期のスパンで考えれば、経営理念や経営ビジョンの重要性は強調してもし過ぎることはない（Collins and Porras 1994, Collins 2001, 佐藤 2016）。以下では、T&G ニーズとドン・キホーテの事例を考察する。

1　T&G ニーズのケース

　すでに説明したように、野尻佳孝は早くから「市場の飽和化」を認識しており、抜本的な多角化の必要性を痛感していた。それにもかかわらず、彼はなぜ多角化の推進に出遅れたのであろうか。この点については、経営

理念やビジョンのあり方にかかわっている。

　実は急成長している時期のT&Gニーズには企業理念は存在していなかった。急速な事業拡大によるスタッフ数の激増に対応する1つの有力な方法は、経営理念を企業の隅々まで浸透させ働くことの基軸を形成することである。T&Gニーズにはそれが存在していなかったのである。いわば、文字通り「仏作って魂入れず」状態の企業だったわけである。

　しかし、業績の急速な悪化に直面した野尻は企業理念の制定に動いた。企業理念のミッション（使命）を「わたしたちの存在する意味」と表現し、「人の心を、人生を豊かにする」と規定したのである。同社の業績が回復基調にあることの理由の1つに企業理念の制定と社員への浸透努力も貢献していると考えられる。

2　ドン・キホーテのケース

　ドン・キホーテの業績的は好調であるが、しかし同社は出店反対運動や放火事件（顧客の誘導をしていた従業員が死亡している）などの重大な問題に巻き込まれやすい体質を持っていた。その後になっても、東京簡易裁判所は2016年10月26日付で、従業員に違法な長時間残業をさせたとして、ドン・キホーテに労働基準法違反（長時間労働）の罪で罰金50万円の略式命令を出した。なぜそうなのであろうか。いろいろな理由が考えられるが、以下では創業者の安田隆夫の性格・信条を中心に推理する（安田2005）。

　安田は自著で次のように語る。「これまでもドン・キホーテという企業は、まさに波乱万丈とも言える生き様で時代を駆け抜けてきた。常識や体制に与しないその思想や手法、パフォーマンスが時に誤解や軋轢を生み、世間やマスコミに叩かれたことは幾度もある。私はいつもそれに真っ向から対峙し、戦う姿勢を貫いてきた。理が我が方にあるのなら、何も恐れることはない。叩かれれば叩かれるほど、私の内からはアドレナリンがどんどん湧き出て、相手が誰であろうと、ひるまず戦闘態勢に入ることができた」（pp. 11-12）。

　「企業も、キレイごとではなく現実優先でやればいい。高邁な理想では

なく、率直に卑近な欲望から始めればいいのである。少なくとも事業が軌道に乗らぬうちから、業界に革命を起こすのが目的だ、などとイキがり空騒ぎしても意味がない。それよりも、まず売上を1億に伸ばしたい。次は10億だ。店を5店持とう、ようやく30億が射程圏に入ってきた、もっと売上と利益を伸ばしたい、……と欲望を追いかけていけば、いつの間にか他人が勝手に言ってくれる。彼は業界に革命を起こした、と」(p. 211)。「どんな勝負でも、『勝つまでやめない』――これが『究極の必勝法』である」(p. 217)。

通常は、「成功するまで諦めない」であるが、安田の場合には「勝つまでやめない」である。つまり、勝つためには手段を選ばないのである（反則ギリギリ、反則してもバレなければOK）。また、安田の企業理念は、短期的には金儲け第一主義で、そして長期的には革命を起こすという目的である。それでは、安田はいつになれば「高邁な理想」を優先すべきなのであろうか。

以上で、安田が勝つ（＝金儲けをする）ために手段を選ばず、社会に対して対決姿勢を堅持し続ける理由が明らかになった。安田のこの価値観と野尻のそれとはよく似ている。すでに考察したように、野尻の人生の夢（目的）は大金持ちになることであった。そして、その手段は創業者社長になることであった。極論すれば、事業の内容や経営理念はどうでも良かったのである。野尻が株式上場してある程度の資産を形成した後、彼はビジネスに興味を失ったように感じられた。

企業を持続的に成長させ続けるためには、リーダーには以下の3つの資質が必要とされる（Weaver and Farrell 1999）。第1はビジョンの構築・説得力である。第2は部下を育成するファシリテーション力である。エドガー・シャインは、プロセス・コンサルテーションと呼んでいる（Schein 1999）。第3はマネジメント力である。松下幸之助も、会社経営の成功の3条件について次のように語っている（藤尾 2003, pp. 36-37）。「1つは絶対条件で、経営理念を確立すること。これができれば経営は50%は成功したようなものである。2つは必要条件で、1人ひとりの能力を最大限に生かす環境をつくること。これができれば、経営は80%成功である。3つは

付帯条件で、戦略戦術を駆使すること。これを満たせば経営は 100％ 成功する」と。

　すでに触れたが、T&G ニーズの HP には、新しいバージョンの企業理念が述べられている。これは金儲けの部分が強調されていない理念となっている。その意味で、野尻は結婚と初の赤字転落で経営理念の真髄に覚醒するのかもしれない。他方で、ドン・キホーテの HP（〈http://www.tgn.co.jp/ir/strategy/philosophy/〉〈http://www.donki.com/b/corp/philosophy.php〉両方とも 2008 年 1 月 7 日にアクセス）には企業理念のところにはビジネスモデルが説明されている。つまり、企業理念イコール金儲けなのである。2016 年 11 月 4 日にアクセスしたドン・キホーテの HP（〈www.donki-hd.co.jp/csr/mission/〉）の「企業の社会的責任」のなかの CSR 活動の考え方としては、「総合小売グループの事業活動を通じて地域社会に貢献し、社会課題の解決と企業価値の向上に努めます」と記載されており、その直後にビジネスモデル図が示されている。2008 年時点の内容とほとんど変わっていない。

第7節　結論と今後の研究課題

　業界に革新を引き起こしたニッチ企業が持続的に成長するためには、5つのハードルを乗り越えることが必要になる。本章においては、これら5つのハードルを個別的に考察してきたが、実際にはこれらのハードルは複合的・重層的な関係となって企業家に迫ってくるのである。

　図 7-1 は、5つの失敗の原因間の関係性を示している。順に見てゆこう。急成長の罠（自滅）が5つの失敗原因の結節点になっている。経営理念・ビジョンが欠如しており、金儲け主義に走ると急成長の罠に陥る可能性が高くなる。従業員の能力を向上させることは、エドワード・デシが主張するように仕事を通じて幸福感を得るためには必要なことである。そのためには、伊那食品工業の塚越会長が主張するように適切な企業成長が必要となるのである（佐藤 2012）。

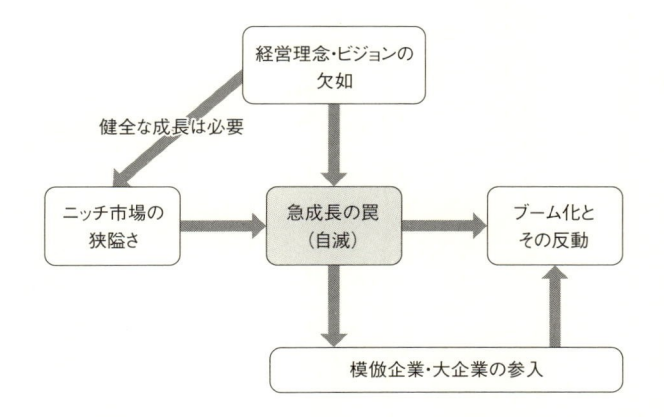

図7-1　革新的急成長企業の5つの失敗原因の相互関連

　しかし、ニッチ市場の狭隘さという限界に直面することになり、企業は企業を成長させるために多角化への道を歩むことになる。そうすると経営資源が分散（特に、無関連型の多角化の場合）することになり、コア製品・サービスの品質の低下や従業員の能力向上が追いつかない危険性も発生する。多角化戦略の追求によって、「急成長の罠」に向かってしまうのである。

　急成長はブーム化を引き起こす可能性があり、ブーム化になるとその反動が企業の成長を阻害させる可能性が高くなる。また、急成長は模倣企業や大企業の参入を引き起こす可能性も高くなる。ブルー・オーシャン市場がレッド・オーシャンになってしまうのである（Kim and Mauborgne 2015）。大企業などの模倣的参入はブーム化を引き起こす原因ともなる。企業は急成長の罠に陥らないような方策を何重にもビジネスモデルの中にビルトインしておく必要がある。

　例えば、LLパンのコモの失敗のケースは図7-1に示している内容の典型であると考えられる。大企業や中小零細企業の参入、株式の上場による成長へのプレッシャー、そして市場の狭隘性への直面という問題群が一度に同社に襲いかかったのである。その意味で、創業者（チーム）には、先

に説明したように、ビジョナリー、ファシリテイティブ、そしてマネジリアルなリーダーシップの発揮が必要となるのである。それでは、どのようにすれば創業者がこのようなリーダーシップ力を身につけることができるのだろうか。次の第8章でこの問題を取り扱うことにする。

第8章
企業家精神のリーダーシップ側面の分析

　革新企業の急成長において、創業者である企業家がリーダーシップを十分に発揮することは特に重要になる。第1に、急成長期には従業員数が幾何級数的に増加してゆく。それゆえ、創業者は直接に、従業員に創業時の夢を語りかけ、彼らを指揮・鼓舞することは困難になる。第2に、その結果として、従業員の意識や行動のベクトル合わせも困難になる。

　そのために必要になるのが、創業者のリーダーシップであり、そのベースとなるのが経営理念・ミッション、そしてそれらをベースとした経営ビジョンの組織内外への浸透である。また人事制度、特に従業員に対するモチベーションの喚起・持続とインセンティブ供与の体系を無矛盾的に制度化することが必要とされる。

　しかし、これは「言うは易し、行うは難し」の話である。実際に、前章においては、革新的急成長企業の失敗の原因をケーススタディしたが、その大きな部分も創業者のリーダーシップと経営理念の失敗から発生していた。リーダーが「感情の生物」であるといわれる従業員を管理することは困難である。実際に、古河電気工業相談役の古河潤之助も次のように語っている。少し長くなるが引用する。

　　学ぶこともそうですが、（岡田さんという人生の師から）経営の道についても教えていただきました。経営とは「ヒト・カネ・モノ」であり、経営トップはこの3つを知らなければならない。この中で一番難しいのは人、分かりやすいのは金であると。お金は要は数字ですからね。
　　そこでまずは会計を学べというので、入社して3年間経理部に所属し、お金の動きやバランスシートの見方、決算、そういうものを勉強し

ました。次は物の流れを学べというので、物流部門や工場へ行き、最後に一番難しいといわれる人を学んだのです。

　岡田さんが言ったのは、人を学ぶには人事はダメだと。なぜならば頼まれる側だから。頼む側にならなければ人はわからないということで、営業に行ったんです。そしてその経験をとおして、自分が経営者になった時に人材をピックアップしなさいと教わりまして。だから私は営業が一番長かったんですよ。……いい教育をしていただいたと感謝していますし、実際に社長を務めた時、岡田さんの教えは正しかったと改めて思いました。　　　　　　　　　　　　　　　（川島，古河 2008, pp. 78-79)

　古河の回想は続く。「（岡田さんとは、）古河の大番頭だった岡田完二郎という人です。彼は古河財閥全盛のころ、一橋を二番か三番で出て古河合名に入り、血縁以外で初めて古河鉱業の社長をやった人です。その後、古河本体の副社長に抜擢されましたが、戦後の財閥解体の時に追放、山口県の炭鉱会社へ行きました。そこで科学をやり、機械をやって、現在の宇部興産をつくりあげたんです。しかし、どうしても古河に戻りたいといって、グループの中では一番おんぼろの富士通に行き、国産コンピュータを手がけてグループ一の大会社に育てました。

　私も社長時代は『イノベーション、イノベーション』と言って、随分技術革新をしました。もともと古河の社訓が、『人を大切にする、お客さまを大事にする、技術革新』なのですが、岡田さんがそうやって会社を大きくされてきた姿にも影響を受けていました」。

　同様に、多くの企業再建を手がけてきた富山和彦（2007, pp. 8, 34）は、「経営とは人間を理解することにほかならない」と力説する。彼は、学問としての経営を学んでも、実際の経験を積んでいないコンサルタントは、本当の意味での組織や人間の現実を見ていないため、会社を偽物的に見てしまう傾向があると指摘し、人の価値観や行動様式、その根底にあるものを理解することの重要性を次のように説明している。「会社を構成するさまざまな人たちが、どんな思いで、どんな背景を背負って働いているのか。顧客や取引先がどんな動機づけで、腹の中ではどう思って我々と付き合っ

ているのか。平時、有事を問わず、そこに関わる人々が根っこのところで
どんな気分、どんな動機づけで仕事をしているのか。その気分、動機づけ
と会社が全体として目指そうという方向性はかみ合っているのか。表面的
な組織制度や人事、報酬制度よりも、もっと底流の部分でそれを理解する
ことが重要なのだ」と。

　それでは、以上のような人間の価値観や行動様式にかかわる経営者の
リーダーシップに関して、これまでのリーダーシップ論ではどのようにそ
れを把握してきたのであろうか。次節で、それを簡単に概観する。

第1節　リーダーシップ理論の概観

　リーダーシップ論は様々な段階を経て今日にまでいたっている。しか
し、紙幅の都合により、ここでそれらをレビューすることはしない。以下
では、本章での問題意識にかかわった先行研究のみを取り上げる。

　実務の分野で最も有名なリーダーシップ概念の1つは、Collins（2001）
が『ビジョナリー・カンパニー 2』のなかで展開している「第5水準のリー
ダーシップ」概念である。コリンズは、リーダーの経営管理能力だけでは
なく、それにプラスして、人間性の成長を重視してリーダーの水準を分類
した。表8-1 がそうである。

　Rosenzweig（2007）は、『ビジョナリー・カンパニー』の内容について、
それが成功している企業という先入観に基づいてケーススタディを行って
おり、そのハロー効果というバイアスがかかっているので、その結論は破
綻していると批判している。確かにそのような面は存在するが、しかし第
5水準のリーダーシップ概念そのものについての批判はなされてはいない。

　他方で、理論的なリーダーシップ概念としては、トランザクショナル
（取引型）リーダーシップ、トランスフォーメーショナル（変革型）リー
ダーシップ、サーバント・リーダーシップといった概念が有名である。ま
た最近は、オーセンティック・リーダーシップという概念も登場している。

　取引型リーダーは、報酬や罰によって、つまり「飴と鞭」によって部下

第5水準 （第5水準の経営者）	個人としての謙虚さと職業人としての意思の強さという矛盾した性格の組み合わせによって、偉大さを持続できる企業を作り上げる
第4水準 （有能な経営者）	明確で説得力のあるビジョンへの支持と、ビジョンの実現に向けた努力を生み出し、これまでより高い水準の業績を達成するよう組織に刺激を与える
第3水準 （有能な管理者）	人と資源を組織化し、決められた目標を効率的に効果的に追求する
第2水準 （組織に寄与する個人）	組織目標の達成のために自分の能力を発揮し、組織のなかで他の人たちとうまく協力する
第1水準 （有能な個人）	才能、知識、スキル、勤勉さによって生産的な仕事をする

表8-1　コリンズの第5水準のリーダーシップ概念

を従わせようとする。部下も、「金の切れ目が縁の切れ目」というように会社への帰属意識は低い。変革型リーダーは、部下のモチベーションを会社の経営理念・ビジョンに、ある意味においては「洗脳・教化」（インドクトリネーション）させ、目標に向かって部下を強烈に引っ張ってゆく。その意味で、カリスマ型リーダーと呼ばれる場合もある。逆に、サーバント・リーダーは、部下が能力を発揮しやすいように職場環境を整え、部下の気づきを通した能力向上を重視する。

　従来においては、取引型リーダー（シップ）と変革型リーダー（シップ）の違い（Parameshwar 2006, Sanders III et al. 2003）、その後は変革型リーダー（シップ）とサーバント・リーダー（シップ）との違い（Humphreys 2005, Muczyk and Daniel 2008, Smith et al. 2004, Stone et al. 2004）についての研究が活発に行われてきた。図8-1は、取引型リーダーシップ、変革型リーダーシップ、そしてサーバント・リーダーシップが営業チームにもたらす効果を示している（Grisaff, Meter and Chonko 2016）。Grisaff et al.（2016）は、これらの関係を次のように説明する。取引型リーダーシップはこれらの3つのなかで最もレベルが低く、変革型リーダーシップは取引型の特徴にさらに部下への配慮という要素が付加され、そして最も高次のサーバント・リーダーシップでは変革型の特徴にさらに部下の成長を第一に考えるという特質が付加される。

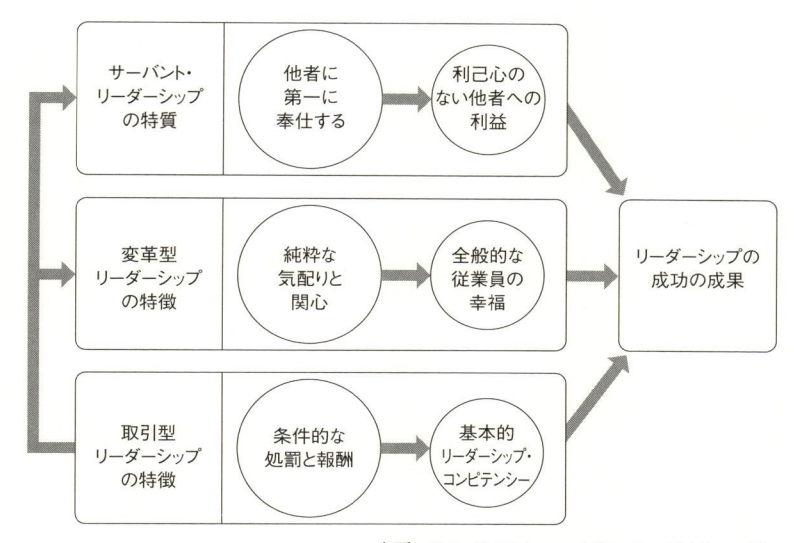

出所: Grisaff, Meter and Chonko 2016, p. 42.

図8-1　3つのリーダーシップ階層の概念図

　同様に、Hsiao, Lee and Chen（2015）は、台湾のホテル従業員をサンプルにして、上司がサーバント・リーダーシップを採用した場合には、従業員のポジティブ心理学的資本（高度な自己効力感、楽観主義、希望そして困難への耐性）が向上し、その結果として従業員のサービス志向の高い組織市民行動を喚起し、そのことが顧客との価値共創（インタラクティブ・マーケティング）のレベルを高めることを実証している。

　その意味では、サーバント・リーダーシップがもっと高い成果を組織にもたらすことが理解できる。また、2000年代後半になって急速に注目を集めるようになったオーセンティック・リーダーシップ論は、それと他のタイプのリーダーシップ概念の比較（Walumbwa et al. 2008）だけではなく、むしろリーダーそのものの資質を問題にしている（Avolio et al. 2005, Cooper et al. 2005, Gardner et al. 2005, Jensen and Luthans 2006, Ilies et al. 2005, Mazutis and Slawinski 2008, Novicevic 2008, Price 2003, Shamir and Eilam 2005, Walumbwa et al. 2008, Yammarino et al. 2008）。

例えば、Gardner et al.（2005, p. 352）は、「変革型リーダーシップばかりではなく、その他のポジティブなリーダーシップ・タイプの根源的構成概念（root construct）として、われわれはオーセンティック・リーダーは……」と述べ、オーセンティック・リーダーシップ概念をポジティブなリーダーシップ・タイプの基底であると位置づけている。さらに Avolio and Gardner（2005, p. 328）においては、「最近になって人気のあるリーダーシップ理論とオーセンティック・リーダーシップ開発とのキーになる違いは、オーセンティック・リーダーシップはよりジェネリックであり、われわれが『根源的構成概念』と名付けたものを示している。われわれは根源的構成概念という専門用語を、それがこれまでポジティブな他のリーダーシップを構成しているもののための基礎を形成するということを意味するために使用する。例えば、変革型、カリスマ型、サーバント型、そしてスピリチュアル・リーダーシップといったリーダーシップの『新理論』の多くは1つの中心的な構成要素として『ビジョン』を含んでいるのである」とさえ明言しているのである。

　それでは、オーセンティック・リーダーシップとはどのようなものなのであろうか。Walumbwa et al.（2008, p. 94）は、「オーセンティック・リーダーシップは、部下との仕事のうえで部下がポジティブな自己開発を促進させるためのリーダーの側での、より大きな自己認識、内部化された道徳観、バランスのとれた情報処理、そして関係の透明性を促進させるためにポジティブな心理学的能力とポジティブな倫理的風土の双方を利用したり、促進させたりするリーダー行動のパターンである」と定義している。

　一般に、オーセンティック・リーダーの特徴として、①高い自己認識（self-awareness）；自分の長所や欠点をできるだけ客観的に把握している、②高い内部化された道徳観（internalized moral perspective）；一貫した価値観のもとで道徳的判断を行うことができる、③高いバランスのとれた情報処理能力（balanced processing of information）；自分に不都合な情報であっても、それを直視することができる、そして、④高い関係の透明性（relational transparency）；公平な人間関係の構築・維持、言行一致に努める、が指摘されている。

　それでは、これらのリーダーシップ概念間の関係はどのようになっているのであろうか。本章の目的は、急成長企業におけるリーダーの失敗と成功のケーススタディを通じて、これらの様々なリーダーシップ概念の関係を明らかにすることにある。以下では、2社のケーススタディを行う。

第2節　T&Gニーズのケース

　T&Gニーズの創業者兼社長の野尻佳孝は、自叙伝、『史上最短で、東証二部に上場する方法』のなかで、次のように語っている（野尻, 2005, pp. 246-251）。「私と同じ夢を追い、T&Gに貢献してくれるのならば、私は必ずその努力に報いると約束する。だから今は将来の大きな幸せのため、辛くても頑張ろう。これは、たった3人で会社を立ち上げた頃から約600人の社員を抱える現在まで、私が変わらずに抱き続けてきた想いである。

　私は会社に利益をもたらす社員、日々真剣に仕事に取り組んでいる社員により多くの愛情を注ぐ。一方で、最高の結婚式をつくるという目標を忘れて手を抜く社員や売り上げを上げない社員には厳しくあたる。ときに面罵することも厭わない。簡単に言うと“判断基準の明確な”依怙贔屓だ。ただし、誤解をしないでほしい。『愛情』があるからこそ叱ることができるのだ。愛情がなければ真剣に怒ることはできない。愛情のない叱責をするのは、ただの『きつい上司』である。私はそうではなく、『厳しい上司』でありたいと考えている。

　私がそのような考え方をするのは、高校時代の経験が大きい。私はラグビー部の公式戦の選手選考で『親しい仲間』を先発メンバーに選んだことがある。実力のあるメンバーではなく、中学時代から共に練習を積んできた『仲間』を、『情』に流されて選んでしまったのだ。結局『情』を優先した結果、私たちは大事な試合に負けた。『試合に勝つ』という目標を達成することができなかった。とても悔しくもあり、勝つために『鬼』になりきれなかった自分が情けなくて、情けなくて仕方がなかった。このときの経験で、私は『リーダーは目標を達成するためには私情を挟むべきではな

い。人間の評価は、実力がすべてだ』ということを学んだのである。

　もちろん社員は心の通う人間だ。ただただいつも厳しく、ドライに接するだけでは誰もついてきてくれない。だからときには『飴』も与える。もしも『飴と鞭』という言葉に、私の社員たちに対するスタンスを当てはめるならば『9の鞭に1の飴』といったところになるのだろう。

　成績優秀者にインセンティブを支払うという、わかりやすい形の『飴』もいい。けれども、いつもは厳しく接している人間から人前で褒められるということこそが、一番の『飴』になるのだと私は考えている。社員総会や毎日発信している『社長日記』やメールなどで、社員を個人的に褒めるのは、そんな私なりの社員たちに対する愛情表現なのである」。

　以上のリーダーシップに関する野尻の信条から、彼のリーダーシップ・スタイルが典型的なトランザクション（取引）型であることがわかる。「人間の評価は、実力がすべてだ」という断言と「社員は心の通う人間だ」という認識は微妙である。前者はリーダーの意のままになる機械としての人間を求めていることと、後者は「飴と鞭」との使い分けという外部のインセンティブ供与（外発的動機づけ）をベースとした人間観に基づいている。

　フリーランスライターの基太村明子は、T&G におけるナレッジ・マネジメントと社員間の競争意識について以下のように詳細に紹介している（基太村 2004, pp. 175-177）。「T&G にとって、プランナーの早期育成とレベルアップは最も大きな課題になる。この解決策として力を入れているのが、社内で幾重にも張り巡らせた情報共有の仕組みだ。まず顧客から問い合わせがあると、担当プランナーは『顧客カルテ』を作成する。カルテには顧客の性格や趣味、パーティーに対する希望などが書かれる。さらに顧客と接触があるたびに日時と内容が記入され、パーティーが実施されるとパーティー内容、サプライズの内容、顧客からの評価などを書き込む。『とにかく楽しめるパーティー』など漠然としたニーズを、いかに具体的な形にするかが腕の見せどころだ。

　カルテは全国の店舗から本部に集められ、冊子となって全店舗へ戻される。……高い成約率を上げているプランナーが顧客にどんな提案をしているのか、目新しい企画はないかと、皆が必死でカルテを読み込むという。

……この情報を基に、パーティーの少ない平日は店舗内で勉強会を行う。お互いのプランについて『生演奏を提案すれば単価が上げられる』『もっと頻繁に顧客と連絡を取るべきでは』などと話し合い、顧客対応のシミュレーションを行うこともある。……

　一般に、情報共有の仕組みを整えても、『記入が面倒』『情報を読む暇がない』といった理由でうまく運用されないケースも多い。T&Gで情報共有が効果的に行われているのは、プランナーが厳しい競争にさらされているという背景がある。プランナーの報酬は能力主義。『成約件数』『問い合わせに対する受注率』『利益の達成率』が明確に反映する。さらに3カ月ごとに行われる社員総会では、プランナーの成績が1位から最下位まで公表される。

　……各店舗の経営状況については週に1度の『ネット会議』を軸に情報共有が行われる。インターネットとウェブカメラを使った『テレビ会議システム』で、お互いの顔を見ながら激論を交わす。社長、営業統括、店舗のトップである支配人など、約30人が参加し、全員が現状報告を実施。毎回5時間はかけているという。さらに月1回は全国の支配人が本部に集まって『事業部会議』も行われる。

　頻繁に話題に上るのは目標利益の達成について。全国の直営店舗では独立採算制を取っており、ほぼリアルタイムで損益計算書を作成している。一目で成績がわかるため、各店舗では利益確保に必死になる。

　支配人にとって損益計算書の作成は重要な仕事だ。各プランナーから使用商品の原価、料理長から原材料費、本社経理から店舗運営費などを吸い上げ、表計算ソフトにまとめて本部に送る。『予定より料理の原価が高かった』などの利益率を下げる要因が見つかれば、すぐに担当者を呼んで対策を考える。

　またプランナー自身の損益管理スキルを育成するのも支配人の役割だ。プランナーは商品原価のすべてを記憶しなければ顧客を持つことはできない。値引き権限がある一方で、パーティーごとに目標の利益率を上回ることが必要条件となる。

　加えて店舗単位での利益を上げるために『自分たちで店舗の掃除をする』

『空調はこまめに消す』などの工夫を各店舗で考え、実行する。このような
アイデアは支配人を通じてネット会議で共有される。とはいえ、『他店舗
はライバル。本当に大切なことは、時には明かさないこともある』と、直
営店の1つアーカンジェル代官山の佐々木教順支配人は言う」。

　引用が長くなったが、そこからは、T&Gニーズの従業員の目線が、顧
客目線から売上（コスト・利益）目線に変化していることが読み取れる。
また「他店舗はライバル。本当に大切なことは、時には明かさないことも
ある」というように個人主義的雰囲気が蔓延し始めている。T&Gニーズの
強みは、顧客に感動を与えるという経営理念とそれに対する従業員のモチ
ベーションの高さであったはずである。なぜ、そのような目線の変化が発
生したのか。

　その原因は、同社が2004年に導入した「過度」の能力主義にある。2006
年に野尻自身が雑誌社とのインタビューにおいて、同社の能力主義につい
て以下のように語っている（佐藤 2008a）。「ハウスウェディング事業は、
全店独立採算制度を引いており、各店のマネジャーに権限を委譲していま
す。彼らはすべてP/L（損益計算書）を理解しています。マネジャーの下
で働くウェディングプランナーも、P/Lを読めます。1店舗で営業利益が
予算を上回ったら決算賞与で還元します。そうすると何が起きるかという
と、皆でP/Lを見て『営業利益を上げなければいけないから販売管理費を
下げよう。だったら、無駄な電話を無くそう』ということになってきます。
　粗利を下げる（ママ）ために、商品を仕入れている取引先に行って、値
下げ交渉します。売り上げを上げるために、ほかの結婚式場にない優位性
を作ろうということになります。こうやって社員のプロフィットマインド
を高めさせる仕組みは大事です。
　何か人を喜ばすことを常にやり続けることによって、これが本当の人格
形成につながると思います。結婚式という仕事は、相手に対する思いやり
がどれだけあるかなんです。不安な新郎新婦が初めて臨む儀式です。形式
張ってただ単にマニュアル通りやるのではなく、真の意味で2人の手助け
ができるかがポイントです。
　うちには、プランナーも含めて全社員の評価が年に4回あります。導入

して2年ですが、評価する側も大変ですけど、モチベーションはさらに上がりましたね。プランナーは12階級、マネジメントで9階級あって、みんながどの階級にいるか分かる仕組みになっています。すごい評価マニュアルがあって、お客様や取引先からの声、上司や部下の声などを反映させています。そして、誰が昇級したとか、年4回の社員総会で発表します。総会では、ビジョンを共有した後に評価を発表。昇級した人を表彰します。社員数が何千人、何万人になってもやっていこうと思っています」。

　以上のような過度の能力主義の導入によって、T&Gニーズには顧客目線から売上・コスト目線への変化が発生し、従業員間の関係はウィン・ウィンからウィン・ルーズの関係に変化してしまった。結局、過度の管理体制と能力主義制度の導入は、T&Gニーズの強みであった個人スタッフの顧客感動を実現するための絶えざる向上心の発揮と現場チームとしてのチームワークの良さを崩壊させることになってしまったのである。同様に、エクセレント・スーパーマーケットであったオオゼキにおいても、顧客目線から競争者目線に視線が変化して業績の悪化を招いた時期があった（佐藤2007）。

　このような目線の変化に細心の注意を払い続けたのはブックオフのトップであった坂本孝と橋本真由美のコンビであった（以下は佐藤 2009）。

第3節　ブックオフ・コーポレーションのケース

　ブックオフの創業者である坂本孝は、創業期の苦労を次のように語っている。「神奈川県相模原市に開いた1号店は、本当にないない尽くしのスタートでした。……何といっても、店で働いてくれる人を集めるのが大変でした。1号店でアルバイトを募集した時は正直驚きました。面接に来るのは、ビデオレンタル店などで不採用になった人ばかり。結局、15人ほどを採用しましたが、『こんなヤツらで仕事ができるのか』と思わずにはいられなかった。そこで、私は『店を最低でも30店に増やす』という夢を実現するために、ある意味腹をくくりました。

……開店準備の期間中、私は1日の作業が終わると、全員を集めて話をしました。床に置いたみかん箱に、自分で買ってきたビールとするめ。一杯やりながら、夢を繰り返し語るんです。『この商売は必ず当たる。東京進出はもちろん、いずれはニューヨークにも、パリにも店ができるよ』と。

　創業者が毎日そう言っていると、聞いている人も、その気になってくる。アルバイトの目が輝いてきて、心の絆が深まっていくのを、私は実感していました。今年、社長を譲った橋本（真由美）さんも、主婦のパートとして、この輪に加わっていた1人です。

　事前にまいたチラシや開店記念品の効果で、1号店には初日からお客様の列ができました。私が従業員に『明日からは店の管理を全部任せる。レジのお金も、店の鍵もあなた方に預けるからよろしく』と言ったのは、このオープン当日のことです。言われた方は当然『えっ、我々はバイトですよ』と驚きましたが、『私は次の店の物件探しをするから』と突き放しました。任せれば人は育つ。1号店の業績がその後も順調に推移したことで、私はそれを確信しました」。坂本は、自ら意図して起こしたこの「事件」を「人生最大の権限委譲」と呼んでいる。

　坂本は従業員との「心の交流」を非常に大切にしている。例えば、「毎年6月の株主総会後に開く全社員参加の経営計画発表会では、坂本はスタッフの話に耳を傾け、杯を交わす。互いの信頼関係を確認するこの場で、スタッフは次々と壇上に立つ。そして、『ブックオフで働く喜び』を語りながら、大粒の涙をこぼす。スタッフにとって、仕事を任され、信頼されて働く喜びはそれだけ大きい。この社員にトコトン付き合うのが、坂本社長の最大の喜びである」と。

　坂本は、同社の経営理念の維持・浸透にことのほか注力している。次のエピソードはこの点をよく示している。「坂本が次期社長として"現場の代表"橋本に白羽の矢を立てた裏には、10年前の苦い思いがある。東証2部上場を控えた1997年、坂本が考えたことは会社の体裁を整えることだった。そこで銀行などから3人招き、取締役に就いてもらった。しかし形に走った改革で『ボードが水ぶくれしてしまった。外から来た取締役が大企業の常識を持ち込もうとしたため、中小企業なのに、大企業病に陥ってし

まった』（坂本）。外部からの取締役は会社の形を整えるのに必死になり、売り上げや利益といった数字だけで物事を判断しているように坂本には見えた。

　その端的な例が賞与の決め方についてだ。外部の取締役は、店舗の売り上げや利益が大きく影響する業績連動型を取り入れようとしていた。橋本は、こうした数字だけによる判断に猛然と反対した。『売上高や利益だけではなく、どれだけやりがいを持ってやってくれるかが大切。売り上げや利益だけの"棒グラフの論理"で会社を動かしていたら会社は崩壊してしまう』と主張した。

　坂本は外から来た取締役との考えのすれ違いに危機感を抱くようになる。『外部の人は現場を知らない。顧客と接する現場。ここを忘れたら企業は滅びていく』との思いを強めた。結局、外部からの取締役には辞めてもらったり、子会社に移ってもらった。

　そして、常に現場を最優先に考え、発言する橋本を社長に指名した。『取締役会は現場の真ん中にいなければならない。橋本はまさに現場の代表者だった。創業時のDNAを伝承してもらいたい』と坂本は期待する」。

　実際、坂本はテンポスバスターズ社長の森下篤史に「社長は激怒したりしないんですか」と聞かれて、「しょっちゅうありますよ。人を育てる、その経営理念を言い続けていても、幹部社員などがボケッとしていたら、頭に来ますね。それと、中途の人に時々いるんです。『この松はダメだから梅を咲かせてやろう』なんて人が。つまり、会社の文化を変えようとするんです。その時は激怒しますね」と答えている。

　それでは「現場の母」と呼ばれている橋本真由美のリーダーシップ・スタイルはどうであろうか。坂本は橋本について次のように語っている。「暗中模索で動き出したブックオフ1号店でしたが、いざ動き出すと、若いお兄さんたちも、橋本さんはじめ主婦たちも、古本の仕事にハマってしまいました。……みんな、店に入りたい入りたい、と言いだした。シフト表がいっぱいになっちゃった。……うれしい限りですが、経営者の立場でいうと、そのままみんなの希望を聞いてしまうと人件費がかさんでしょうがない。すると、橋本さんが言ったんです。『お店に出るのは、1人週2回

191

までにして、シフトは均等に分けましょう』

　……ぼくだって思いつかなかった。この人の経営センスは大したものだ、と驚きました。働きだしてわずか1～2週間目の出来事でしたから。

　それだけじゃありません。ぼくはいろんなアイデアを思いつくんだけど、どんどん思いついてはどんどん忘れていく。橋本さんは、そんなぼくの後についてきて、メモを取る。段ボールのフタなんかをびりびりとちぎったものの上に。それを持ち歩いて、何かあれば書く。ノートだとペラペラして書きにくかったんでしょうね。

　メモ魔だから、橋本さんは絶対に忘れない。そして、ちょっとした思いつきが、橋本さんの手にかかると、店できちんと形になる。メモするのはぼくの言うことだけじゃない。スタッフさんのちょっとした言葉も、橋本さんは聞き逃さない。『あれ、それ面白いわね』とスタッフさんを誉めて、その思いつきをお店で実行する。これは、誰だってうれしいでしょう。あれやりなさい、と上からモノをいうんじゃなくて、スタッフのみんなから意見を聞く。それを2、3回繰り返すと、みんな、橋本さんの思うとおりに動き出していく。

　定価1000円の綺麗で新しい本を定価の1割を基準とした価格で買い取って、およそ半額で売る。何冊も在庫があったり3ヵ月売れ残ったりしたものは、100円にする。こうした、ブックオフのビジネスの基本である、いわゆるマークダウンの方法だって、1号店が動き出して2、3ヵ月には、できあがっていました。もちろん、橋本さんのメモから生まれたアイデアです。

　こんな具合に、開店当初から橋本さんがリーダーシップを発揮して、店をまとめてくれていたから、ぼくは店に行かなくなりました。ぼくがたまに店に顔を出すと、夜はスタッフさんたちと必ず居酒屋で飲み会を開く。お酒を飲みながら、『30店舗は店を出す』とか『ニューヨークにも出店する』とか、未来を語るわけです。『だから、みなさん、頼むね』と一言添えて。おじさんがまた大きなことを言ってるよ、とみんな思ったでしょうね、橋本さんを含めて。

　ウソのような雄大なヴィジョンを語り、みんなと夢＝目標を見せるぼく

と、現場でみんなの"お母さん"役を買って出て、店舗のオペレーション
のプロとなっていく橋本さんの間で、いつのまにか完全に役割分担ができ
ていました。

　普通の主婦だった橋本さんがブックオフでやってきたことは、今でいえ
ば『仮説と検証』です。経営学の基本ですね。それを橋本さんは、誰にも
習わずに実行してきたんです。イトーヨーカー堂の鈴木敏文さんは、『仮
説と検証』を徹底して、会社を大きくしました。流通業は世の中の流れの
速さに敏感に反応しなければ、生き残れない業種です。5年で市場環境も
物流環境も大きく変わる。流通業で成功するには、常に新しい文化を創造
していく力が必要です。セブン・イレブンやヨーカ堂がコンビニ、大型
スーパーの新しいオペレーションを立ち上げて成功したように、ブックオ
フも新しい古本流通の仕組みを生み出す必要があった。そしてブックオフ
では、橋本さんが独自のオペレーションを創造する起爆剤となってくれた
のです。

　『橋本さんという逸材に出会って、あなたはラッキーだった』と、人によ
く言われます。たしかにそう。1号店の10人の中に、橋本さんがいたんだ
から。でもね。ぼくに言わせれば、パートやアルバイトを100人雇えば、
橋本さんクラスの人は必ず1人はいます。要は、その1人を見つけだせる
かどうか。見つけて、任せられるかどうか。それが『経営』なんじゃない
かな」。

　その橋本は、坂本から「数字目線への変化」の危険性について徹底的に
教えられている。それを示す興味深いエピソードを、彼女自身が以下のよ
うに語っている。「翌2005年2月は、再び、前年同月比を割りそうな雲行
きでした。売り上げに関する会議で情勢報告を聞いた私は、当然、『前年
同月比突破格闘本部』を設置しようと先回りして準備に入りました。会議
室で『あの赤いハチマキはまだあったよね』と、本部長とともに初陣を切
ろうとしました。もう前年11月のような失態を起こしてはいけない、そ
う思っていました。どこかに、坂本に怒られまい、という気持ちがあった
のかもしれません。

　するとドアがバンと開きました。『何やってんだ』。坂本です。『え、前

年同月比越えの対策を考えまして……』うろたえた私を、坂本は怒鳴りつけました。『違うだろう！』そう言って今度は、声を落として話し始めました。

前回格闘本部を設置したとき、千葉の店にいたエリアマネージャーが、会議の時、ぽつっと言ったのを覚えているか。『最近、スタッフさんとの会話が数字の話ばかりになっちゃいまして』まずいだろう。ブックオフではこれまで、誰が今月はこんな風に自分を助けてくれた、そのおかげで自分は○○さんをキャリアパスプランでランクアップできた、おめでとう──と、こんな風に、スタッフさんが幸せに仕事ができているかどうかを報告しあっていた。もちろん数字の確認はするけれども、それより、失敗談を語り、人の育成を主眼に置く話をしていた。

それが今は、数字の目標の話ばかりになっているだと？一時的な売上げの数字を追うばかりに、会社の大事な精神風土を損ねては絶対にいけない。人を疲弊させるのは、いけない。大切なものをなくしてしまってはいけない。そうじゃないのか、橋本さん？

11月、坂本が怒ったのは、上場に浮かれた私たちの気持ちを引き締めるのが目的でした。けっして売上至上主義になれ、と命じたわけではありませんでした。なのに、あのときの坂本の怒りのメッセージを、いつのまにか私は間違って受け止めていたのです。現場が命、人が命、とさんざん自分で言ってきたのに、自ら安直な売上至上主義に堕しようとしていたのです。坂本は私の短絡ぶりを案じたのでした。2月は久々に前年同月比マイナスを喫しました。けれども『売上至上主義からの脱却』を坂本は唱えました。もう11月のような大騒ぎはしませんでした」。

橋本は「取締役になってからも、取締役会では常に現場の声を伝えてきた。『私は現場の代表だと思っている。私が取締役会に現場の声を伝えなければならないと思っていた。中古書店の販売員は重い荷物を運び、汗をかいて、それほどきれいな仕事でもない。それでも一生懸命やっている現場の人がバカを見るのは絶対に避けたいと思った』と橋本は言う。

取締役会で『店を閉めよう』という話が出た時も橋本は現場のことを考え、異を唱えたこともある。『現場は死に物狂いでやっている。だから役

員も動いてください。10万円でも20万円でもいい。交渉をして店舗の家賃が下がるように、働きかけてくれませんか』自らも現場に飛んでいき、社員とともに働いた。すると、赤字店舗が3カ月で黒字になった」。

「そんな橋本の母性は一般社員だけでなく、時に経営幹部にも向けられる。数年前、ある幹部が退社を決意した時のこと。同僚の間では、彼の実務能力や勤務姿勢に対する評価が高く、その退社を惜しむ声が多かった。橋本もまたしかり。そこで彼女は彼に電話をかけ、『重要な人なんだから絶対に辞めちゃダメ』と涙声で訴えた。さらに翌朝、出勤前に彼の自宅を訪ね、再び『辞めないでね』と懇願した。結局、その幹部は退社を思いとどまった。後日、彼は親しい友人に『あれ（橋本の自宅訪問）には負けた』と打ち明けている。

社内外を問わず、橋本の優しさと行動力に魅了される人は多い。メリルリンチ日本証券副会長の石田昭夫も、その1人。『橋本ファン』と言う石田は、彼女のこんな姿に感銘を受けた。橋本の友人ら二十数人が今年（2006年）2月、彼女の実弟の清水が富士山麓の河口湖畔に開設した自然楽校（自然の生活を実体験できる施設）の『お披露目式』に招かれた時のこと。あいにく当日は大雪が降った。そんななか、橋本は雪かきをして、招待客が歩きやすいように施設までの道を作った。『客が「どうも」と言って傍らを通り過ぎるなか、彼女は黙々と雪かきを続けていた』。石田はこの出来事を引き合いに出して指導者・橋本をこう評する。『彼女は率先垂範型のリーダー。周囲に「これをしなさい、あれをしなさい」と口やかましく言うのではなく、まず自ら行動を起こして、その後ろ姿で周囲に自分の意思を伝えていくタイプだ』」。

以下のエピソードは、「従業員のために会社を守りたい」という橋本の一途な思いを示している。「2000年の経営計画発表会でのこと。当時ブックオフは株式上場を視野に、大手証券会社に主幹事を依頼し、上場準備を進めていた（実際は2004年3月東証2部上場、主幹事は野村証券に変更）。そこで、この年の経営計画発表会ではその証券会社の幹部を招き、スピーチも依頼した。ところが、その幹部が、全社員の前で『上場とは創業者や役員が儲けることだ』と発言した。

瞬間、坂本と橋本の顔から血の気が引いた。ブックオフは『全従業員の物心両面の幸福の追求』を経営理念に掲げ、2人は現場でそれを説いてきたからだ。即座に橋本は『彼の話を訂正しなければならない』と思った。だが、相手は主幹事の証券会社の幹部。果たして、その考えを覆していいものかどうか。あいにく席が離れていて、坂本には相談できない。橋本は一瞬迷ったが、思い切って自身のスピーチの際に問題の幹部発言を否定した。

　途端に場内はどっと沸き、坂本の目に涙が光った。坂本は振り返る。『あの発言には腹が立ったが、主幹事証券を刺激するのはマズイと気兼ねした。でも、彼女はそんなソロバンを弾かなかった』。 橋本も当時の心境を明かす。『すごく怖かった。主幹事証券に盾突けば、会社を辞めさせられるかもしれない。でも、皆を守るためには絶対に言わなければならないと思った』。

　前出のメリルリンチ副会長の石田昭夫も、来賓として会場に居合わせた1人。石田は言う。『橋本さんはビジネスに対しては真剣そのもの。言うべきことはビシッと指摘する強さと厳しさを持っている。あの時の対応は「女性だからできる」という問題ではない』」。

第4節　各リーダーシップ概念の関係の体系化

　それでは、様々なリーダーシップのタイプとレベルはどのような関係になっているのであろうか。図8-2は、ここで取り上げたリーダーシップ概念の関係を示している。

　図8-2は、「オーセンティック・リーダーシップが各種のポジティブなリーダーシップの基礎になる構成概念である」という命題を下敷きにしている。また、オーセンティック・リーダーシップは、コリンズの主張する「第5水準」のリーダーのレベルにあると考えられる。変革型リーダーシップとサーバント・リーダーシップはともに第5水準のレベルにあるが、この2つのリーダーシップはコンテキストの違いによって有効性に差が出る

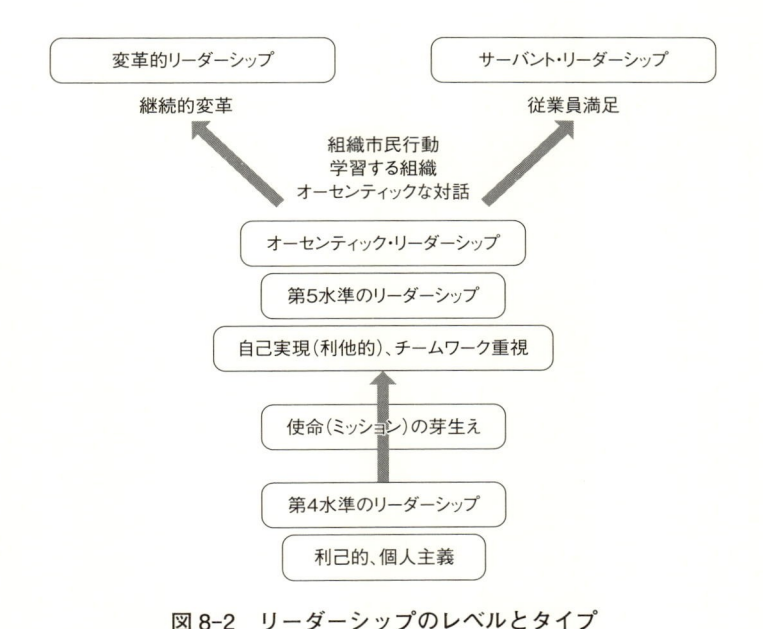

図8-2　リーダーシップのレベルとタイプ

と考えられる。例えば、Humphreys（2005）は危機的状況下においては
サーバント・リーダーは組織に不幸な結果をもたらし、逆にカリスマ型の
変革型リーダーが危機的状況を打開すると主張している。

　同様に、サーバント・リーダーシップを信奉する資生堂相談役（当時）
の池田守男は、「サーバント・リーダーとトランスフォーメーショナル（変
革型の）リーダーとは相容れないのではないかという意見もあるようです
が、そのあたりはいかがでしょうか」という質問に答えて以下のように言
う。「必ずしもそうだとは思いません。改革にはサーバント・リーダーシッ
プとトップダウン・リーダーシップ、この両方が必要なのではないかとい
うことです。理念・信条・方針にはトップダウンが、日常の実践レベルで
はメンバーを支えるというサーバントの精神が必要なのではないでしょう
か。

　トップのぶれない信念のもと、メンバーの意識を変えていかないかぎ
り、改革はなしえません。トップが描く改革ビジョンにメンバーが共感

し、それを実践しようとするトップの決意、あるいは信念に動かされ、自分も改革の当事者なのだと気づき、行動に移す。

　そのためには、トップは自分自身の行動や信条を、メンバーたちの前にさらけ出していく必要がある。メンバーは日々のトップの姿を見て、志の高さや信念の強さを感じとるからです。そして、メンバーが行動に移すとき、トップはサーバントの精神で全力で支える。だから、改革を進めるには、トップダウン・リーダーシップとサーバント・リーダーシップの組み合わせが求められるのです」（池田・金井 2007, pp. 148-49）。

　それに続けて、池田は現場を重要視する。「社長時代、お客さまとお取引先と資生堂が出会う『店頭』をすべての発想の起点にして改革に取り組みました。お客さまを第1に考えお客さまと接する店頭のビューティー・コンサルタント（BC）や営業担当をその上司が支える。次に支社長、そして本社、役員、いちばん最後に私が支えることを明言しました。こうした思いを社員にわかりやすく伝えるために、かたちで表したものが逆ピラミッド型の組織図なんですね。

　いわば、逆ピラミッド型組織は『型であり』、サーバント・リーダーシップはその『精神』です。この思いを組織全体に浸透させるために、私は率先して第一線を支える決意を示し、行動においても店頭第1を徹底していました」（池田・金井 2007, pp. 149-50）と。

　池田の現場重視はブックオフの坂本・橋本コンビにも共通していた。逆に、T&G ニーズの野尻の場合には、現場を「数字目線」、坂本の表現を借りれば「棒グラフの論理」で非人格的に管理した。テンポスバスターズを創業した森下も創業時代に「優秀な社員」の募集に苦労していたが、坂本との対談で次のように語っている（森下・坂本 2005, pp. 81-82）。「今日の話で、自分の課題はプルと言うか、社員を引っ張るのはいいんだが、プッシュ、押し上げる方法ってのは、まだまだって気になりましたね。本当にありがとうございました」と。

　坂本は「人生最大の権限委譲」を行ったが、森下は逆に「従業員をチェック項目や成果主義」によってがんじがらめに統制した。第5章でもふれたように、分岐点はリーダーの人間観、すなわち性悪説と性善説、あるいは

マクレガーのX理論とY理論に対応していて興味深い。

　福井コンピュータを創業した小林眞はマズローの「欲求階層説」を学習した後に、自己のリーダーシップ・スタイルを性善説ベースから性悪説ベースに急旋回させた。小林は、「これはまさにマズローの教えの実践であり、人間の本質は『欲』であるというマズローの考え方に沿って、社員の『善』に甘えるという考え方を大きく方向転換していこうという試みであった。営業社員の給料を業績や、成果に連動するものに改めるというものであった」（小林 2008, p. 343）と述べているが、小林は明らかにマズローの考え方を誤解している。その後、小林は公私混同を理由に取締役会において解任させられた。

第5節　結論と今後の研究課題

　本章では、オーセンティック・リーダーシップ概念を手掛かりにして、そしてケーススタディの手法を用いて、各種のリーダーシップのタイプとレベルを体系化することができた。今後の研究課題は数多く存在するが、以下では課題を1点だけにしぼりこむ。それは、リーダーシップの国際比較である（Muczyk and Daniel, 2008）。

　Walumbwa et al.(2008, p.118) は、「ALQ(Authentic Leadership Questionnaire) の基本的な因子構造は中国、ケニア、そしてアメリカの調査においても変わらなかったので、オーセンティック・リーダーシップのコア構成要素は文化的コンテキストを通じて一般化されうるのではないだろうか」と述べている。

　文化心理学の開拓者である北山忍（1998）は、自己概念を、「相互独立的自己観」と「相互協調的自己観」という2つの文化的自己観に区別した。日本人は典型的な相互協調的自己観をもった国民である。逆に、オーセンティック・リーダーシップ概念を創出した論者は相互独立的自己観を有している国民である。そして、オーセンティック・リーダーシップ概念自体、もともとは「最適自己観」という自己概念に全面的に依拠して案出さ

れた概念であるということを考えれば、リーダーシップ概念を国際比較（コンテキスト比較）する研究の重要性が理解できるはずである。特に、日本においてはオーセンティック・リーダーシップ概念自体の現場への適用の是非も論じられる必要がある。今後の研究課題としたい。

第9章

経験学習による企業家精神の発達

本章では企業家精神の発達に関して、次の2つの問題を明らかにすることを目的としている。第1に、起業家（企業家）はどのようにしてその分野のエキスパートやプロフェッショナル（専門家）になってゆくのか。第2に、企業家の初心者と熟練者とはどのように異なっているのか。例えば、初めて創業した企業家と何度も起業した経験のある企業家の能力は何が、どのように違うのだろうか。

第1節　エキスパートへの道

どの分野の起業においても、最も重要な第1歩は、従業員の仕事への取り組み姿勢（＝モチベーション）の喚起である。最初に、この点に関して2つのケースを紹介する。王将フードサービス（佐藤 2012a）とブックオフ・コーポレーション（佐藤 2009）である。

1　王将フードサービスのケース

王将の創業者の加藤朝雄は、1967年に1号店を開いたが客足はさっぱりであった。加藤は窮余の策として、京都の四条大橋のたもとで餃子の無料券を配布し始めた。その効果で、ようやく興味本位の学生らが少しずつ店に顔を出すようになり、徐々に客が増えてきた。ところが、加藤はすぐに新たな壁にぶつかった。職人気質の調理人は自分たちのやり方を優先させるばかりで、店を繁盛させようという意欲は希薄であった。しかも遅刻、欠勤は日常茶飯事、閉店時間前に勝手に店を閉めるといったことまであっ

た。

　追い込まれた加藤は、「儲かったら利益を山分けしよう」と提案した。すると従業員の目の色が変わった。頼んでもいないのに営業時間を延長したり、店で働く人数を減らせるよう効率よく働く工夫をしたりし始めた。わずか3カ月で売上は倍になった。この経験から、加藤は「現場に考えさせる仕掛けを作れば、売り上げはおのずと伸びる」との教訓を得た。

　この「山分け制度」は今も王将に根付いている。売上高規模に応じて全店を5つのグループに分ける。グループごとに「売上高の伸び」、「営業利益の伸び」、「従業員1人当たり生産性（売上高）の伸び」という3つの指標を合計してランキングを出す。その上位に入った店に対して毎月報奨金を出す。

　以上のように、店舗に大きな裁量を持たせるのが王将の強みになっているが、過去には宗旨変えしたこともあった。1995年頃のことである。同社は出店を加速させるため、店内での調理を縮小する方針を打ち出したのである。店内調理を基本に据えると、大量出店に必要な調理人の確保が難しくなる。そこで一般のファミリーレストラン同様、料理をあらかじめ工場で作っておき、それを各店舗に配送するセントラルキッチン方式に移行し始めた。当然、店ごとに自由にメニューを設定することは難しくなる。結果はじり貧であった。セントラルキッチン方式の導入によって、店が均一化され個性が失われてしまったのである。王将のトップである大東隆行は、「十年一日のごとく似たようなものを売っていては客は飽きる」との反省から原点に返り、店舗の裁量に任せることにした。そこから王将の快進撃が続くことになった。

2　ブックオフ・コーポレーションのケース

　次のケースは、前章でも取り上げたパート出身者が一部上場企業の社長になったことで有名となった橋本真由美のケースである。「坂本から2号店の閉店を言い渡された私は、……急に涙がこぼれてきて止まりません。若いスタッフたちに見せまいと店の外で泣きました。すると、声をかけられました。『橋本さん、どうしたの？』店に出勤してきたスタッフの男の子

です。いい子なのだけれど、さっぱり仕事をしない例のスタッフのひとりです。……『店、閉めることになったのよ』。私の涙を、その子が見た瞬間から、スタッフたちの仕事への取り組み方が一変したのです。

それまで、私の見ていないところでは、さぼるわ、煙草を吸うわ、夕方5時が近づくとパチンコのことだけを頭に浮かべてそわそわし始めるわという具合に、やる気のかけらもなかった若いスタッフたちが、見事に一致団結したのです。『それは困る、……何とかしなきゃと』と真剣に仕事に取り組み始めたのです。……

2号店のスタッフさんに『バイト代がもらえる』という以外に、仕事をやるための『動機』が欠けていたからです。仕事の喜び、成功経験の喜びを知らないのです。何を励みに頑張ればいいのか、それが分からない。だから『バイト代がもらえれば、仕事自体はどうでもいいや』となってしまう。……『このお店をなんとかつぶさない』という共通の目標がスタッフ全員の中でできあがった。すなわち、バイト代以上の仕事に対する『動機』が彼らの中に生まれたのです。

……変化は、たとえばこんな形で現れました。『仏像の彫刻についての本はないか？』お店のスタッフに、ご年配のお客様が声をかけてきました。それまでならこう対応していたことでしょう。『本は、店内に出ているだけです。見当たらないんだったら、申し訳ありません』。言葉だけは丁寧だけれど、実は探すのが面倒なだけ。もしかしたら在庫の中にあるかもしれないのに。ところがこの日はもう違います。閉店を通告され、後がない。『1冊でも売らないと店がつぶれる』という思いで、みんな一杯です。耳をダンボ状態にして、だれもがお客さまの要望を、逃すまいと構えていました。『少々お待ち下さい！ 店内と在庫、見て回りますので』。スタッフさんたちは急いで走り回りだしました。そして、お店のあちこちや在庫から彫刻や仏像に関連しそうな本を持ち寄り、お客様の前に積み上げてみせたのです。『ほお、けっこうあるね。じゃあ、これとこれとこれ、いただこうかな』。……お客さまは3冊も購入してくださいました。

また、あるお客様があるコミックを1巻から5巻までの揃いでレジに持ってこられました。前だったら、『まいどありがとうございます』とその

ままレジを打つところです。しかし、スタッフさんの1人が気をきかせました。（このコミック、たしか6巻以降をさっき買い取りしたぞ。お客さまに勧めてみよう。お客様、揃いで買うってことは、店頭に出ていないだけで、本当は後の巻も欲しいんじゃないのかな）。『お客様、このコミック、6巻以降もバックヤードに揃ってますが』、『え、そうなの。棚になかったよ』、『申し訳ございません、すぐ、とってまいります』。スタッフさんは急いでバックヤードへ走り、6巻以降を出してきて、急いで加工してお勧めしました。『おお、ありがとう。全部、もらってくよ』。

　そうか、売り上げって、こうやってお客さんの気持ちを読めば、どんどん伸ばすことができるんだ。ぼくたちが、店頭でちょっと工夫したり、頭や体をつかえば、お店を変えることができるんだ！ いくつかの成功経験に気を良くした彼らは、喜々として、工夫を始めました」。

3　内発的動機づけの重要性

　それでは、なぜ王将やブックオフのスタッフがやる気を出したのだろうか。この問題を解くカギは動機づけにある。第5章で詳細に説明したように、動機づけは「外発的動機づけ」（extrinsic motivation）と「内発的動機づけ」（intrinsic motivation）とに2分される。外発的動機づけは、文字通り、外部の誘因（給料、名誉、褒美など、逆に懲罰などの回避）によって行動するというものである。内発的動機づけは、その行動自体が楽しいから行動するということになる。

　結論から言えば、王将やブックオフのスタッフたちは、最初は外発的動機づけに基づいて仕事に取り組んだのであるが、次第に内発的動機づけに移行していったのである。すなわち、最初は「働けば働くほど儲かる」（王将）や「こんな楽な仕事ができる店が閉店になれば困る」（ブックオフ）という外発的動機づけであったのが、「橋本さんに申し訳がない」（ブックオフ）、「従業員やパート・アルバイトのために」（王将）、「お客様のために」（王将・ブックオフ）、「工夫の余地があり、成功すると面白い」（王将・ブックオフ）といったように、スタッフの動機づけは外発的から内発的に変化してきたのである。当然のことであるが、動機づけがその方向に移行すれ

ばするほど、仕事に対する取り組みのレベル（努力水準、取り組み姿勢、粘り強さ、目標の高さなど）は高くなる。

　もう1つ、仕事が面白くなるための条件がある。それは内発的動機づけの1種である「フロー経験」である。フロー経験はチクセントミハイ（Mihaly Csikszentmihalyi）によって発見された現象であるが、それは自分の実力を最大限に発揮でき、自我観を喪失するほどワクワク感で充満し、そして時間感覚もなくすような現象のことを意味する（Csikszentmihalyi 2008, 邦訳, p. 86）。フロー状態は当事者にとっての「課題のチャレンジ性」と「課題遂行能力」とがバランスの取れているときに実現される。当事者にとっての課題のチャレンジ性が高く、またその人の課題遂行能力が高ければ高いほど、フロー状態も高くなる。

　たとえば、辻口博啓がフランスで世界一のパティシエを決定するコンクールで、自分の作品をつくっているシーンの以下のような彼自身の独白は最高水準のフロー状態を示していると考えられる（佐藤 2010a）。「『アレ、キュイジーヌ！（調理開始！）』。審査委員長の声で、競技が始まった。辻口は、アントルメが終わると、あめ細工に手をかけた。2羽の鶴が求愛をしながら宙に舞う様子を表す。もう何がバッチリって、デザインも細工の技術もバッチリだ。辻口は作品づくりに集中し、没頭し、鶴と一体化して羽ばたいていた。世界一を取ると決めた日から何日たったろう。これが集大成の作品だ。『あ〜もう楽しい！』こんなに楽しんで作ったことはなかったかも。8時間はあっという間だった。夕方6時頃、タイムアップ、名残り惜しくも試合終了」。

　それ以外に、フロー状態を実現するためには他の条件が存在する。目標の自己決定、自分のリズムでの活動、フィードバック、マンネリの除去がそうである。ブックオフのスタッフがこれらの条件のうちの一部を満たしており、そして王将のスタッフがそれらの条件の多くを満たしていることがわかる。

4　仕事に対する意義づけ

　仕事の動機については異なった分類も存在する。仕事の意義をどのよう

に考えるかの分類がそうである（Wrzesniewski and Dutton 2001, pp. 184-85）。第1に、仕事を金儲けの手段（Job）として考える人がいる。このように考える人は、手っ取り早く、できるだけ楽をしてお金を儲けたいと思う。従って、監視のないところではできるだけサボろう（シャーキング；shirking、チーティング；cheating）とする。王将やブックオフのスタッフの初期の状態がそうであった。

第2に、仕事を出世の手段（Career）と位置づける人もいる。このような人は、業績の高評価につながる仕事は積極的に行うが、それ以外の仕事には消極的になる。また、ポジションという希少資源は競争して奪わざるを得ないので、そのような人はチームプレイよりも抜け駆け的行動（＝機会主義的行動；Opportunism）をとりやすい。

第3に、仕事を天職（Calling）として位置づける人もいる。このような人は、世のため、人のため（その出発点は、クライアントのため）に陰日向なく働こうとするために、彼らは自分の能力を磨こうとする。いわば、マズローの「自己実現」（self-actualization）を目指す人々である。

Wrzesniewski and Dutton（2001, p. 179）は、ジョブ・クラフティング（Job Crafting）という概念を提唱している。ジョブ・クラフティングとは、経営者からの視点である職務設計ではなく、従業員が主体的になって自分の与えられた仕事を手作りすること（crafting）を意味している。それには3つの下位タイプが存在する（Wrzesniewski, Berg and Dutton 2010, pp. 114-17）。

1つは、仕事のやり方や範囲を見直す（Task crafting）である。たとえば、仕事の内容に手を加えてみることである。たとえそれが昇給には直接関わらなくても、自分のアイディアで人が喜ぶ笑顔を想像しながら業務にちょっと一加えしたことを実践してみると、それが仕事へのやりがいのきっかけとなることもある。2つめは、社会的な交流の質や量を見直すこと（Relational crafting）である。人間は本能的に他人と結びつくことや、意味のある関係を結ぶことを欲する。これは仕事に関わる人との関係の性質を変えたり、範囲を広げたりしていくことであり、具体的には仕事をしていくうえで客や同僚との関わり方を積極的に変えて範囲を広げていく

と、仕事の手ごたえをさらに実感し業務もスムーズに進行するという考えに基づいている。3つめは、自分と周囲の環境の状態を、視野を広げてとらえ、仕事の意義を拡げること（Cognition crafting）である。つまり、自分の仕事や作業が他者や社会に貢献している意味を再構築することである。たとえば、担当している仕事の目的を広い視点で見直すことやもっと俯瞰的に大きな観点から意味を再構築することで、喜びの感じにくい仕事も有意義に思えるようになる場合がある。

　ジョブ・クラフティング概念を有効利用して経営の発展に成功した事例としては、テッセイ（株式会社 JR 東日本テクノハート TESSEI）の矢部輝夫のケースが参考になる。矢部は概ね以下のように当時を回想している。「入社まもない私が現場の主任から現場実習を受けていたある日、私は主任とともにホームで列車の到着を待っていた。そのとき、主任が『矢部さん、ちょっと待ってて！』と走っていった。私は何事かと思い、彼女の走っていく方向を見た。すると、階段を上り終えたところでがっかりしているような老夫婦の姿が見えた。私も走り寄ると、主任は『今の新潟行きに乗り遅れられたのですか。すみませんね。次の新潟行きまでまだ時間があるのです。待合室までご案内します』と言っていた。すごい人だ、と思った。階段を上ってくるお客様の雰囲気で電車に乗り遅れたことを察知し、待合室まで案内するという行動に移すのですから。

　私は『ひょっとしたら、多くのテッセイのスタッフたちは、こうした思いやりを持っている人たちなんじゃないか、でもそれを形にできず悔しい思いをしているのではないかと、そのときに感じました』（矢部 2013, pp. 44-45)」。

　さらに矢部は、別のスタッフから、何万円もする新幹線の座席の料金とホテルの料金が同じぐらいの価格であり、その座席の1つひとつをホテルの客室だと思って丹念に掃除しているという話を聞いた。矢部はそのときの自分の心境を次のように説明している。「テッセイのスタッフ1人ひとりのこういう思い。どれも世間での評価とはまったくかけ離れていました。この人たちの思いをきちんと伝え、みんなで実現していこう。私はそれから彼ら彼女らの一言一言をメモに書き留めていきました」（矢部 2013,

pp. 45-46）。

　列車に乗り遅れた顧客にお詫びをして、彼らを待合室に案内するという行動はテッセイの職務規定外の仕事である。この主任は顧客の顧客、つまりテッセイの顧客である JR 東日本の顧客である乗客へのサービスを行っていたのである。その意味で、この主任の自発的な行動は、タスクとリレーショナルなクラフティングであると考えられる。また、「新幹線の座席の一つひとつをホテルの客室だと思って丹念に掃除している」というスタッフの仕事ぶりは、まさにコグニション・クラフティングである。矢部はこのような現場の従業員の具体的なジョブ・クラフティングをベースにしながら、テッセイの革新的なビジネスモデルを構築することによって、テッセイの改革に成功したのである。

　もちろん、ジョブ・クラフティングは良い面ばかりではない。タスク・クラフティングでは、仕事の範囲や活動量を減少させてしまうという手抜きが発生するかもしれない。また、リレーショナル・クラフティングでは気の合わない相手を飛び越えて業務連絡をするなどの弊害も発生しそうである。また、コグニション・クラフティングではジョブ志向を強化するケースもみられるかもしれない。

　企業家は従業員のタスクやリレーショナル・クラフティングをベースにしてビジネスモデルの変更につなげたり、コグニション・クラフティングを通じてすべての従業員がより納得して仕事ができるような経営ビジョンを再構築することが必要になる。これらの点は、テッセイの矢部が行ったように、特に市場経済の環境変化が急速に、活劇的に変化している場合には、必要不可欠な企業家の役割であると考えられる。

　このように、環境変化が急変したり激変する時代には、現場での従業員の仕事にかかわった意識や行動の変化に注視することによって、ビジネスモデル変革や経営ビジョンの再構築につなげることが重要である。これらの問題は、環境変化による組織の脅威を逆に機会に捉えて経営改革を実現する能力を意味するダイナミック・ケイパビリティに関連した論点である（Teece 2009, Helfat and Peteraf 2015）。

5　重要な戦略的学習アプローチ

　一般に、代表的な学習アプローチには3タイプが存在するといわれている。それらは、内容の理解よりも機械的な暗記に依存する「浅い学習」(Surface Learning; Surface Approach)、試験に出そうな部分だけをつまみ食い的に学習する「戦略的学習」(Strategic Learning)、そして内容の理解を重視する「深い学習」(Deep Learning) が存在する (Biggs 2003, Duff and McKinstry 2007)。

　戦略的学習の例として、以下では世界的に有名なパティシエの辻口博啓と小山進のケースを考えてみる (佐藤 2012b)。辻口は週末の休みの日にはコース料理のデザートのお菓子を食べてケーキ作りに生かそうと学習していた。そして「お菓子を平らげた後に、どうしても食材や使い方が想像できないときは、店の裏に回ってこっそりゴミ箱の中を調べてみたりもした。素材の包み紙は辻口にとっては情報の宝庫だった」のである。すでに紹介したように、ブックオフの橋本真由美も病院の管理栄養士だった頃には自分のメニューの患者様からの評価のフィードバック情報を得るために皿に残された料理が廃棄されるゴミ箱をあさっていた。また王将フードの大東隆行も若かりし頃、近隣のライバル店のゴミ箱あさりをして、人気メニューの研究をしたと語っている (佐藤 2012a)。

　同様に、辻口は自由が丘にケーキ店を開いたが、売れ残りを廃棄しなければならない日々が続いていた頃、有名な TV 番組であった「料理の鉄人」への出演依頼があったとき、辻口はプロデューサーに、「これまでのパティシエの対戦ビデオを全部見せていただけませんか?」とお願いしてビデオを徹底的に研究し、見事に試合に勝利した。その結果、辻口のケーキ店は番組放送の翌日から行列のできる店になったのである。これぞ、まさしく試合に勝つための学習方法＝戦略的学習である。

　他方で、2011 年 10 月、小山は、フランス・パリで毎年開催されるチョコレートの祭典「サロン・デュ・ショコラ」で、フランス人以外で最も優秀なショコラティエに贈られる「外国人部門最優秀賞」を受賞した。また「チョコレート版ミシュラン」とも呼ばれるガイドブック『ル・ギド・デ・

クロクール・ド・ショコラ』最新版で、最高位のタブレット5枚を獲得した。初参加での最高位獲得は例がないといわれている。

　小山は自著で最優秀賞を受賞するための準備について以下のように語っている。小山の戦略的学習も見事である（小山 2012, pp. 20-45）。「心配性の僕は、新参者がのこのこ出て行って、『どうぞ、食べてください』というだけで審査員に伝わるとは、とうてい思えなかった。そこで、ショコラにつける説明書でも伝え切ろうと考えた。

　説明用の資料は、フランス語で書いている。説明が長すぎると読んでもらえないので、長すぎず短すぎず、でもショコラに込めた想いを伝え切れるように、相当時間をかけて作成した。材料に何を使い、どのような風味や香りがするのか。なぜそのショコラを作ろうと思ったのか。それを文章だけではなく、イラストや写真も入れて、ショコラの意図がしっかりと伝わるように工夫した。おそらく、そこまで工夫した参加者はいなかっただろう。

　……審査員の方からも、観客からも、同じように『あなたのショコラからは日本の伝統を感じる』と言われた。僕の想いは、どうやらしっかりと伝わったらしい。……僕は、この経験を通して確信した。伝えたい想いさえあれば、そして 120% の力で伝え切れば、国境を越えて人とつながれるのだ、と。……ちなみに 2012 年度のサロン・デュ・ショコラパリのオフィシャルガイドブックの表紙にエスコヤマのショコラが選ばれた。伝えることができたのだと嬉しさをかみしめている。……

　僕は、いつもケーキを作るときに『どんなものを作りたいか』を考えるより、『どんな想いを伝えたいのか』を考える。だから、エスコヤマにはコンセプトがない商品などない。すべての想い、つまりストーリーを商品に入れ込む。コンセプトが固まり、頭の中で食べたときの味や食感をイメージしてから、作り始める。

　若い頃は、こんなものを作りたいと漠然と考えながら手を動かし、作り出したらなんとかなると考えていた。けれども、それだと時間がかかるし、何を作ろうとしていたのか途中でわからなくなり、迷路に入ってしまうことがよくあった。コンセプトが決まってから、それを実現するため

に、どのような味にして、どのような食感にするのかを考えれば、軸が最後までぶれないのだ」。

6　コルブの経験学習

それでは、現場で深い学習をするためには、どのような学習方略（learning strategy）を採用すればよいのであろうか。そのためには、現場でPDCAサイクルを回転させることが必要になる。それらは、様々な分野で様々な名称で呼ばれているが、1つの共通している基本的なポイントがある。これらのフレームワークで日本で最も有名なのは、品質改善分野でデミング博士が考案したPDCAフレームである、P（Plan）、D（Do）、C（Check）、そしてA（Act）のサイクルである（日本ではAはアクションと呼ばれる場合が多いが、PDCはそれぞれ動詞として使用されているので、Aも動詞のアクトが正解である）。初等中等教育分野では、自己調整学習（Self-Regulated Learning）モデルが盛んに研究されている。アダルト・ラーニングの分野では、セルフ・ディレクテッド学習（Self-Directed Learning）が1980年代に盛んに研究されたが、残念ながら近年においては下火になっている。また医療看護分野や教育分野においては、アクション・リサーチとして知られている。さらに、ハーバード・ビジネス・スクール名誉教授のクリス・アージリスはこれをアクション・サイエンスと呼んでいる。以下では、そのなかで現場での適用性が最も高いと考えられるデービット・コルブの経験学習モデルを中心に考察する（Kolb 1984）。

図9-1は、コルブの経験学習モデルとPDCAサイクルを対比している。コルブのフレームワークの最大の特徴は、現場の経験からの「理論化」（一般化と概念化）のプロセスを明示的にしたところにある。現場での経験を観察し、成功や失敗の原因や理由を「振り返る」省察のプロセスまでは、PDCAと同じである。しかし、そこから一歩進んで、その分析から「理論化」のプロセスを明示化した点にコルブの最大の功績がある。

すなわち、「このようにすれば成功（失敗）するのか」という「経験法則化」である。そして、次の新しい状況に直面したときには、その経験法則から「このようにすれば成功するだろう」という仮説を立て、それを実行

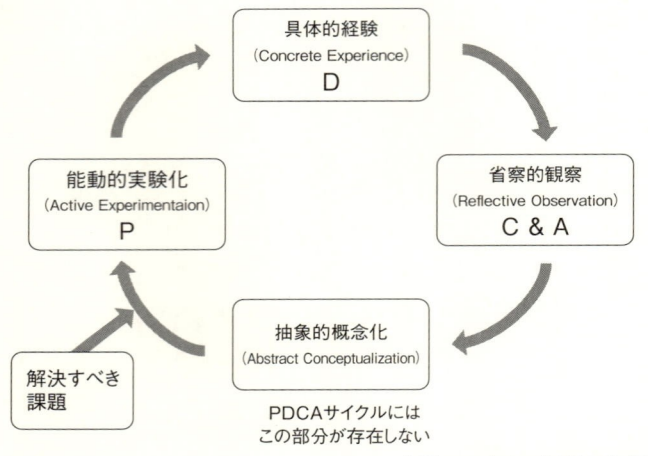

出所: Kolb（1984）を基に筆者作成

図 9-1　コルブの経験学習モデルと PDCA サイクルの対比

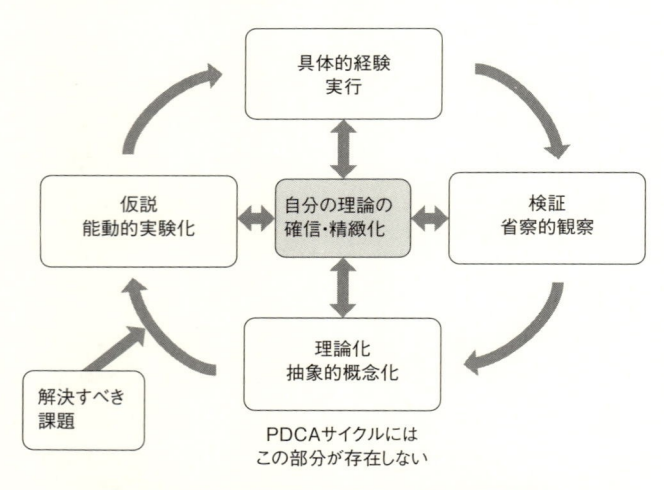

図 9-2　経験学習による仮説ー検証と理論構築

し、その結果を「観察・省察」し、自分の理論を修正・強化し、次の機会にさらに仮説を立て、それを実行してゆくというプロセスを繰り返してゆくのである。コルブは、この一連のプロセスを理論化したのである。この点に PDCA フレームに見られない経験学習モデルの優位性がある。図 9-2

がそのことを示している。

　現場でこのようなサイクルを回転させ続ければ、その人間の能力（作業実行スキルや問題解決力）は確実に向上する。例えば、世界一のパティシエを目指していた辻口博啓は、「切り詰めたお金で、月に一度、高級フランス料理を食べに行くようになった（佐藤 2010a）。辻口は自分の舌が『おいしい』をわからなければ、おいしいものなんて作れないじゃないかと気がついた。だから、一流と言われるフランス料理の店を回ってデザートを食べることを始めたのだ。『どんな食材を使って、どんな料理法をしているのか。なぜ、おいしいのか。というよりも、まず、それはそもそもおいしいのか』。辻口は自分の舌にいろんな味を味わわせていった。これも辻口が考えた勉強法だった。そして、お菓子を平らげた後に、どうしても食材や使い方が想像できないときは、店の裏に回ってこっそりゴミ箱の中を調べてみたりもした。素材の包み紙は辻口にとっては情報の宝庫だったのだ。

　ケーキ屋さんやパティスリーも回った。だいたい銀座だった。ケーキを何個か買ったら、高級時計店の最上階、VIP フロアのトイレに行く。そこが一番静かで誰にも邪魔されない場所だったからだ。そして、そこは、何百万円もの買いものをする人が使うトイレだったから、辻口の部屋よりも広く、きれいでいい部屋だった。個室に入って、買ってきたケーキを食べる。片っ端から 10 個くらい。そしてノートにレシピを書いてみるのだ。完成品を見て、設計図を書く練習だ。逆算をイメージしてつかみとる訓練だった。これが辻口は徹底的にうまかった。そこでまた疑問が生まれる。このアーモンドの産地はどこなんだろう？ 国産？ カリフォルニア産？ シシリー産？ いやシシリーでもメーカーによって味が違うはずだ。そうすると、辻口は夜中にケーキ屋さんのゴミ箱を観察しに行く。『なるほど、そうかっ！』」と。

　ここからは辻口が、技能習熟のための経験学習のサイクルを回転させるために、すさまじい執念（と工夫）を凝らしていることが読み取れる。その他に辻口は、先輩パティシエの徹底的なベンチマークを行ったり、夜は店の厨房に 1 人居残って「ケーキ作りの復習のための反復訓練」を行った

りしていた。

　小山進は少年時代から経験学習サイクルを意識して回転させていた。彼は次のように言う（佐藤 2012）。「子どもの頃、五条の堀川の長方形の空き地でよく遊んだ。夏休みには、母の田舎で1カ月間を過ごし、母親に虫とりや魚とりを学んだ。その経験が今の自分の原点になっている。というのも、そこでどのようにすれば虫や魚が巧くとれるのかを考え、その仮説通りにならなければ、猛烈に反省して、また仮説を立てていたから。それが、今の自分の仕事に役立っている」と。この引用からは、小山が「仮説－検証－反省－仮説……」というまさに経験学習サイクルを意識的に回転させていたことが明らかになる。

　ブックオフの橋本真由美もゴミ箱漁りを行った。彼女が一宮女子短期大学で栄養士の資格を取り、京都にある企業の工場の給食の献立係となったときにである。彼女は当時を以下のように回想している（橋本 2007, pp. 72-76）。「夕方退社時間になっても、あまりみんなと連れだって遊びに出かけませんでした。どうしても気になるところがあったのです。その『気になること』を片付けてからでないと、仕事を終えられなかったのです。

　何をしていたのかというと……、残飯漁りです。給食の時間が終わると、工員さんたちの食べ残しはバケツにどさっと放り込まれ、トラックで家畜の飼料として運ばれていきます。私は毎晩、そのトラックの荷台に乗り込み、アルミ製の大きな寸胴バケツの中に、ずぽっと手を突っ込んでいたのです。いくつも並ぶバケツを次から次へと渡り歩き、ずぽっ、ずぽっ、ずぽっ。なぜそんなことを？　その日、自分が知恵を絞って考えたメニューの中で、何が食べ残されているか、どうしても知りたかったからです。

　残飯のバケツの中では、いくつかのおかずやご飯が完全に混じり合っています。ぐちゃぐちゃです。色も汚い。臭いもたちこめる。目を背けたくなる状態です。何もかも混ざっているので、見ただけでは何で構成されているかわかりません。だからフタを開けて、バケツの中でびちゃびちゃしている物体に手を突っ込むしかない。手の感触から、何が残り、何が食べられていて残っていないのかを探るのです。

　ああ、今日はコロッケが自信作のつもりだったけど、ずいぶん残されている。付け合わせのマカロニサラダとの相性が悪かったのかしら。同じコストで抑えるなら、ポテトサラダが作れるけど、それではイモばかりになってしまう。……残飯は、その日の自分の仕事についての採点結果です。……栄養士はコスト制約の下で、食中毒を絶対に出さずに、働く人々の栄養を考えながら、おいしく食べてもらえる献立を考えるわけですから、さまざまな要素が複雑に絡み合い、たった1つの解答があるわけではありません。しばし反省し、あれやこれやと考えるうちに、つぎの献立で何をどう改善すればいいか、方法が見えてきます」。

　ブックオフの創業者である坂本孝は、橋本を引き合いに出しながら、仮説－検証の重要性を次のように語っている（佐藤 2009）。「普通の主婦だった橋本さんがブックオフでやってきたことは、今でいえば『仮説と検証』です。経営学の基本ですね。それを橋本さんは、誰にも習わずに実行してきたんです。イトーヨーカ堂の鈴木敏文さんは、『仮説と検証』を徹底して、会社を大きくしました。流通業は世の中の流れの速さに敏感に反応しなければ、生き残れない業種です。5年で市場環境も物流環境も大きく変わる。流通業で成功するには、常に新しい文化を創造していく力が必要です。セブン・イレブンやヨーカ堂がコンビニ、大型スーパーの新しいオペレーションを立ち上げて成功したように、ブックオフも新しい古本流通の仕組みを生み出す必要があった。そしてブックオフでは、橋本さんが独自のオペレーションを創造する起爆剤となってくれたのです」。

　以上のように、経験学習サイクルを現場でスムーズに回転し続けることができれば、当事者の能力は確実に向上してゆくのである。その際に重要な点は、仮説－検証を心掛けることと、現場での作業に「真剣に粘り強く」取り組むこと、そしてそのプロセスや結果を客観的にシビアに観察し、その結果に対して「なぜの精神」で深い分析を行うことである。そのためには、以下で説明する2つの条件が不可欠になる。

第2節　経験学習サイクルの回転に必要な条件

　経験学習サイクルを回転させるためには、好奇心と勇気、さらには素直な心が必要とされる。アメリカの哲学者パースは、科学的探究の最初の段階として仮説的推論（アブダクション；Abduction）という概念を導入している（米盛2007）。アブダクションとは、演繹および帰納に先立って、観察された現象を説明する仮説を発想し、形成する手続きのことを意味する。簡単に言えば、アブダクションのプロセスは、意外な（想定外の）出来事に素直に驚き、それに対して「それは、どのようになっているのだろうか」、「それは、どのような理由で発生したのだろうか」という好奇心を発揮することが出発点となる。

　パースによれば、新しい理論は、演繹法（ディダクション；Deduction）や帰納法（インダクション；Induction）によっては生み出されず、アブダクションのプロセスから生み出されるのである。すなわち、新しい理論や既存理論の修正は、①想定外の出来事に驚く（アブダクション）⇒ ②驚きの対象となったモノ・コトの論理的説明を仮説的に試行する（ディダクション）⇒ ③量的・質的調査によって仮説を検証する（インダクション）という3つのプロセスから行われるのである。仮説が検証されなかった場合には、もう1度、①から③のプロセスが繰り返されることになる。

　ここでも仮説−検証のサイクルが登場するが、コルブの経験学習との関連で言えば、ここでの仮説−検証は「抽象的概念化（理論化）」の部分に当てはまる。つまり、省察的観察 ⇒ 抽象的概念化の部分である。このサイクルで重要なのは、言うまでもないが、「好奇心」である。それではどのようにすれば好奇心は涵養されるのだろうか。好奇心の強い人は勇気（＝冒険心）のある人だと言われている。また、新しいことに「首を突っ込む」のだから、それには勇気が必要となる。社会心理学のアタッチメント理論（愛着理論）は、勇気は母親との幼少時の関係によって形成されると主張する。例えば、Campos（2003, pp. 110-13）は、概ね以下のようにそれを説明している。

　生まれたての赤ん坊にとっては自己と外界との区別はない。そこには母親との一体感だけが存在する。ところが、ハイハイをする頃には外界の存在を意識し始めるようになる。ハイハイは自己にとっての「新しい世界を切り開く」冒険の経験なのである。その場合に、母親は子供の「安全基地」の役割を果たさなければならない。赤ん坊は楽しそうにハイハイをしながら新しい世界を開拓していくのであるが、あまりにも母親から遠くに離れてしまったと感じたら、不安になり慌てて母親のもとに戻ってゆく。そうして、赤ん坊はまた安心して冒険に出かけられるようになるのである。その繰り返しによって、赤ん坊はどんどんと自分の世界を広げてゆく。

　赤ん坊が戻ろうとしたときに、安全基地である母親の姿が見えなくなるとどのようになるのであろうか。心理学の実験によれば、赤ん坊は動揺して泣きじゃくり、母親が姿を現しても、しばらくは母親との関係がギクシャクとしたものになることが明らかにされている。そのような子供は、物事に怯え、引っ込み思案な子供になることが知られている。

　実は、仮説−検証のサイクルを回転させる場合には、このような新しい世界を開拓するという面での勇気が必要になるのである。つまり、自分がこれまで培ってきた（独自）理論を新しく創造したり修正したりすることは、大げさに表現すれば、自分のこれまでの世界観に修正を迫ることを自らが行うことを意味している。それはある意味では「自己否定」につながる行為でもある。勇気がなければ当然、そのようなことを控えようとするだろう。このことは特に、第5章で詳述したトリプルループ学習や変形学習と密接に関係している。

　仮説−検証のサイクルを考えるうえで、もう1つの重要なポイントがある。それは、深い気づきである。例えば、世界一のパティシエを目指していた辻口は、コンクールで落選したとき、フランス料理だけを食べていては駄目だと悟り、一流の中華料理やイタリア料理なども食べるようになった。さらに2度目に落選したときには、高校時代の恩師である四柳先生のアドバイスをきっかけにして、過去に入賞した作品の写真を集めて、自分の作品との違いはどこにあるのかを研究した。それだけではない。辻口はそこから審査員の好みを読み取り、優勝するためには審査員に気に入られ

る作品を作ることが必要であると気づいたのである。このように、辻口は次から次へと「深い気づき」を重ねてゆく。

すでに説明したように、クリス・アージリスはこのような気づきのレベル（「深さ」）を、シングルループ学習とダブルループ学習の2つに区別している（Argiris 1991）。辻口の場合で言えば、フランス料理の試食だけではなく中華料理などの試食も行なう、優勝作品と自分の作品の違いを分析するなどが、シングルループ学習に当たる。そして、審査員の好みを研究するという気づきはダブルループ学習に相当する。

以上のような深い気づきを獲得するためには、「素直な心」が必要になる。「経営の神様」と称される松下幸之助は有名な「素直な心10カ条」を表している。経験学習という点では、以下の第4条から第7条までが参考になる（松下 2004, pp. 38-53）。

4) 実相が見える心：素直な心というものは、物事のありのままの姿、本当の姿、実相というものが見える心である。素直な心がない場合には、物事の一面のみを見て、それにとらわれがちになってしまう。

5) 道理を知る心：素直な心というものは、広い視野から物事を見、その道理を知ることのできる心である。素直な心がない場合には、とかく物事にとらわれがちとなり、ついつい無理をしてしまうことになりやすくなる。素直な心になれば、すべてに対して順応していくことができるから、何でも自分の思い通りにすることができるようになる。

6) すべてに学ぶ心：素直な心というものは、すべてに対して学ぶ心で接し、そこから何らかの教えを得ようとする謙虚さをもった心である。素直な心がない場合には、現状にとらわれて創意工夫を怠り、進歩向上のない固定停滞の姿が続いていくようになる。素直な心になれば、危機に直面してもこれをチャンスとして受けとめ、"禍を転じて福となす"こともできるようになる。

7) 融通無碍の働きのある心：素直な心というものは、自由自在に見方、考え方を変え、よりよく対処していくことのできる融通無碍の

働きのある心である。素直な心がない場合には、目先の利害にとらわれて物事を判断し行動しがちで、将来の発展を損なう場合が少なくない。素直な心になれば、現状にとらわれることなく、日に新たなものを生み出していくことができるようになる。

　以上の心得は、正しく現場で経験学習のサイクルを回転させるために必要な姿勢である。なお第5章でもふれたが、アージリスも、モデルⅠとモデルⅡとを比較しながら、アカデミックなレベルで松下幸之助と同じような分析を行なっている。

第3節　経験学習と「ゆで蛙」症候群の関係

　企業家精神の重要な1つの側面はイノベーション（革新）の実行である。革新を実行するためには「ゆで蛙」症候群（boiled frog syndrome;「ゆで蛙の理論」「ゆで蛙現象」とも表現される）を克服しなければならない（Richardson et al. 1994, pp. 9-22, Sato and Parry 2015, pp. 76-78, Villiers 1989, pp. 121-24）。これは生物的な真偽をベースにした理論かどうかは不明であるが、カエルの皮膚感覚は鈍く、急激な温度変化は察知するが、微細な温度変化は察知できないということからきている。

　これを経営に当てはめてみると、次のように言うことができる。企業家は急激な環境変化は察知できるが、長期間にわたる微細な変化は察知できないということになる。つまり、微細な変化も積み重なれば大きな変化になっていくのであるが、気がついて対応してもすでに手遅れの状態になっていることを意味しているのである。

　たとえば、無印良品は団塊ジュニアをターゲットにして1990年代に急成長を遂げたが、団塊ジュニアの最年長層が結婚し、家族生活を送るようになると、マーチャンダイジング（MD）にインバランスが生ずるようになった。すなわち、家族向きのMD中心でいくのか、それとも単身者用MDでいくのかについてのバランスを図る問題である。結局、無印良品は

団塊ジュニアの家族生活者の割合が支配的になるまでの間、業績は低迷することとなった。その後、同社は「団塊ジュニアと心中する」と宣言し、話題を呼んだ。

　また、自然化粧品チェーンであるハウス　オブ　ローゼは、「ニキビの手入れ」をコアサービスにして、1980 年代に急成長した。その後、同社はコア顧客の高齢化に悩むこととなった。同社の顧客ロイヤルティがあまりにも高かったため、コア顧客がそのまま高齢化することとなったのである（佐藤 2000）。同様に、高齢者をターゲットにした海外旅行代理店、ニッコウトラベルも同様の問題に直面した。同社のコア顧客の平均年齢は1999 年に 65 歳程度、10 年後の 2009 年度は 60 歳代が 30.4％、70 歳代53.5％、80 歳代以上が 11.2％を占めることとなった。平成 28 年 3 月期における年齢別顧客構成は、60 歳以下 5.4%、61 歳 -70 歳 31.0%、71 歳 -80 歳50.5%、そして 81 歳以上が 13.1％、総平均で 72 歳となっている（同社の有価証券報告書）。ちなみに、同社の場合には、顧客の平均年齢の上昇に歯止めをかけることに成功してから業績も安定するようになった。

　以上のように、ターゲットを絞り込む（あるいは市場規模の小さな）サービス業のニッチ型ビジネスで、かつ顧客ロイヤルティの高い企業ほど、自然の流れとして顧客が高齢化してゆくことになるのである。つまり、長期間にわたる微細な顧客（環境）の変化（この場合には顧客の加齢化）が発生するのである。であるので、なによりも、顧客の微細な経年的変化をキャッチし、しかるべき時期にそれにビジネスモデルを対応させることが必要になるのである。

　「ゆで蛙」症候群に陥る原因（ハードル）は以下のように 4 つある。

1.　**危機感の欠如**：情報感度の低下（マインドレス状態）
2.　**解決策の欠如**：経営リテラシーのなさ
3.　**変革のための勇気の欠如**：官僚的発想、誰かがするという他人依存
4.　**実施計画の欠如**：現場の旗振りリーダー不在、焦点の定まっていないバラバラな改革の実施

図 9-3 はゆで蛙症候群と経験学習との対応関係 を示している。

次に、「ゆで蛙」症候群からの脱却に成功したケースを紹介する（比屋根

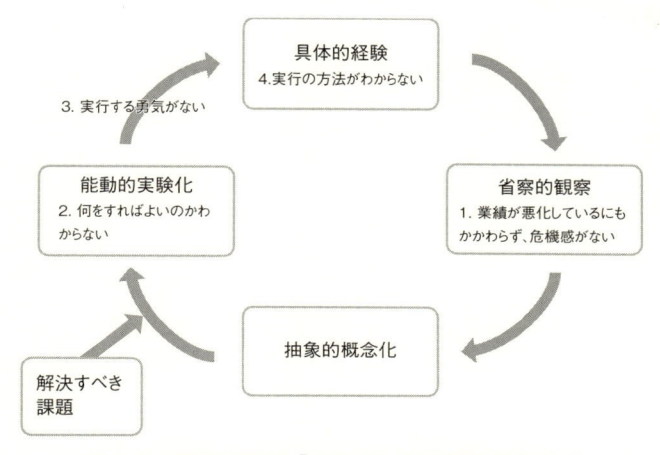

図 9-3　経験学習と「ゆで蛙」症候群の対応関係

2006)。1997 年頃、あるコンビニエンスストアで購入したショートケーキを食べたエーデルワイスの創業者である比屋根毅は、それが同社で販売しているケーキの味と遜色がないことに衝撃を受けた。彼は、エーデルワイスは 2、3 年後には味で負けてしまうと即座に判断した。つまり、彼はこの時点で、①自社のケーキの良さを偏向的に確認するという危機感の欠如というハードルを克服している。そして彼は、エーデルワイスを廃業し、高級業態に特化することを決意したのである。つまり彼は、②具体的な意思決定というハードルを克服している。

　しかしエーデルワイスは当時 50 億円の売上があり、しかも社名と同じビジネスを廃業することからイメージが低下するという問題もあり、他の経営幹部は全員が猛烈に反対した。それでも比屋根は廃業を決意した。つまり彼は、③不安の克服＝変革する勇気というハードルを克服している。そしてその当時、新規ビジネスであったデパ地下業態のアンテノールの売上は好調であった。しかも、アンテノール 1 店舗の売上はエーデルワイス 10 店舗分の売上に匹敵していた。比屋根は、アンテノール 1 店をオープンさせ、エーデルワイス 10 店を閉鎖するというペースで廃業を行っていった。つまり彼は、④変革の実施方法と実施期間を策定するというハードルを克服したのである。

「ゆで蛙」症候群から脱却するためには、以下の4つの方法がある。

1. **危機感の醸成**：情報感度＆プロフェッショナル意識のアップ
2. **戦略の立案**：分析力・創造力・論理力
3. **不安の克服**：自己効力感　⇒　戦略ストーリーの作成
4. **戦略の実施**：計画力・実施力

である。平時からシナリオ・プランニングを策定しておくことも有効になる。しかも、シナリオ・プランニングは、環境変化が激しく、不確実性が上昇すればするほど有効になる（Heijden 2005）。

第4節　初心者と熟達者の違い

　すでに紹介したように、パティシエの小山進は、若い頃はこんなものを作りたいと漠然と考えながら手を動かしていたが、今では最初に「どんな想いを伝えたいのか」を考えると語っていた。これが初心者と熟達者（達人）の重要な違いの1つである。それでは、初心者と熟達者とでは、何が、どのように異なるのであろうか。これまで、この問題には多くの分野の学者が取り組んできた。そのなかでも、初心者と達人との違いについて最も有名なモデルを構築したのはドレイファスである。彼は表9-1に示すように、初心者から達人までのレベルを5段階に分けて整理している（Dreyfus 2004, pp. 177-81）。Benner（1999）はそれを看護師の場合に適用しており、また Hunt（2008）はドレイファス・モデルをプログラミングの分野を中心にしながらも一般理論としても応用している。以下で、ドレイファスの技能取得の5段階モデルを具体的に説明してゆく。

　初心者は学習したことをコンテクストに関係なく、意識的に、分析的に適用してゆく。経験を積むにつれて、初心者から中級者、上級者、熟練者、そして達人へと技能や問題解決力が向上してゆく。熟練者になると、自分の「独自理論」をコンテクストに応じて意識的に自在に適用することができるようになる。そして最終段階である達人のレベルにまで達すると、状況に応じて無意識的に、かつ創発的に問題や課題を解決してゆくこ

とができるようになる。しかし、本人にはなぜそうできるのかを説明することができなくなる。属人的暗黙知と言われているのはその典型である。

そしてドレイファスは、後年には第6の段階として Mastery を、そして第7段階として Practical Wisdom を追加している（McPherson 2005）。その意味では、現場での経験学習のサイクルを「意識的」に回転させ続ければ、当事者はこのようなプロセスを経て達人の域に到達すると考えてもよい。表9-1 は、ドレイファスのもともとの5段階モデルを示している。

それでは、どれだけの時間をかけて「訓練」すれば達人のレベルにまで到達することができるのだろうか。それは通常、「1万時間の法則」として知られている（Gladwell 2009）。そしてそれは、理論的にはエリクソンによって、「デリベレイト・プラクティス（Deliberate Practice）」という概念で説明されている。すなわち、「デリベレイト・プラクティスは、集中的

段　階	特　徴
初心者 （Novice）	・コンテクストにルールをうまく適用することができる ・通常に発生することの経験を獲得する ・当座の結果を獲得する ・自己志向的である
中級者 （Advanced Beginner）	・変化する状況にルールを適用するためにガイドラインを応用する ・例外の経験を獲得する ・介入のための結果を獲得する ・他者（クライアント）志向である
上級者 （Competence）	・ガイドライン／プロセスに適応し、予期せぬことに反応する ・現実状況の複雑性を管理する経験を得る ・辛い経験の結果を獲得する ・プロセス志向である
熟練者 （Proficiency）	・無意識に、いつくかのプロセスを組み合わせ、状況の微妙なニュアンスに反応する ・大規模な経験知にアクセスし、自分自身の「処世訓」（マキシム）を創造する ・システム志向である
達人 （Expertise）	・重要な課題に関して、全体状況を直感的に把握する ・少しのもので多くのものを達成し、必要に応じてルールやガイドラインを破る ・結果を因果関係としてよりも創発的、創造的プロセスと見る ・より大規模なシステム志向である

出所：Dreyfus 2004, Dreyfus and Dreyfus 1986, Hunt 2008 などを基に筆者作成

表9-1　ドレイファスの技能習得の5段階モデル

で、厳しい、反復的な訓練から構成されるトレーニングの形態を意味するが、そこでは主体が連続的に自己のパフォーマンスをモニターして、安定的で、かつ一貫してそれを改善する目的で、その後に即時的で恒常的なフィードバックに対して修正し、実験し、そして反応する。もし最適レベルの専門技術を達成しようとするならば、この方式のトレーニングには約1万時間の集中した努力が必要になるということが一般に知られている」と（〈http://www.quantum3.co.za/CI%20Glossary.htm#D〉, accessed 11th February, 2010, Schraw 2005, pp. 389-412, esp., p. 396）。ここでも、経験学習のサイクルがデリベレイト・プラクティスの重要な構成要素として登場してくる。

　そこで、1万時間の法則を利用して、仕事のプロフェッショナルになる場合を想定しよう。週休2日で、1日に8時間働くとすると1万時間になるのは4.8年となる。しかし8時間のうちには、専門職種に付随する事務作業や会議や移動時間などが含まれているので、専門的な業務に従事している1日の時間を3時間と仮定すると、理論上は、10年程度で、その分野の達人になるということになる。

　それでは初心者と達人の能力の違いはどのような理由から生じるのだろうか。エリクソンは、両者の間には特定分野の知識の質・量の違いだけではなく、知識の体系性と知識へのアクセス方式にも違いが認められると説明する（Ericsson 2000）。初心者の特定分野における知識は質・量ともに過少で、しかもそれらは体系的に頭の中に収納されていない。従って、初心者がある課題に直面したときには、当該の課題に関する関連情報を手掛かりにしながら、自分の持っている知識をランダムに非体系的に引き出しながら処理しようとする。さらに、初心者の場合には、既存知識の質・量ともに過少な状態であるので、課題の性質についての見極めも不正確で、時間がかかることになる。逆に、達人の場合には、課題の性格の把握もそれに関連した知識の引き出し方も体系だっているので、圧倒的な質・量の知識の中から的確に素早く関連情報を処理することができるのである。

　ここで重要なことは単なる練習時間が問題なのではなく、"デリベレイト"という意味である。エリクソンは、「デリベレイト・プラクティスは努

力を必要とし、本来的に楽しめるわけではないことが明らかになった」と言い、彼が行った実験の追試では、練習を嫌がる選手が続出したと回想している（Schraw 2005, p. 396）。そして、この点はチクセントミハイのフロー概念とも共通している。チクセントミハイはその後になって、フロー状態になるためには、ある程度以上のスキルと課題の困難さが必要になると、彼のフロー・モデルを修正している（Csikszentmihalyi 2003, pp. 72, 74）。その意味で、ある程度の技能レベルにまで到達するためには、個人の強靭な意志力（volition）・モチベーションとコーチ（職場では上司や同僚）の支援が必要とされるのである。

それでは、ビジネスパーソンなどに要求される問題発見（医療行為における診断など）や問題解決（同、治療計画の作成）の場合にはどうなのであろうか。これらも身体的能力を伴ったスキルの獲得の場合とまったく同様に、経験学習における"デリベレイト・プラクティス"が必要とされるのである。

たとえば、ある教科（具体的には生物学）の知識に関するコンセプト・マップの描き方で、初心者である生徒と達人である教師との描き方の違いを観察したキンチンらの一連の研究によれば、生徒はうまく要素間の関連付けをすることができないためにスポーク型のコンセプト・マップを描くのに対して、体系的な知識を有している教師はネット型のコンセプト・マップを描くことが明らかにされている（Kinchin 2001, pp. 1257-69）。

同様に、経営学部の1、2年生グループ（初心者）、経営学部新卒者から入社2年程度のグループ（中級者）と当該分野のベテラン・グループ（上級者）に同一のビジネス・ケースを分析させた結果からは、以下の興味深い結果が発見された（Arts et. al. 2006, pp. 387-410）。

その研究によれば、中級者がケースの中から最も多くの「事実」を取り出し、また最も多くの理論的概念やフレームを活用し、最も多くの解決代案を導き出したのである。逆に、初心者と上級者は中級者と比べて、取り上げた事実や理論コンセプトも解決代案数も同等程度に少なかった。しかし、上級者は的確な推論と仮説の数が最も多かったのである。上級者は「直感的に」ケース・イッシューの本質を把握し、独自の理論を創発させな

がら絞り込まれた的確な解決策を案出したのである。逆に、初心者はケース・イッシューを把握しきれずにいた。また中級者は、とにかく学習した理論コンセプトや理論フレームを、問題状況におけるそれらの適切性も考慮に入れず、むやみやたらに振り回していたのである。

　以上の調査結果は、知識の体系化や問題発見・問題解決作業においてもドレイファスやエリクソンの結論が当てはまることを示している。熟練者や達人になるための重要な点は、脳内に莫大な既存知識をいかに体系的に格納し、それを外的環境（＝コンテキスト）の課業（課題）に対して、必要とされる知識を脳内からいかに効果的・効率的に引き出したり、創造したりしながら、適切に身体を活動させたり、判断・意思決定するかにある。

　しかし、この調査結果からは、部下指導やコーチングに関して厄介な問題が浮上してくる。第1の点は、中堅社員は部下指導に際して、多くの矛盾した指示をしがちになるということである。第2の点は、上級者は自分では上手くできるのに、部下がうまくできない理由がわからず、さらに自分の暗黙知（暗黙スキル）を部下に明示知という形で説明できないという点である。

　筆者もビジネススクールのケース学習の授業中に、「もっと問題を絞り込み、仮説を立てたり、背景情報を推理しながら、もっと深く深く分析することが必要です」と注意するのだが、ケース学習の初心者には「何をどうすればよいのか」が上手く伝わっていなかったことが、この研究を通じて良く理解できるようになった。この問題については今後の研究課題としたい。

第5節　　目線設定の重要性

　最後に、現場のプロフェッショナルとして成長するためのもう1つの条件を考えてみよう。すなわち、それは「同じ程度の技能や知識を有しているにもかかわらず、プロフェッショナルとしての成果に差が出るのはなぜか」という問題である。

　たとえば、すし職人に関するある研究によれば、職人（artisan）と名人（virtuoso）の違いは次の点にあるという。すなわち、「すし職人はレシピ通りにしか調理できないのに対して、名人はお客様の要望にこたえるために、レシピの制約を超えてすしを作れるのである」（Berliner 2004, pp. 200-12）と。この研究結果からは、レシピの範囲以上に成長するためには、そこに到達した時点でレシピを打ち破る（＝型破り）能力が必要となるのであるが、それはお客様の要望を読むという能力に依存することになる。ドレイファス・モデルの達人も「必要に応じてルールやガイドラインを破る」のであるが、その必要性が「自分目線」なのではなく、「顧客目線」である必要があるのである。

　ちなみに Hunt（2008, p. 36）は、トランペット奏者のクラーク・テリー（Clark Terry）が音楽習得の秘けつは、模倣⇒同化⇒革新の３段階を経験することであると弟子たちに語っていたと説明している。さらに、Hunt（2008, p. 36）は続けて、武道の稽古でも、「守破離」という言葉が存在するという。守とは型（レシピやマニュアル、ルール）を覚えることである。破とはまさに型破りのことで、自分独自のやり方を試みる段階である。離とは自己の流派（型）、すなわち「独自理論」を構築する段階である。このように、日本の伝統的な武道や能の世界でも、体験学習のサイクルが回転しているのである（cf. Hunt 2008）。

　ソーシャル・ワーカー、弁護士、成人教育者、そして看護師という４つの専門職に対するインタビュー調査からは、すべてクライアントとのかかわり合いのなかから、自己の職業観が形成され、クライアントの成長や幸福感の増進とともに、プロフェッショナルとしての責任感や充実感が増進していったことが示されている（Daley 2001, pp. 39-54.）。そして、そのことはクライアントと直に接するサービス・プロフェッショナルの場合に最もよく当てはまるのである（Sobel and Sheth 2001）。

　また、Fairbanks, et al.（2010, pp. 161-71）の研究からは、どのようなプロフェッショナルになりたいのかというビジョン、自己の自画像の明確化、そしてどのようにしてそのようなプロフェッショナルになるのかというキャリア・プロセスの明確化が、プロフェッショナルとして、技能や知

識レベルを超えた成果を発揮するために必要であることが明らかにされている（cf. 安永 2009）。

　その意味で、プロフェッショナルとして一段高く成長するためには、会社の経営理念やミッションやビジョンと、そして自己の将来ビジョンやそれに至るキャリアパスの明確化との斉合性が必要とされるのである。本章は動機づけや仕事の意味づけの問題から論を開始したが、ここで出発点へと回帰することになった。ここでもプロフェッショナルのためのサイクルは回転しているのである。

第10章

企業家精神の今後の研究方向

第1節　企業家精神のダイナミクスの結論

　最後に、本書での企業家精神のダイナミクスに関する発見物を振り返りながら、今後の研究方向について簡単にまとめてみよう。図10-1は、本書が企業家精神のダイナミクスに関して解明したテーマ間の関連性を示している。本書で筆者が当初に解明したいと思っていた企業家精神のダイナミクスに関するリサーチ・クエスチョンのほとんどは解明されたと自負している。

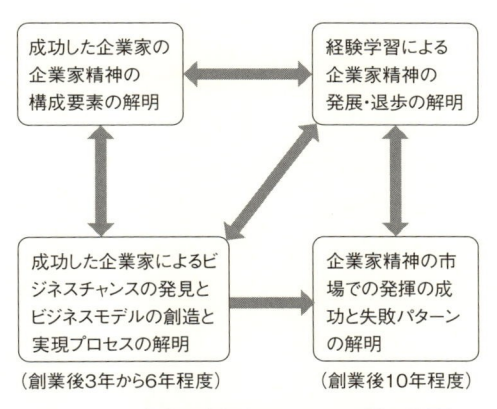

図 10-1　本書が解明したテーマ間の関係

　本書が解明したテーマを振り返ってみると、次のようになる。まず本書の大きなテーマの1つは、サービス分野でイノベーションに成功した企業

家のケーススタディをベースにしながら、それを成人学習分野の理論的フレームワークを用いて企業家精神の発展と退歩のプロセスとその理由を分析した点にある。それらのフレームワークは、コルブの経験学習サイクルの回転とエリクソンのデリベレイト・プラクティス概念（1万時間の理論）、ドレイファスの技能取得の5段階モデルやアージリスやトーバートの気づきのシングルループ、ダブルループ、そしてトリプルループ学習あるいはメジローの変形学習の理論的概念であった。

　本書の第2のテーマは、成功した企業家の企業家精神のダイナミクスの構成要素を解明することであった。本書の第2章と第3章がそれに当たる。第3のテーマは、成功した企業家によるビジネスチャンスの発見とビジネスモデルの創造と実現プロセスの解明であった。そして第3のテーマは、市場での企業家精神の発揮の成功と失敗パターンの解明であった。

　以下で本書の発見物を要約する。図10-2は、企業家精神のダイナミクスの構成要素を示している。企業家精神は「市場機会の発見」から「事業承継戦略」へと至る一連の時間軸のなかで培われ、発揮されていくと考えられる。本書のタイトルが「企業家精神のダイナミクス」となっている理由も、その流れをケーススタディによって解明するという目的にあったのである。

　市場機会の発見で必要とされる企業家精神の構成要素は、なによりも市場機会の捕捉に必要とされるアブダクション力である。アメリカの哲学者パースは、科学的探究の最初の段階としてアブダクション（仮説的推論；Abduction）という概念を導入している（米盛 2007）。アブダクションとは、演繹および帰納に先立って、観察された現象を説明する仮説を発想し、形成する手続きを意味する。簡単に言えば、アブダクションのプロセスは、意外な（想定外の）出来事に素直に驚き、それに対して「それは、どのようになっているのだろうか」、そして「それは、どのような理由で発生したのだろうか」という好奇心を発揮することが出発点となる。

　パースによれば、新しい理論は、演繹法（ディダクション；Deduction）や帰納法（インダクション；Induction）によっては生み出されず、アブダクションのプロセスから生み出されるのである（米盛 2007）。このよう

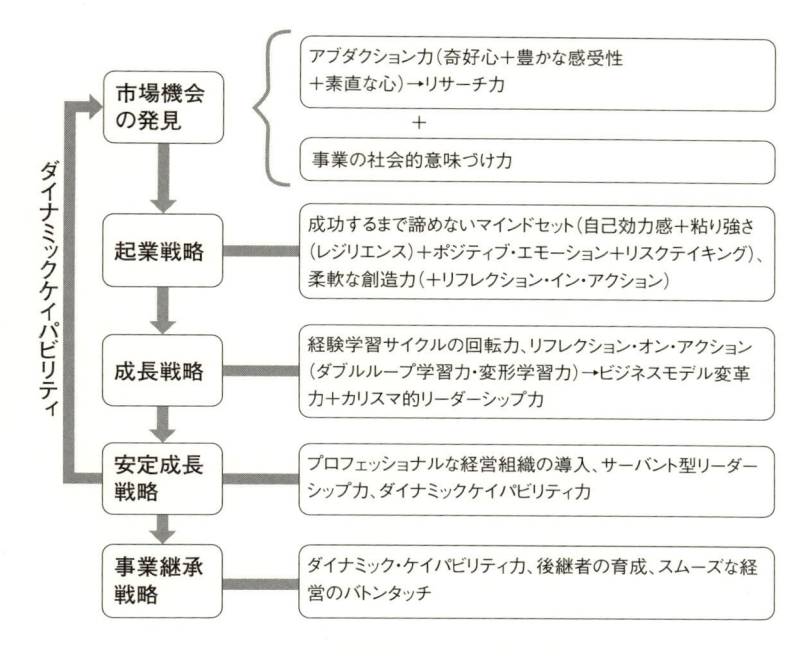

図10-2　企業家精神のダイナミクスの構成要素

に、新しい理論や既存理論の修正は、①想定外の出来事に驚く（アブダクション）⇒ ②驚きの対象となったモノ・コトの論理的説明を仮説的に試行する（ディダクション）⇒ ③量的・質的調査によって仮説を検証する（インダクション）という３つのプロセスから行われるのである。仮説が検証されなかった場合には、もう１度、①から③のプロセスが繰り返されることになる。市場機会の捕捉もこれと同様のプロセスで行われると考えられる。

　このように、企業家にはアブダクション力が必要とされるのである。企業家のアブダクション力は好奇心と豊かな感受性（＝松下幸之助が探究した「素直な心」）、そしてそれを始点にしたリサーチ力から構成されている。しかし、無目的に市場機会を発見することは困難である。企業家に必要なのは、起業の機会を求めて「事業についての問題意識（理想とする起業することの理念や事業の社会的意義）」を意識的もしくは無意識的に形成

し、そこを基軸として市場機会にフォーカスすることである。実際に、本書で取り上げた多くの企業家がそのようにして市場機会を発見しているのである。

　企業家精神の第2の構成要素は、起業戦略を成功させるために必要とされる要素から構成される。それらは「成功するまで諦めないマインドセット」であるが、具体的にはそれらは自己効力感＋粘り強さ（レジリエンス）＋ポジティブ・エモーション＋リスクテイキングから構成される。従来の議論では、企業家精神の特徴としてリスクテイキングが強調されていたが、本書のフレームワークからは自己効力感やポジティブ・エモーションが高いとリスクテイキング力も高まると考えられるので、敢えて、リスクテイキングを強調する必要はないと考えられる。起業戦略を成功に導くもう1つの構成要素は柔軟な創造力であるが、これは起業中や起業後にビジネスモデルを素早く柔軟に変革できる能力、正確にはリフレクション・イン・アクション（reflection-in-action）、つまりビジネスモデルを実際に実行している最中での振り返りとその修正を意味している。サラスバシーの議論が説明しているように、コーゼーションで起業計画が一直線的に実現できるのは、実際にはレアなケースなのである。

　企業家精神の第3の構成要素は、起業後の企業の成長戦略を成功させるために必要とされる要素から構成されている。具体的には、コルブの考案した経験学習サイクルのスムーズで素早い回転力がそうである。そうできるためには、リフレクション・オン・アクションが必要とされるが、これは文字通りビジネスモデルの実行後の深い振り返りと、そしてそれに基づいたビジネスモデルの変革を意味する。起業時のビジネスモデルの実際の展開においては微調整ですむ場合もあるが、起業後の急成長期にはビジネスモデルを大幅に変革することが必要になるケースが多い。そのためには、戦術レベルでの改善であるシングルループ学習ではなく、戦略レベルでのビジネスモデル変革を意味するダブルループ学習力あるいは人生観や価値観あるいはキャリア観の変革をもたらすトーバートのトリプルループ学習力やメジローの変形学習力が必要とされる。そして、その深い気づきをベースにして、（急）成長が可能となるようにビジネスモデルを変革する

ことが必要となるのである。また、企業の（急）成長期には従業員数も急激に増加するので、企業家にはカリスマ的リーダーシップ力も必要とされる。

　企業家精神の第 4 の構成要素は、企業の急成長を安定成長に軌道修正させるのに必要な企業家の能力から構成されている。具体的には、それらはプロフェッショナルな経営組織を導入する能力、サーバント型リーダーシップ力、そしてダイナミック・ケイパビリティである。以下で、順に説明してゆく。

　企業規模が拡大し、ある閾値を超えるようになると、いくら企業家が超人であったとしても、ワンマン体制では拡大した企業を成長させることは困難になる。専門的な組織構造を導入することが必要になる。あわせて、有能な管理者（マネジャー）の存在も不可欠である。この時期に企業家にとって必要な企業家精神は、従業員を育成させるサーバント・リーダーシップである。急成長期には従業員をビジョンの達成に向けて牽引してゆくカリスマ型リーダーシップが必要となったが、安定期には企業家と従業員との物理的、精神的なつながりが希釈化するので、企業理念やミッションを従業員に理解させると同時に、彼らのマネジャーあるいはリーダーとしての能力をレベルアップさせることが何よりも重要となる。それに適したリーダーシップ・スタイルがサーバント・リーダーシップなのである。

　もう 1 つ、安定成長期の企業家に必要とされる企業家精神の特徴的な要素が存在する。それはダイナミック・ケイパビリィティである。ダイナミック・ケイパビリィティとは、環境の変化によって既存のビジネスモデルが機能不全になってくると予想した企業家が、その環境変化を新たなビジネスチャンスとして認識し、ビジネスモデルに革新的な変革をもたらし、その実行に成功する企業家の能力を意味する。例えば、金型部品のカタログ販売で有名なミスミのビジネスモデルに大変革をもたらした三枝匡はダイナミック・ケイパビリティの権化ともいえる企業家である（佐藤 2010c, d, 三枝 2016）。図 10-2 では、「安定成長」から「市場機会への発見」へと後方への矢印が引かれている。その意味では、これは第 2 創業の開始であると考えることもできる。

企業家精神の第5番目の構成要素は、事業承継戦略を成功させるのに必要とされる能力である。企業家は理想を言えば複数の後継者を適切に育成し、そのなかから適任の後継者を指名し、その後継者が実力を発揮できる職場環境を整備する必要がある。その能力も企業家精神を構成する最後の要素となるのである。先程のミスミの例でいえば、ミスミの実質的な創業者である田口弘（たぐちひろし）は、理想的な状態で三枝にバトンを渡している（佐藤2010c）。

　以上のように、本書では企業家精神のダイナミクスとして5つの段階を区分しながら、その構成要素を明らかにしてきた。これまで、企業家精神の構成要素の研究は「起業」に関連した内容に限定されて論じられてきたが、本書の立場はそうではなく、「企業家精神のダイナミクス」という時間軸をベースにして考える必要性を強調しているのである。

第2節　坂東太郎の創業者、青谷洋治の企業家精神のダイナミクス

　企業家精神のダイナミクスを確認するために、本書ではこれまで取り上げてこなかった企業家のケースを紹介する。株式会社坂東太郎を創業した青谷洋治（あおやようじ）のケースがそうである（福島2013, 佐藤2016）。青谷は1951年6月4日、茨城県結城郡八千代町（旧八千代村）に、姉が1人いる4人兄弟の専業農家の長男として生まれた。彼の父は戦争で負傷して重いものが持てないので、青谷は父の代わりに農作業をしていた。青谷は小学生の卒業文集に「社長になりたい」と書いた。皆に楽な生活をしてもらいたかったからである。中学卒業とういう時に母が亡くなり、彼は高校進学どころではなくなってしまった。彼は畑仕事に精を出した。

　青谷は妹を高校に進学させることもできたし、弟も働きに行かせた。しかし、働き手は青谷だけになった。彼は「これは、この先、農家を続けるのは難しいな」と思うようになった。ちょうど20歳のときであった。そのとき、青谷は偶然、隣町に蕎麦屋がオープンし、アルバイトを探しているという噂を耳にし、昔、文集に記した「社長になりたい」という言葉が雷

鳴のように轟いた。よし、「社長」になろうと。

　青谷は無事に一番弟子となり、蕎麦屋は隣町にあったので、畑仕事が終わってから車で 30 分かけて通った。青谷は朝暗いうちから畑仕事を始めて、蕎麦屋が終わって家に帰って寝るのはたいてい 12 時を回っていた。睡眠時間は 3 〜 4 時間。過労で青谷が倒れたある日、目を開けたとき、2 年前に送り出したはずの妹が荷物をまとめて立っていた。青谷は次のように回想する。「弟か姉かに私のことを聞いたんでしょうね。突然、戻ってきて『私が農家をやるから、兄ちゃんは今のお蕎麦屋さんの仕事をちゃんとして』って言うんです。そして『1 日も早く独立して。そうしないと、家庭が壊れちゃうよ』って」。青谷は号泣した。辛くて、悔しかった。妹の夢を奪ってしまった、と知ったから。

　こうして、青谷は「すぎのや」で本格的に働くことになった。青谷は師匠の飯田に、「3 年半後には独立するくらいの気持ちでやらせてください」と意気込みを話した。飯田もそれを快諾し、家族同様に苦楽をともにしていった。やがて青谷は、宣言した通り 3 年半後に「すぎのや」ののれん分けで独立した。24 歳の青谷は銀行に融資を申し込んだが、銀行は青谷の申し入れを軽く一蹴した。青谷はしつこく何度も何度も銀行へ足を運び、熱心に説得した。5 回目の訪問時には事業計画書の存在を教えてもらえた。11 回目の訪問で、青谷はついに 700 万円を借り受けることに成功した。

　出店した人口密度の低い境町で、来店するお客さまだけでは利益を出すにも限りがあった。そこで青谷は、修業時代にヒントを得た独自システムによる出前サービスを行った。のびたそばやうどんは絶対に提供しない速さにこだわった。そばやうどんのほかにラーメンも提供して、この青谷式宅配システムによる "速達" 出前サービスは、たった一杯の注文でも待たされることなくすぐに出前に来てくれると地域で大評判になった。そのうち出前に使うバイクやライトバンの台数も増えて、店の売上の 8 割を出前サービスで稼ぐようになっていった。それから 5 年、とにかく無我夢中の日々が続いた。業績も上向きになり、勢いに乗って 2 号店も出店した。

　創業から 10 周年を目前に控えた 1984 年のある日、一本の電話が鳴った。出前に出ていた従業員の 1 人が、バイクで交通事故に遭ったのであ

る。青谷は急いで病院へ飛んでいった。さらに、今度は別の従業員が交通事故に遭ったという連絡が入った。2人は重傷で、青谷が病院に駆け付けたときには意識を失っていた。そのとき、青谷ははっと気づいた。目が回るほどの忙しさと焦りが、この2人を事故に遭わせてしまったのではないか。青谷は青ざめ、頭を抱えた。

　事故に遭った2人の従業員は、幸い意識を回復し、命に別条はなかった。青谷は、この出来事を境に、これまで2つの店で売上の8割を占めていた出前をやめた。そして、青谷は今度はお客さまに来てもらえるようにすればいいと考え、店の増改築に踏み切ることにした。当時は郊外型ロードサイドのファミリーレストランが急成長していたが、青谷は単なる洋風ではなく、和風のファミレスにしよう考えた。青谷は寿司などもメニューに加えて、幅広い人々に足を運んでいただける、"家族のためのレストラン"にしようと考えを広げたのであった。

　この増改築を機に、和風建築の要素を取り入れた今日の坂東太郎のレストランの原型が少しずつ形を成していくことになった。1980年代も半ばを過ぎ、バブル経済はますます膨張していった。忙しさは相変わらず。そんななかでの目標は、売上も、店舗数も、来店客数もすべて「日本一」。1986年、青谷は故郷の利根川の異名をいただき、会社を「株式会社坂東太郎」という名で正式に法人化した。これを機に、青谷は新たにオリジナルブランドの「ばんどう太郎」の看板を掲げ、いっそう明確な和食ファミリーレストランのかたちを押し出していった。経営理念は、創業時から変わらずの「親孝行」。目標は「日本一」になること。

　そんなある日、「ばんどう太郎」で働いていた女性従業員の両親が店に怒鳴りこんできた。父親は店の真ん中で「うちの娘をこんな水商売の店で働かせることなどもってのほかだ！」と怒号を上げ、女性従業員の腕をつかんで連れ帰ってしまった。このとき、青谷は「絶対に、外食産業を文化と呼べるようなものにするのだ」と強く心に誓った。その後、ファミレス旋風に乗って「ばんどう太郎」の知名度も上がり、訪れるお客さまの数も売り上げも上昇気流に乗っていった。店舗数を5店にまで増やし、さらにその数を拡大する計画を進め、仕事量も激増していった。しかし、1つの問

題が青谷夫婦の頭を悩ませていた。

　悩みの種とは、従業員がなかなか定着しないことであった。毎日のように従業員が辞めていき、なかには長年勤めた信頼のおける従業員までもが辞めてしまった。青谷はヘッドハンティングをしたり、高額報酬の条件を提示したりしたが、従業員は定着しなかった。人手が減り、残された従業員の仕事の負荷は重くなった。そのしわ寄せは、創業当時からホールを切り盛りしてきた青谷の妻のきみえまでもが出社を拒否するほどにまでなった。さらに、一度に大量の従業員が辞表を出して集団退職するという事態が起こった。お客さまは増えているのに、働き手がいない。まさに労務倒産の危機であった。

　青谷夫婦は、これまで夜遅くまで仕込みをしてくれた従業員たちを早めに家に帰した。閉店は夜 10 時であった。それ以降は夫婦でレストランを一つ一つまわり、2 人で皿を洗い、店内清掃をして、翌日のための仕込みをして明日に備えた。5 店舗を見てまわり、すべての仕事を終えるのは夜明けの 4 時頃。自宅までの車での帰り道には、決まって青谷の母の墓参りをした。青谷は当時を以下のように回想する。

　「初めの 1、2 カ月はほとんどおふくろの墓にかじりついていたような状態でした。おふくろ、倒産する、助けてくれ。おれたちは一体どうしたらいいんだと。そうやって女房と 2 人で声をかけるばかりでした。」いつものように、青谷は墓の前で両手を合わせて念じていた。「おふくろ、おれたちはどうしたらいいんだ……」と。その瞬間、全身の力がすーっと抜けていく感じがして、青谷の耳に母の声が聞こえてきた。「洋治、お前のところでは働いている人が幸せになれないから人が辞めていくんだよ。皆を幸せにしておやり。皆を幸せにしてあげれば、誰も辞めていかないよ……」。

　この日、青谷はそれまで張りつめていたものがすべて洗い流されていくような気がした。当時、坂東太郎で働く従業員の数は 100 人ほど。そして社長の口癖は「100 店、100 億、日本一」。けれども、青谷はあの母の声を聞いた瞬間から、自分が間違った方向に進んでいたことに気づいた。その後、青谷は 5 店をすべて休みにして、地元の結婚式場の宴会場の一室を貸し切り、そこに働く全従業員を呼び寄せた。

青谷は従業員全員の前で、「経営者としてのこれまでのやり方が間違っていた。働く皆が不満を持つ大会社より、規模は小さくても全員幸せで満足できる会社のほうがどれほどいいかということに気づいた。今の今まで、皆のことを考えていなかったわけではないけれど、それが十分ではなかった。それは、経営者としての自分の責任であり、これからは膝を交えて、皆の人生を一緒に考えていける会社づくりをしていきたい……」と話をして、そこにいる全従業員の前で深々と頭を下げた。従業員からは、辛辣な言葉が投げかけられた。「絞った雑巾から出た水を飲ましてやりたかった」、「後ろから靴で殴ってやろうとも思っていた」と。従業員が絞り出した声は、青谷の胸をこれでもかというくらい叩いた。

　青谷はまず「楽しさ」について考えた。そして「楽しい会社」をつくりたいと、ある人に話をすると、「楽しい会社は倒産する」と一蹴されてしまった。青谷はさらに考えを巡らせた。青谷は悩みに悩み抜いた結果、1つの真実にたどり着いた。「喜び」である。苦労はあっても努力を超えてなにかを達成したときにこそ、喜びは大きくなる。そして人が集まる店とは、人が働きたい店であり、人が人を呼ぶ喜びの笑顔に満ちた店であるということであった。

　これを機に、従業員が毎朝の朝礼で唱和する綱領のなかに、「喜びを求めて頑張ります」という象徴的な言葉を加えた。さらに、青谷は社訓である「親孝行」に加えて、もう1つの言葉を思いついた。それは、働くこと、人とふれあうことの幸せ。夢を追いかけ、つかもうとする幸せ。生きていくことの幸せ。そんな十人十色の幸せを実現するお手伝いをしたい。そうした心を言葉にしたのが、「人間大好き」であった。「親孝行・人間大好き」。人々の幸せを追い求め、喜びをつくりあげる。そのことなくしては、会社の発展などありえない。日本一幸せになる。しかも、一人一人の幸せを実現できる会社をつくりたい。

　その後、バブルが崩壊し、世間が不況風に凍えるなか、坂東太郎は「社員を大事にする会社」との評判から人材が集まり、売上がさらに伸びた。社員の待遇改善が実って業績が好転した頃、青谷は大手のファミレスですしを注文したことがあった。店員が「うちのすしはやめたほうがいいです

よ。おいしくないから」と囁いた。青谷は「自分が働く店の商品を否定するなんて」と驚いたが、ひょっとしたらうちの従業員も同じことを考えているのではないかと思い、従業員に無料食事券を配った。自分が働く店にどれくらいプライベートで来てくれるかという実験であった。すると、思っていた以上に食事券の回収率が悪かった。働く人が自信を持てる料理を提供しなければならないと痛感した。その後も青谷は、試行錯誤しながらも小さなことから一つ一つ丁寧に改革を積み上げていった。

　このケースから、青谷が企業家としてさまざまな深い気づきを行い、その都度、ビジネスモデルを改造していったことが読み取れる。以下では青谷の企業家精神のダイナミクスを整理してみる。

　まず、青谷は小学生の頃に「家族を楽にさせるために社長になりたい」と思った。それを 12 歳のときに小学校の卒業文集に記載した。そして、青谷は 20 歳のときに、蕎麦屋での修業を開始したが、その際に妹が「教師になる夢」を諦めて、自分を助けるという衝撃的な出来事に遭遇した。そのとき、妹からは「1 日も早く独立して」と言われた。その「本気」が青谷が銀行の融資を獲得する際の原動力になっていたと考えられる。

　起業後は、青谷の深い気づきとビジネスモデルの変革とが見事に連動していった。まず青谷は、出前を主力にするというビジネスモデルを展開した。出前は大成功したが、しかし青谷は出前スタッフ 2 名の同時的な交通事故によって、出前のビジネスモデルを廃止した。8 割を占める出前の売上を補填するために、青谷は和食のファミリーレストランというビジネスモデルを考案し、それを実現させた。その後、青谷は女店員の父親が青谷に罵声を浴びせながら彼女を連れ戻すというショッキングな事件に遭遇した。そこで青谷は、レストラン事業を恥ずかしくないビジネスにすることを誓い、急速な企業成長を目指した。

　その後、青谷は客も売上も増加しているのにもかかわらず、従業員が定着しないという問題に直面した。青谷は真剣に悩み続けた結果、亡き母からの啓示によって、従業員の幸福（そしてすべての関係者の幸福）を第一義的に考える会社になりたいとの思いを込めて「人間大好き」という言葉を経営理念に追加し、それを「親孝行・人間大好き」とした。それ以降、

青谷は今日に到るまで、この経営理念とビジョンとを体現するためにビジネスモデルを漸進的に変革しているのである。

図 10-3 と図 10-4 はこの間の関係を示している。

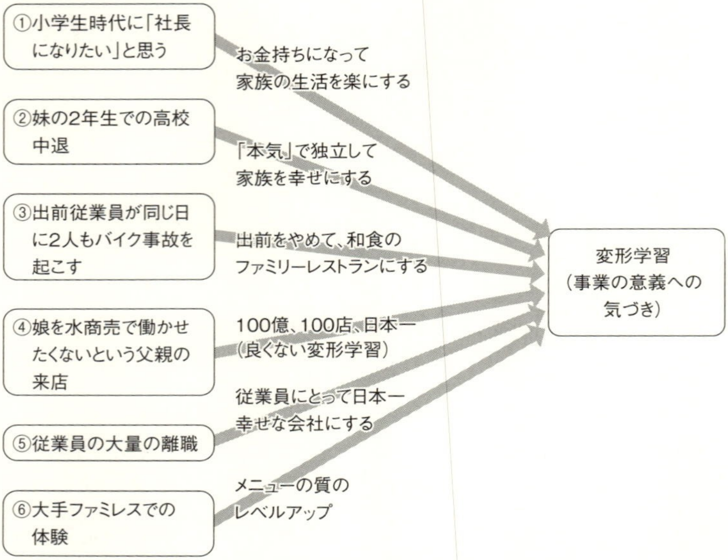

図 10-3　青谷のハッとする出来事との遭遇と変形学習

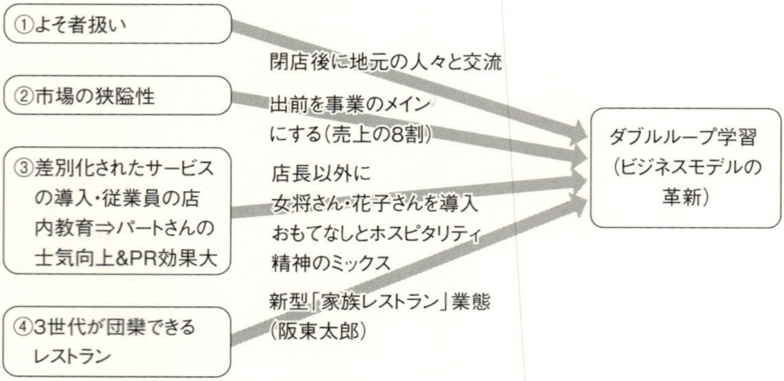

図 10-4　青谷のハッとする出来事との遭遇とダブルループ学習
（ビジネスモデルの変革）

第3節　2つのタイプの企業家のキャリア

　本書の分析の重要な発見物の1つは、企業家の起業にいたるまでのプロセスと起業後のプロセスには3つのタイプが存在するということである。1つは、プランドハプンスタンス型企業家であり、もう1つはキャリアアンカー型企業家である。3つ目はその中間型である。以下で、研究の発見物を要約する。

　プランドハプンスタンス型企業家は、人生の比較的早い段階で「将来は社長になる（＝起業する）」と決めた人々である。例えば、坂東太郎の創業者の青谷がそうであるし、T&G ニーズを創業した野尻佳孝やワタミを創業した渡邉美樹がそうである。彼らは早くから社長になると決心したものの、しかしながら、具体的にどの分野で起業するのか、またどのようなビジネスモデルを創造するのかについては、その時点では"ノーアイディア"であった。彼らはそのためには「ハッ！とする瞬間」に遭遇する必要があったのである。

　プランドハプンスタンスとは、キャリアの大体の方向性を計画（＝プランド）し、その後は偶然の機会（＝ハプンスタンス）を呼び込みながら、具体的な進路を決めてゆくというキャリア決定のスタイルである。青谷は20歳のときに蕎麦屋というキャリアと遭遇し、野尻は20代後半でハウスウェディングという結婚式の新業態と遭遇し、そして渡邉は大学卒業までに皆が楽しく過ごせる空間であるレストラン業態に注目するようになっていた。

　しかし、起業後にはプランドハプンスタンス型企業家の進路は、大きく3つに分かれる。1つは、野尻のように事前にハウスウェディング業態を徹底的にリサーチし、また結婚式場に就職して結婚式ビジネスのノウハウを取得してから起業した場合である。この場合には、起業後もスムーズに企業は成長することになる。実際に、野尻が創業した T&G ニーズは急成長を遂げた。第2のパターンは、青谷のように新しいビジネスモデルを立案・実施するのに必要なある程度のキャリアはあるが、しかし新旧のビジ

ネスモデルの違いが大きすぎ、新しいビジネスモデルが完成するまでに紆余曲折を経る必要がある場合である。最後は、ワタミを創業した渡邉の場合である。渡邉には飲食店事業の経営ノウハウがなく、渡邉はなかりの波乱万丈を経ながら最終的に「和民」という新業態（＝新しいビジネスモデル）の開発・展開に成功するようになったのである。図 10-5 がそれらの関係を示している。

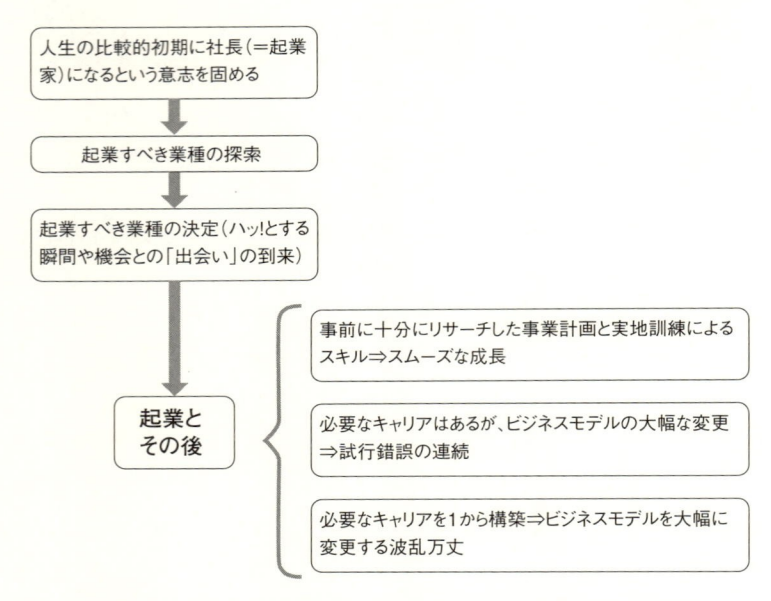

図 10-5　プランドハプンスタンス型企業家のキャリア形成

　このプランドハプンスタンス型企業家の極端なケースとしては、世界的パティシエの辻口博啓のケースが存在する。かれは 9 歳のときにパティシエになると固く決心し、その後は「世界一のパティシエ」になるとの目標を一直線に追求していった。同様に、企業家ではなく政治家であるが、元文部科学大臣であった下村博文は、小学校 5 年生のときに政治家になると固く心に誓い、その後は一直線に政治家を志し、自分が 30 代のときに立てた計画よりも 1 年後に文部科学大臣になっている（下村 2016）。このような辻口や下村のキャリアは、プランドハプンスタンス型というよりは、

むしろ言葉の本来の意味でのキャリアアンカー型と位置づけるべきなのか
もしれない。しかし、本書では彼らの企業家としてのキャリアは中間型に
位置づけることにした。

　本書が取り上げた企業家のケースで圧倒的に多かったのは、キャリアア
ンカー型企業家のケースである。キャリアアンカーとは、エドガー・シャ
インが創造したキャリア概念であり、これは「自分は何が好きなのか、何
が得意なのか、どのような活動で自分の存在意義を感じることができるの
か」という 3 点を考え、この 3 つの領域が重なる部分に自分のキャリア上
のアンカーが存在するので、そこを目指して継続的に努力してゆけば幸福
になれるという考え方である。サラスバシーの起業のエフェクチュエー
ション・パラダイムにおいては、起業に当たってはこのパターンに近い起
業イメージが採用されていた。

　キャリアアンカー型企業家は、企業での就業経験や起業後の経験から、
業界や自社（のビジネスモデル）に対してなんらかの改善・改革の問題意
識や自分の夢（ビジョン）を持ち、チャンスがあればそれを起業によって
実現したいと思うようになる。この企業家は、課題や夢を実現できそうな
起業のアイディアに何回か遭遇するも、なにかしっくりこない場合が多
かったのであるが、ある日、ついに深く「ハッ！とする瞬間」との決定的
遭遇をすることになり、新しい事業を起業する。このような経過を経てメ
イン事業を起業するのがキャリアアンカー型企業家の典型的なケースであ
る。

　キャリアアンカー型企業家の起業後の経緯に関しては、比較的にスムー
ズな成長を行う場合とそうではない場合とに分けられる。起業後にどの
コースを歩むことになるのかを決定する要因は、起業後のビジネスモデル
の運営に企業家のこれまでのビジネスキャリアを活かせるのかどうかであ
る。活かせる場合には比較的スムーズに成長し、本書の分析からは、そう
ではない場合にはビジネスモデルの調整に 6 年程度の紆余曲折の経験学習
期間が必要とされることが明らかになっている。図 10-6 は以上の関係を
示している。

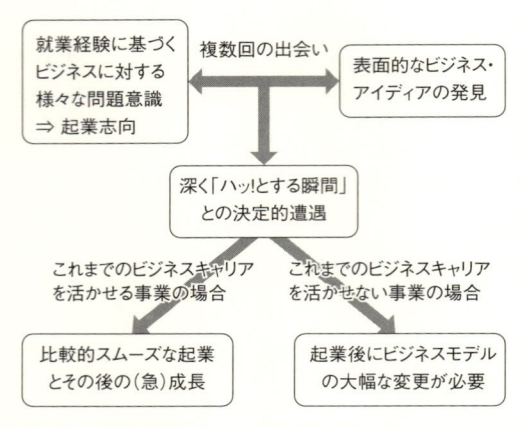

図 10-6　キャリアアンカー型企業家のキャリア形成

　最後にここで分類された3つの企業家のキャリアについて比較しておく。本書では、サービス業の分野で成功した企業家のケーススタディ・リサーチから、3つの企業家のキャリア類型を発見したが、それらは以上のような企業家キャリアであった。図 10-7 はこれらの関係を示している。

　第1番目の企業家キャリアは、プランドハプンスタンス型とキャリアアンカー型の中間型であり、本書が研究対象として企業家では最も事例が多かった。この企業家キャリアは、どの分野でどのようなビジネスモデルを使って起業するのかの決定は、様々なキャリアを積んで中年期になってから決定する場合がほとんどである。しかしこのタイプの企業家は、その具体的な目標の決定後は、その目標の具体的なビジョンをベースにした最終到達点からの逆算の論理で下位目標を比較的明確に設定し、その下位目標を粘り強く達成してゆく。下位目標を達成すると達成感を味わえるだけではなく、自己効力感も上昇し、さらに上位の下位目標を設定し、その達成に向けて力強く歩んでゆく。

　本書で分析対象とした企業家で、中間型の次に多かったのは、プランドハプンスタンス型企業家であった。この企業家は比較的早い時期に将来の起業を決定するのであるが、しかしその決定後に、どの分野でどのようなビジネスモデルを立案して起業するのかについて決定するまでにはかなり

の時間的インターバルが介在している。このタイプの企業家は、決定的に「ハッ！とする瞬間」との遭遇が重要となる。このタイプの企業家にとっては、それを捕捉するために、直観とポジティブ・エモーション状態を維持し続けることが不可欠となる。

　最後のタイプの企業家のキャリア類型は、キャリアアンカー型企業家である。この企業家は人生の初期の段階で起業を決心し、しかも決心した分野・職務で起業しようと一直線に脇目も振らずに邁進するタイプの企業家である。このタイプの企業家は本書では最も少数であったが、実際の世界でも少数であるように思われる。

　本書で取り上げた事例では、世界的なパティシエである辻口博啓のケースがそうであった。辻口の起業分野であるパティシエはケーキ職人という職業である。したがって、このタイプの企業家の場合には細分化された職業を初期に選択し、その後に経験を積みながら革新的なビジネスモデルを創造してゆくキャリアを歩むと考えられる。たとえば、若いときに医師を目指し、キャリアを重ねてゆくにつれて革新的な病院経営のビジネスモデルを立案・実施してゆくというケースがそうである。青梅慶友病院を創業した大塚はその典型例の1人である（佐藤 2005a）。

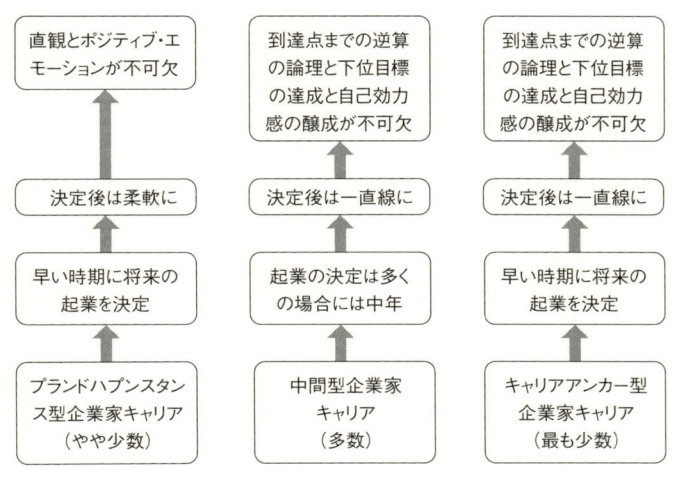

図 10-7　企業家のキャリア類型（最下段の括弧内は本書の事例数）

第4節　今後の企業家精神の研究の方向性

　最後に、企業家精神のダイナミクスの残された研究課題を考えよう。第1の研究課題は、本書が対象とした企業家のその後のキャリアの追跡である。例えば、本書で取り上げたブックオフの創業者の坂本孝は2007年6月19日に同社の 会長を辞任し、その後、2012年11月に俺のフレンチ・俺のイタリアン株式会社（現・俺の株式会社）設立している（坂本 2013）。坂本の起業の特徴は、コスト／パフォーマンスを意識したビジネスモデルにある。坂本は中古ピアノ販売の起業で成功し、その後は新古書本の起業で大成功した。俺のでは、高級レストランの有名シェフの料理を格安で提供するというコンセプトの起業で業界の話題を集めた。

　また、ピザーラを創業した浅野秀則は、その後は、飲食店分野でファストフードから高級料亭までを展開している。また、全国の半数の世帯をカバーするピザーラをベースにした宅配ネットワークを生かし、通販関係の事業にも取り組んでいる。ここで興味深い点は、坂本がシリアル・アントレプレナー（連続的に起業してゆくが、経営に関わるのは最後に起業した1社のみ）であり、浅野は複数の事業を同時並行に営んでいるポートフォリオ・アントレプレナーであるということである。この2種類のタイプのハビチュアル・アントレプレナーの違いはどこにあるのかをケーススタディをベースにして分析することは興味深い。

　他方で、その後の消息をつかめない企業家も多い。今後の課題は、企業家精神のダイナミクスの後半部分、すなわち本書で取り上げた企業家はのその後の追跡である。すなわち、企業家はその後に、①経営を順調に安定成長させて（後継者にバトンタッチして）いるのか、②会社の業績を低迷させているのか、③引退しているのか、についての追跡調査をし、その理由を特にダイナミック・ケイパビリティに関連させて解明することも重要な研究課題である。

　第2の研究課題は、本書がケーススタディの対象とした企業家の選択基準に関係している。本書が取り上げたのはサービス分野でなんらかの新市

場開拓に成功した企業家である。その意味では、製造業の分野で新しい市場開拓に成功した企業家を対象としたグラウンデッド・セオリー・アプローチの適用が必要とされる。そのうえで、サービス分野と製造分野で新市場開拓に成功した企業家の比較分析を行う必要がある。

この点に関して、さらに女性企業家のケーススタディも行う必要がある。本書で取り上げた企業家は1人を除いてすべて男性であった。唯一の女性であるブックオフの橋本真由美は起業家ではないが、しかし本書において橋本は創業者の坂本孝とのシェアード（チーム）リーダーシップを担う女性企業家として取り上げられている。しばしば男性企業家はビジョン構築やロジカルな戦略立案に長けており、逆に女性企業家は橋本と同じように現場でキメの細かい改善提案や女性特有の情緒的なリーダーシップに長けているとされる。多くの女性企業家のケースを分析しながら、男性の企業家の企業家精神の構成要素や構成要素間の相互連関（コンフィギュレーション）との相違点を分析することは興味深い研究課題である。

さらにこの点に関連した研究課題が存在する。本書で取り上げた企業家の圧倒的大部分はファミリービジネスを営んでいる家庭の子弟であった。これは多くの起業家研究者が指摘している点でもあるが、実家が経営をしている家庭の子弟は起業に成功する可能性が高いと考えられている。その理由は家庭環境である。サラリーマン家庭出身の企業家とファミリービジネス家庭出身の企業家は、企業家精神のダイナミクスにおいてどのように異なるのかという研究課題も、世界的に立ち遅れている日本の起業家志向度の問題を考えた場合、決定的に重要な研究課題になると考えられる。そして、この問題は下記の第3と第4の研究課題と密接に関係する。

第3の研究課題は、企業家精神の構成要素とそれの市場での発現、つまり企業家精神のダイナミクスの国際比較研究である。ホスシュテッドら（Hofstede et al. 2010）の指摘を待つまでもなく、文化の5次元尺度（個人主義対集団主義、権威主義対平等主義、男性型社会対女性型社会、不確実性回避度、短期志向対長期志向）をベースにした企業家精神に関する多面的な文化比較分析も興味深い研究課題である。特に、日本の起業家志向度が低い点は、日本人の集団志向性と不確実性回避度の高さに求められてい

るが、しかし逆に考えれば、これらの特徴は起業するに際してはプラスに作用するのではないであろうか。この点の確認も重要な研究課題である。

第4の著者にとって最も重要な課題は、企業家教育の理論的な実践的研究である。本書の研究からは、革新的な企業家のビジネスチャンスの発見の最も重要なポイントは、起業のための問題意識であることが明らかになっている。また、本書はその画期的なビジネスアイディアを実行可能なビジネスモデルに転換するのも困難な課題であることも明らかにした。さらに、本書は起業に実際に成功することの困難性、そして起業に成功して急成長を開始してもいくつかの落とし穴が存在することも明らかにしている。企業家教育は、起業のための問題意識や起業に成功して急成長し続けるための支援となるはずである。

それだけではない。筆者が現段階で構想しているのは、起業家メンターの養成である。起業家メンターとはボランティアベースで、企業家が起業前と起業後に直面する種々の問題に対して自分の経験をベースにしてアドバイスをしたり、企業家を励ましたり慰めたりする立場の人である（佐藤他 2014)。各種の調査で、日本人の起業家志向度が世界平均値と比べて極端に低位なのは、起業に失敗すると敗者の烙印を押されて再チャレンジが困難になってしまうからであると考えられている。その意味で、日本では起業家メンターの役割は重要であると言わざるをえない。

しかし、日本で起業家メンターの育成を図るうえで考慮しなければならない要因がある。筆者は、起業家メンターはメンティーと対等の目線でメンティーを支援する立場であると考えている。しかし、日本ではこの平等な目線でのメンター・メンティー関係の構築は困難である。日本では先輩・後輩という身分の上下関係も含まれることになってしまうからである。その意味で、日本にふさわしいメンター・メンティー関係についての研究も同時に進めてゆくことが必要になる。

今後は、企業家精神のダイナミクスに関する理論的なケーススタディをベースにして、その研究成果を踏まえたうえで、起業家メンターの養成プログラムを実践してゆきたい。そのことがたとえささやかな試みであるにしても、日本の企業家の企業家精神の健全な涵養に少しでも貢献できれば

筆者の望外の幸せである。

参 考 文 献

Abell, Derek F. (1980), *Defining the Business: The Starting Point of Strategic Planning*, Prentice-Hall. 石井淳蔵訳『事業の定義：戦略計画策定の出発点』千倉書房, 1984 年.

Ardichville, Alexander, Richard Cardozo, and Sourav Ray (2003), "A Theory of Entrepreneurial Opportunity Identification and Development," *Journal of Business Venturing*, 18, pp. 105-123.

Argiris, Chris (1991), "Teaching Smart People How to Learn," *Harvard Business Review*, May-June, 69(3), pp. 99-109.

Arts, Jos A. R., Wim H. Gijselaers, and Henny P. A. Boshuizen (2006), "Understanding Managerial Problem-Solving, Knowledge Use and Information Processing: Investigating Stages from School to the Workplace," *Contemporary Educational Psychology*, 31, pp. 387-410.

Avolio, Bruce J. and William L. Gardner (2005), "Authentic Leadership Development: Getting to the Root of Positive Forms of Leadership," *The Leadership Quarterly*, 16, pp. 315-338.

Bandura, A. (1994), Self-Efficacy. In V. S. Ramachaudran, ed., *Encyclopedia of Human Behavior* (Vol. 4, pp. 71-81). New York: Academic Press. Reprinted in H. Friedman, ed., *Encyclopedia of Mental Health*. San Diego: Academic Press, 1998.

Bandura, Albert (1997), *Self-efficacy: The Exercise of Control*. W. H. Freeman and Company.

Bandura, A., & Locke, E. (2003), "Negative Self-Efficacy and Goal Effects Revisited," *Journal of Applied Psychology*, 88, pp. 87-99.

Barney, Jay B. (1997), *Gaining and Sustaining Competitive Advantage*. Addison-Wesley Publishing Company, Inc.

Barrett, Lisa Feldman, James Gross, Tamlin Conner Christensen and Michael Benvenuto(2001), "Knowing What You're Feeling and Knowing What to Do about It: Mapping the Relatin between Emotion Differentiation and Emotion Regulation," *Cognition and Emotion*, 15(6), pp. 713-724.

Benner, Patricia (1999), *From Novice to Expert: Excellence and Power in Clinical Nursing Practice*. Prentice Hall.

Berliner David C. (2004), "Describing the Behavior and Documenting the Accomplishments of Expert Teachers," *Bulletin of Science Technology Society*, June, 24 (3), pp. 200-212.

Beswick, David (2004), "From Curiosity to Identity: Wonder, Curiosity, Purpose, and Identity; The Function of Identity in the Psychology of Intrinsic Motivation,"

Draft 4 November, http://www.beswick.info/psychres/CuriosityIdentity.htm, accessed December 6, 2005.

Biggs, John (2003), *Teaching for Quality Learning at University*, 2nd ed., Open University.

Campos, Joseph J. (2003), "When the Negative Becomes Positive and the Reverse: Comments on Lazarus's Critique of Positive Psychology," *Psychological Inquiry*, 14 (2), pp. 110-113.

Collins, Jim (2001), *Good to Great: Why Some Companies Make the Leap... and Others Don't*, HaperCollins Publishers. 山岡洋一訳『ビジョナリー・カンパニー 2：飛躍の法則』日経 BP 社，2001 年.

Collins, Jim and Jerry I. Porras (1994), *Built to Last: Successful Habits of Visionary Companies*, HaperCollins Publishers. 山岡洋一訳『ビジョナリー・カンパニー：時代を超える生存の原則』日経 BP 社，1995 年.

Cooper, Cecily D., Terri A. Scandura, and Chester A. Schriesheim (2005), "Looking Forward but Learning from Our Past: Potential Challenges to Developing Authentic Leadership Theory and Authentic Leaders," *The Leadership Quarterly*, 16, pp. 475-493.

Csikszentmihalyi, Mihaly (1997), *Beyond Boredom and Anxiety*. Jossey Bass.

Csikszentmihalyi, Mihaly (2003), *Good Business: leadership, Flow, and the Making of Meaning*. Penguin Books Ltd.

Csikszentmihalyi, Mihaly (2008), *Flow: The Psychology of Optimal Experience*. Harper Perennial Modern Classics. 今村浩明訳『楽しむということ』，思索社，1991 年.

Daley, Barbara J. (2001), "Learning and Professional Practice: A Study of Four Professions," *Adult Education Quarterly*, November, 52 (1), pp. 39-54.

Deci, Edward L., Robert J. Vallerand, Luc G. Pelletier, and Richard M. Ryan (1991), "Motivation and Education: The Self-Determination Perspective," *Educational Psychologist*, 26(3 & 4), pp. 325-346.

Deci, Edward L. and Richard M. Ryan (2000), "The "What" and "Why" of Goal Pursuits: Human Needs and the Self-Determination of Behavior," *Psychological Inquiry*, 11(4), pp. 227-268.

Dey, I. (1999), *Grounding Grounded Theory: Guidelines for Qualitative Inquiry*. Academic Press.

Drucker, Peter F. (2002), "The Discipline of Innovation," *Harvard Business Review*, August 2002, pp.95-102, reprinted from *Innovation and Entrepreneurship: Practice and Principles*, Harper & Row, 1985.

Dreyfus, Stuart E. (2004), "The Five-Stage Model of Adult Skill Acquisition," *Bulletin of Science Technology Society*, June, 24 (3), pp. 177-181.

Dreyfus, Hubert and Stuart E. Dreyfus (1986), *Mind Over Machine: he Power of Human*

Intuition and Expertise in the Era of the Computer. Free Press.

Duff, Angus and Sam McKinstry (2007), "Students' Approach to Learning," *Issues in Accounting Education*, May, 22 (2), pp. 183–214.

Eccles, Jacquelynne S.and Allan Wigfield (2002), "Motivational Beliefs, Values, and Goals," *Annu. Rev. Psychol.*, 53, pp. 109–132.

Ericsson, K. Anders (2000), "Expert Performance and Deliberate Practice: An updated excerpt from Ericsson (2000)," http://www.psy.fsu.edu/faculty/ericsson/ericsson.exp.perf.html, accessed 11th February, 2010.

Ericsson K. Anders (2006), "The Influence of Experience and Deliberate Practice on the Development of Superior Expert Performance," in K. Anders Ericsson, Neil Charness, Paul J. Feltovich, and Robert R. Hoffman, eds., *The Cambridge Handbook of Expertise and Expert Performance* (pp. 685–705), Cambridge University Press.

Fairbanks, Colleen M., et al. (2010), "Beyond Knowledge: Exploring Why Some Teachers Are More Thoughtfully Adaptive Than Others," *Journal of Teacher Education*, 61 (1–2), pp. 161–171.

Finkelstein, Sydney (2003), *Why Smart Executives Fail: And What You Can Learn from Their Mistakes*, Amazon Remainders Account. 橋口寛監訳・酒井泰介訳『名経営者が、なぜ失敗するのか?』日経 BP 社, 2004 年.

Folkman, Susan and Judith Ted lie Moskowitz (2003), "Coping: Pitfalls and Promise," *Annuls of Review of Psychology,* 55, November, pp. 745–774.

Fredrickson, Barbara L. (2003), "The Value of Positive Psychology," *American Scientist*, July-August, 91, pp. 330–335.

藤尾秀昭 (2003), 『小さな人生論』致知出版, 2003 年, pp. 36–37.

Gardner, William L. and Bruce J. Avolio, Fred Luthans, Douglas R. May, and Fred Walumbwa (2005), "Can You See the Real Me? A Self-Based Model of Authentic Leader and Follower Development," *The Leadership Quarterly*, 16, pp. 343–372.

Gladwell, Malcolm (2009), *Outliers: The Story of Success.* Open Market Ed., Penguin.

Glaser, B. G. (1992), *Basics of Grounded Theory Analysis.* Sociology Press, 1992.

Glaser, B. and A. Strauss (1967), *Discovery of Grounded Theory.* Aldine, 1967.

Goldberg, Carl and Virginia Crespo (2003), "Curiosity as a Guide to the Virtuous Life," *Pastoral Psychology*, 51(4), March, pp. 283–292.

Goleman, Daniel (1995), *Emotional Intelligence.* Bantam. 土屋京子訳『EQ：こころの知能指数』講談社, 1996 年.

Grisaff, Douglas B., Rebecca Van Meter and Lawrence B. Chonko (2016), "Serving First for the Benefit of Others: Preliminary Evidence for a Hierarchical Conceptualization of Servant Leadership," *Journal of Personal Selling and Sales*

Management, 36(1), pp. 40-58.

Gronroos, Christian (2016), *Service Management and Marketing: Managing the Service Profit Logic,* 4th Edition, Wiley.

Helfat Constance E. and Margaret A. Peteraf (2015), "Managerial Cognitive Capabilities and the Microfoundations of Dynamic Capabilities," *Strategic Management Journal,* June, 36 (6), pp. 831-850.

Hofstede, Geert, Gert Jan Hofstede, and Michael Minkov (2010), *Cultures and Organizations: Software of the Mind,* 3rd. ed., McGraw-Hill Education.

Hsiao, Chan, Yi-Hsuan Lee, and Wan-Jun Chen (2015), "The Effect of Servant Leadership on Customer Value Co-Creation: A Cross-Level Analysis of Key Mediating Roles," *Tourism Management,* 49, pp. 45-57.

Humphreys, John H. (2005), "Contextual Implications for Transformational and Servant Leadership: A Historical Investigation," *Management Decision,* 43(10), pp. 1410-1431.

Hunt, Andy (2008), *Pragmatic Thinking and Learning: Refactor Your "Wetware",* Pragmatic Bookshelf.

池田守男, 金井壽宏 (2007), 『サーバント・リーダーシップ入門』, かんき出版.

Ilies, Remus, Frederick P. Morgeson, and Jennifer D. Nahrgang (2005), "Authentic Leadership and Eudaemonic Well-being: Understanding Leader-Follower Outcomes," *The Leadership Quarterly,* 16, pp. 373-394.

Jensen, Susan M. and Fred Luthans (2006), "Entrepreneurs as Authentic Leaders: Impact on Employees' Attitudes," *Leadership & Organization Development Journal,* 27(8), pp. 646-666.

金井壽宏 (2002), 『仕事で「一皮むける」』, 光文社新書.

金井壽宏 (2003), 「第4章 キャリア発達のなかのアンカーとサバイバル：仕事や人生で一皮むける経験とトランジション・サイクル」『キャリア・デザイン・ガイド：自分のキャリアをうまく振り返り展望するために、Career Anchors and Career Survival』, 白桃書房.

Kashdan, Todd B. and John E. Roberts (2004), "Trait and State Curiosity in the Genesis of Intimacy: Differentiation from Related Constructs," *Journal of Social and Clinical Psychology,* 23(6), pp. 792-816.

Kashdan, Todd B., Paul Rose, and Frank D. Fincham (2004), "Curiosity and Exploration: Facilitating Positive Subjective Experiences and Personal Growth Opportunities," *Journal of personality Assessment,* 82(3), pp. 291-305.

川島廣守, 古河潤之助 (2008), 「修養のすすめ：人は人によりて人となる（対談）」『致知』, 10月号, pp. 72-81.

北山忍 (1998), 『自己と感情：文化心理学による問いかけ』, 共立出版.

Kim, W. Chan and Renée Mauborgne (2015), *Blue Ocean Strategy: How to Create*

Uncontested Market Space and Make the Competition Irrelevant. Harvard Business Review Press, Expanded edition.

Kinchin, Ian M. (2001), "If Concept Mapping Is so Helpful to Learning Biology, Why Weren't We All Doing It?" *International Journal of Science Education*, 23 (12), pp. 1257-1269.

木下康仁 (2003), 『グラウンデッド・セオリー・アプローチの実践：質的研究への誘い』, 弘文堂.

Kirzner, Israel M. (1973), *Competition and Entrepreneurship*. University of Chicago Press.

Kirzner, Israel M. (1997), "Entrepreneurial Discovery and the Competitive Market Process: An Austrian Approach," *Journal of Economic Literature*, March, 35(1), pp. 1-26.

Kolb, David A. (1984), *Experiential Learning*, New York: Prentice-Hall.

Kotler, Philip, John Bowen and James Makens (2002), Chapter 10: "Internal Marketing," in their *Marketing for Hospitality and Tourism*, Third Edition, Prentice Hall College Division, 2002.

Krueger Jr., Norris (1998), "Encouraging the Identification of Environmental Opportunities," *Journal of Organizational Change*, 11(2), pp. 174-183.

Langer Ellen J. (1997), *The Power of Mindful Learning*. Philadelphia: Perseus Books Group. 加藤諦三訳『あなたの「天才」の見つけ方：ハーバード大学教授がこっそり教える』PHP 研究所, 2002 年.

Langer Ellen J. (2000), "Mindful Learning," *Current Directions in Psychological Science*, 9(6), December, pp. 220-223.

Lazarus, R. S. and Susan Folkman (1984), *Stress, Appraisal, and Coping*. Springer.

Litman, Jordan A. and Charles D. Spielberger (2003), "Measuring Epistemic Curiosity and Its Diversive and Specific Components," *Journal of Personality Assessment*, 80(1), pp. 75-86.

Markides, Constantinos C. (1999), "Dynamic View of Strategy," *Sloan Management Review*, Spring ,40(3), pp. 55-63.

Maslow, Abraham H. (1968), *Toward a Psychology of Being*, Second Edition, New York: Van Nostrand Reinhold Company Inc. 上田吉一訳『完全なる人間：魂のめざすもの』誠信書房, 第 2 版, 1998 年.

松下幸之助 (2004), 『素直な心になるために』, PHP 研究所.

Mazutis, Daina and Natalie Slawinski (2008), "Leading organizational learning through authentic dialogue," *Management Learning*, 39(4), pp. 437-456.

McGregor, Douglas (1960), *The Human Side of Enterprise*. McGraw-Hill Inc.

McPherson, Ian (2005), "Reflexive Learning: Stages towards wisdom with Dreyfus," *Educational Philosophy and Theory*, 37 (5), pp. 705-718.

Mezirow, J. (1978), "Perspective Transformation," *Adult Education Quarterly*, 28, pp. 100-110.

Mezirow, J. (1981), "A Critical Theory of Adult Learning and Education," *Adult Education Quarterly*, 32, pp. 3-23.

Mezirow, J. (2000), "Learning to Think Like an Adult: Core Concepts of Transformation Theory. In J. Mezirow and Associates (eds.), *Learning as transformation* (pp. 30-33). San Francisco, CA: Jossey-Bass.

Mezirow, J. (2003), "Transformative Leaning as Discourse," *Journal of Transformative Education*, 1 (1), pp. 58-63.

Mitchell, Kathleen E, Al S. Levin, and John D. Krumboltz (1999), "Planned Happenstance: Constructing Unexpected Career Opportunities," *Journal of Counseling and Development*, Spring, 77(2), pp. 115-124.

Mitchell, Ronald K., Lowell Busenitz, Theresa Lant, Patricia P. McDougall, Eric A. Morse, and J. Brock Smith (2002), "Toward a Theory of Entrepreneurial Cognition: Rethinking the People Side of Entrepreneurship Research," *Entrepreneurship Theory and Practice*, Winter, pp. 93-104.

Morris, Michael H. (1998), *Entrepreneurial Intensity: Sustainable Advantages for Individuals, Organizations, and Societies*. Quorum Books.

Morris, Michael H. (2013). "Entrepreneurship as Empowerment & Transformation," *Presentation Material of Keynote Speech for 2013 International Global Consortium of Entrepreneurship Centers Conference*, at Henry W. Bloch School of Management, University of Missouri-Kabsas City, October 25.

Muczyk, Jan P. and Daniel T. Holt (2008), "Toward a Cultural Contingency Model of Leadership," *Journal of Leadership & Organizational Studies*, 14(4), May, pp. 277-286.

Mullins, John and Randy Komisar (2009), *Getting to Plan B: Breaking Through to a Better Business Model*. Harvard Business School Press. 山形浩生訳『プランB：破壊的イノベーションの戦略』, 2011, 文藝春秋.

西岡幹雄 (2001), 「現代企業家論の動向とカーズナー」『同志社経済学』, 52 (4), 3月, pp. 201-223.

Novicevic, Milorad M., Michel G. Havey, M. Ronald Buckley, Jo Ann Brown, and Randy Evans (2006), "Authentic Leadership: A Historical Perspective," *Journal of Leadership and Organizational Studies*, 13(1), pp. 64-76.

Ofer Gila and Joshua Durban (1999), "Curiosity: Reflections on Its nature and Functions," *American Journal of Psychotherapy*, 53(1), Winter, pp.35-51.

Okonkwo, Uche (2007), *Luxury Fashion Branding: Trends, Tactics, Techniques*, Palgrave MacMillan.

Parameshwar, Sangeeta (2006), "Inventing Higher Purpose through Suffering: The

Transformation of the Transformational Leader," *The Leadership Quarterly*, 17, pp. 454-474.

Price, Terry L. (2003), "The Ethics of Authentic Transformational Leadership," *The Leadership Quarterly*, 14, pp. 67-81.

Read, S. and S. D. Sarasvathy (2005), "What to Do and Doing What You Know: Effectuation as a Form of Entrepreneural Expertise," *Journal of Private Equity*, Winter, 9 (1), pp. 45-62.

Richardson, Bill, Sonny Nwankwo, and Susan Richardson (1994), "Understanding the Bullfrogs and Tadpoles," *Management Decision*, 32 (4), pp .9-22.

Ries, Eric (2011), *The Lean Startup: How Constant Innovation Creates Radically Successful Businesses*, Portfolio Penguin. 伊藤穣一, 井口耕二訳『リーン・スタートアップ』, 日経BP, 2012.

Roberts, Royston M. (1989), *Serendipity: Accidental Discoveries in Science.* John Wiley & Sons, Inc. 安藤喬志訳『セレンディピティー:思いがけない発見・発明のドラマ』化学同人.

Robinson, Alan G. and Sam Stern (1997), *Corporate Creativity: How Innovation and Improvement Actually Happen.* Pub Group West.

Rosenzweig, Phil (2007), *The Halo Effect: ...and the Eight Other Business Delusions That Deceive Managers*, Free Press. 桃井緑美子訳『なぜビジネス書は間違うのか:ハロー効果という妄想』, 日経BP社, 2008年.

Ryan, Richard M. and Edward L. Deci (2000a), "Self-Determination Theory and the Facilitation of Intrinsic Motivation, Social Development, and Well-Being," *American Psychologist*, 55(1), January, pp. 67-78,

Ryan, R. M. and E. L. Deci (2000b), "Self-Determination Theory and the Facilitation of Intrinsic Motivation," *American Psychologist*, 55 (1), pp. 68-78.

Sanders III, Joseph E., Willie E. Hopkins, and Gary D. Geroy (2003), "From Transactional to Transcendental: Toward an Integrated Theory of Leadership," *Journal of Leadership and Organizational Studies*, 4, pp. 21-31.

Sarasvathy, Saras D. (2001), "Causation and Effectuation; Toward Theoretical Shift from Economic Inevitability to Entrepreneurial Contingency," *Academy of Management Review*, April, 26 (2), pp. 243-263.

Sarasvathy, Saras D. (2009), *Effectuation: Elements of Entrepreneurial Expertise.* 加護野忠男, 高瀬進, 吉田満梨『エフェクチュエーション:市場創造の実効理論』, 碩学舎, 2015.

佐藤善信 (1999a), 「カテゴリーキラー業態の性格と脆弱性」『流通情報』, 第356号, 2月, pp. 14-23.

佐藤善信 (1999b), 「顧客満足研究の現状と課題:サービス・マーケティングを中心に」『片岡一郎先生学長退任記念論文集 (学校法人 中内学園流通科学大学)』, 12

月，pp. 43-68.

佐藤善信 (2003a)，「新市場創造における企業家の役割：ケース・スタディ・リサーチを
　　ベースとして」『伊賀隆学長退任記念論文集（学校法人中内学園流通科学大
　　学)』，2 月，pp. 155-182.

佐藤善信 (2003b)，「企業家的発見の特徴：グラウンデッド・セオリー・アプローチをベー
　　スにして」『流通科学大学論集（流通・経営編)』，第 16 巻第 3 号，3 月，pp.
　　45-64.

Sato, Yoshinobu (2003c), "Economic Development Trough Entrepreneurship: How to
　　Discover and Develop Entrepreneurial Opportunities," *The Business Course
　　Seminar on Corporate Strategic Planning of Lao Enterprises* organized by Lao-
　　Japan Human Resource Cooperation Center, March 2003.

Sato, Yoshinobu (2004), "Characteristics of the Japanese Supermarket and the Learning
　　Process of Foreign-Affiliated Large Store Retailers," *The Japanese Economy*, 32
　　(3), Fall, pp. 76-91.

佐藤善信 (2005)，『企業家の経営への覚醒の切っ掛け』，流通科学研究所（流通科学大
　　学）モノグラフシリーズ，No.076, pp. 1-21.

佐藤善信 (2007)，「ニッチ型スーパーマーケットの成長の罠：オオゼキのケース・スタ
　　ディ・リサーチ」『季刊イズミヤ総研』，第 69 号，2007 年 1 月，pp. 24-33.

佐藤善信 (2008)，「革新的ニッチ企業の持続的成長の失敗に関する研究」『ビジネス＆
　　アカウンティングレビュー』，第 3 号，3 月，pp. 1-17.

佐藤善信 (2009)，「リーダーシップのタイプとレベルの体系化：革新企業の急成長にお
　　ける起業家のリーダーシップにかかわって」『ビジネス＆アカウンティングレ
　　ビュー』，第 4 号，3 月，pp. 1-18.

佐藤善信 (2010)，「サービス業におけるプロフェッショナル人材への道」『季刊イズミ
　　ヤ総研』，第 82 号，4 月，pp. 4-13.

佐藤善信 (2012 a)，「第 10 章：低迷からの復活要因を探る」小倉行雄・佐藤善信編著
　　『ケースで学ぶ現代経営学』，放送大学教育振興会，pp. 173-192.

佐藤善信 (2012b)，「オーナーパティシエの経営スタイルの特徴：辻口博啓氏と小山進
　　氏のライフストーリーの比較分析」『ビジネス＆アカウンティングレビュー』，
　　第 10 号，pp. 43-62.

佐藤善信 (2014)，「第 10 章：低迷からの復活要因を探る」小倉行雄・佐藤善信編著『ケー
　　スで学ぶ現代経営学［改訂版 別冊]』，放送大学教育振興会，pp. 173-206.

佐藤善信 (2016)，「珍味会社の経営（その 2）：経営理念と企業成長の関係」小倉行雄・
　　佐藤善信編著『ケースで学ぶ現代経営学［改訂版]』放送大学教育振興会，pp.
　　23-36.

佐藤善信，Michael Begelfer, Mark E. Parry, 西本凌 (2014)，「日本の大学の起業家メン
　　ター組織の現状と課題：米国との比較分析」『日本ベンチャー学会第 17 回全国
　　大会報告要旨集』，pp. 128-131.

佐藤善信、Mark Parry (2010)，「日本型 GMS は消滅するのか？」『ビジネス＆アカウンティングレビュー』，第 5 号，pp. 1-20.

Sato, Yoshinobu and Mark E. Parry (2015), "Formation of the New Japanese Style Management Strategy," in N. Kambayashi, ed., *Japanese Management in Change* (pp. 65-83), Springer Japan.

Schein, Edgar H. (1995), *Career Anchors Workbook: Discovering Your Real Values*. Pfeiffer. 金井寿宏訳『キャリア・アンカー：自分のほんとうの価値を発見しよう』，白桃書房，2003.

Schein, Edger H. (1999), *Process Consultation Revisited*. Addison-Wesley Publishing Company. 稲葉元吉・尾川丈一訳『プロセス・コンサルテーション』白桃書房，2002 年.

Schein, E. H. (2006), *Career Anchors: Self Assessment*. 3rd ed., Pfeiffer.

Schumpeter, J. (1934), *Theory of Economic Development*. Harvard University Press.

Schraw, Gregg (2005), "An Interview with K. Anders Ericsson," *Educational Psychology Review*, December, 17 (4), pp. 389-412.

Schwartz, M. and J. Nandhakumar (2002), "Conceptualizing the Development of Strategic Ideas: A Grounded Theory Analysis," *British Journal of Management*, 13, pp. 67-82.

Shamir, Boas and Galit Eilam (2005), "What's Your Story?' A Life-Stories Approach to Authentic Leadership Development," *The Leadership Quarterly*, 16, pp. 395-417.

Shane, Scott (2000), "Prior Knowledge and the Discovery of Entrepreneurial Opportunities," Organization Science, July-August, 11 (4), pp. 448-469.

Shaver, Kelly G., William B. Gartner, Elizabeth Crosby, Karolina Bakalarova, and Elizabeth J. Gatewood (2001), "Attributions about Entrepreneurship: A Framework and Process for Analyzing Reasons for Starting a Business," *Entrepreneurship Theory and Practice*, Winter, pp. 5-32.

Smith, Brien N., Ray V. Montagno, and Tatiana N. Kuzmenko (2004), "Transformational and Servant Leadership: Content and Contextual Comparisons," *Journal of Leadership and Organizational Studies*, 10 (4), pp. 80-91.

Sobel Andrew and Jagdish Sheth (2001), *Clients for Life: How Great Professionals Develop Breakthrough Relationships*. Simon & Schuster.

Stone, A. G., R. F. Russell and K. Patterson (2004), "Transformational versus Servant Leadership: A Difference in Leader Focus," *The Leadership & Organization Development Journal*, 25 (4), pp. 349-361.

Snyder, C. R. (2002), "Hope Theory: Rainbows in the Mind," *Psychological Inquiry*, 13 (4), pp. 249-275.

Strauss, A. and J. C. Corbin (1998), *Basics of Qualitative Research: Techniques and*

Procedures for Developing Grounded Theory. SAGE Publications, Inc.

Teece, David J. (2009), *Dynamic Capabilities and Strategic Management.* Oxford University Press.

Timmer, D. (2015), *How to Stimulate Transformative Learning? An Explorative Study into the Triggers of Transformative Learning in the Context of Eentrepreneurial Development.* Bachelor Thesis, University of Twente, Netherlamds, May.

Timmons, J. A. (1990), *New Venture Creation: Entrepreneurship in the 1990's.* Irwin Publishing.

冨山和彦 (2007)『会社は頭から腐る：あなたの会社のよりよい未来のために「再生の修羅場からの提言」』, ダイヤモンド社.

Torbert, William R. (2004), *Action Inquiry: The Secret of Timely and Transforming Leadership.* Berrett-Koehler Publishers, Inc.

Tugade, Michele, Barbara L. Fredrickson and Lisa Feldman Barrett (2004), "Psychological Resilience and Positive Emotional Granularity: Examining the benefits of Positive Emotions on Coping and Health," *Journal of Personality,* December, 72(6), pp. 1161-1190.

van der Heijden, Kees (2005), *Scenarios: The Art of Strategic Conversation,* 2nd. ed. Wiley.

Villiers, C. (1989), "Boiled Frog Syndrome," *Management Today,* March, pp. 121-124.

Walumbwa, Fred O., Bruce M. Avolio, William L. Gardner, Tara S. Wernsing, and Suzanne J. Peterson (2008), "Authentic Leadership: Development and Validation of a Theory-Based Measure," *Journal of Management,* 34(1), February, pp. 89-126.

Weaver Richard G. and John D. Farrell (1999), *Managers As Facilitators: A Practical Guide to Getting Work Done in a Changing Workplace,* Berrett-Koehler Pub, New Ed.

Weick, Karl E. (1995), *Sensemaking in Organization,* Sage Publications, 1995. 遠田雄志・西本直人訳『センスメーキングインオーガニゼーション』文眞堂, 2001 年.

Weick, Karl E. and Kathleen M. Sutcliffe (2001), *Managing the Unexpected.* John Wiley & Sons, Inc.

Westhead, P. and M. Wright (1998), "Novice, Portfolio, and Serial Founders: Are They Different?" *Journal of Business Venturing,* 13 (3), pp. 173-205.

Wrzesniewski, Amy and Jane E. Dutton (2001), "Crafting a Job: Revisioning Employees as Active Crafters of their Work," *Academy of Management Review,* April, 26(2), pp. 179-201.

Wrzesniewski, Amy, Justin M. Berg, and Jane E. Dutton (2010), "Managing Yourself: Turn the Job You Have into the Job You Want," *Harvard Business Review,* June, pp. 114-117.

Yammarino, Francis J., Shelley D. Dionne, Chester A. Schriesheim, and Fred Dansereau

(2008), "Authentic Leadership and Positive Organizational Behavior: A Meso, Multi-Level Perspective," *The Leadership Quarterly*, 19 (6), December, pp. 693-707.

安永雄彦 (2009),『日本型プロフェッショナルの条件：アメリカ的論理思考では問題は解決できない』, ダイヤモンド社.

米盛裕二 (2007),『アブダクション：仮説と発見の論理』, 勁草書房.

ケース資料

「大企業を脅かす30代経営者 —— 設立6年目で店頭公開脱ファミリーレストランの高級路線が大ウケ」『週刊ダイヤモンド』, 3月2日号, pp. 35-36.

福島美香 (2013),『坂東太郎の親孝行・人間大好き』, 飛鳥出版.

橋本真由美 (2007),『お母さん社長が行く！』, 日経BP社.

服部みゆき (1998),「フォーカスひと、西川清氏 パーク24社長、駐車場商売一筋27年、コイン式無人駐車場で急成長」『日経ビジネス』, 4月6日.

藤井薫 (2013),『トップになりたきゃ、競争するな』, こう書房.

比屋根毅 (2006),『仕事魂』, 致知出版社.

飯村かおり (1996),「割安『高級』レストラン独自マニュアルで全国へ」『日経ビジネス』, 12月23日・30日号, pp. 59-60.

「香川の讃岐うどんチェーン各社、市場飽和か、出店減速 —— 夜間の集客、共通課題」『日本経済新聞　地方経済面（四国）』, 2004年3月12日, p. 12.

片山直之 (1996),「インタビュー この人に聞く　サンマルク社長 片山直之、編集部」『激流』, 6月号, pp. 103-105.

基太村明子 (2004),「創業5年、年商100億　着想共有で婚礼革命：テイクアンドギヴ・ニーズ［結婚式の企画運営］」『日経情報ストラテジー』, 7月号, pp. 174-177.

小林眞 (2008),『福井コンピュータ、ワンマンだからできた「全員経営」』, 中経出版.

小山進 (2012),『丁寧を武器にする』, 祥伝社.

前田英仁 (2004),『「はなまるうどん」激安商売術』, 講談社.

株式会社毎日コムネット『2007年11月期中間決算説明会資料』, 2007年7月26日, p. 5.

南山武志 (2004),「起業家たちの軌跡 No. 75　株式会社関門海 代表取締役会長　山口聖二」『アントレ』, 6月号.

森下篤史, 坂本孝 (2005),「第3回『日本一のバカ集団』を作りたいんです：中古書ビジネスの革命児 坂本孝 ブックオフコーポレーショ社長　聞き手 森下篤史 テンポスバスターズ社長」『日経ベンチャー』, 2005年6月1日号, pp. 81-82.

中村芳平 (2000a),「グルメ杵屋・椋本彦之の社長学 —— 母から教え込まれた商売の心得 父が用意してくれた」『日経レストラン』, 8月8日号, pp. 32-35.

中村芳平 (2000b),「グルメ杵屋・椋本彦之の社長学 ——『人を育てる』ではなく『欲を育てる』だったと思い知らされたある事件」『日経レストラン』, 1月8日号,

　　　　pp. 78-80.

西川清 (1999)，『起業家を志す人への応援歌、「社長」になりたい君へ』，出版文化社.

野尻佳孝 (2005)，「史上最短・最年少で上場した経営者テイクアンドギヴ・ニーズ野尻
　　　　佳孝社長『社員の心を完全につかむ』すべてのノウハウ」，『商業界』，6 月号.

野尻佳孝 (2005)，『至上最短で、東証二部に上場する方法』，株式会社アメーバーブッ
　　　　クス.

小高美保 (2002)，「販促の方程式、おいしさ自分の舌で確認、日本人に合うチーズ厳
　　　　選」『日経 MJ』，8 月 6 日，p. 3.

小野田鶴 (2003)，「新成長企業―関門海（大阪府松原市、フグ料理店）―― 絶望の淵か
　　　　ら『原点回帰』で再起」『日経ベンチャー』，2003 年 4 月 1 日号.

三枝匡 (2016)，『ザ・会社改造：40 人からグローバル 1 万人企業へ』，日本経済新聞出
　　　　版社.

坂本孝 (2007)，「みんなの "お母さん" が現場を創る」橋本真由美『お母さん社長が行
　　　　く！』，日経ＢＰ社.

坂本孝 (2013)，『俺のイタリアン、俺のフレンチ：ぶっちぎりで勝つ競争優位性のつく
　　　　り方』，商業界.

佐倉住嘉 (2009)，『修羅場のビジネス突破力』，小学館.

「【衝撃事件の核心】指混入ラーメン騒動で "ツメ" 誤った幸楽苑、27 日一斉休業『手首
　　　　ラーメン事件』思い出した？」『産経新聞』，2016 年 10 月 26 日，〈http://www.
　　　　sankei.com/premium/news/161026/prm1610260005-n1.html〉，2016 年 11 月 3
　　　　日に確認.

下村博文 (2016)，「20 代をどう生きるか：自らの強い意志が人生を切り拓いてゆく」『致
　　　　知』，10 月号，pp. 108-110.

輔老心 (2006)，『スーパーパティシエ物語：ケーキ職人・辻口博啓の生き方』，岩崎書店.

「テイクアンドギヴ・ニーズ社長野尻佳孝氏 ―― 『感動』お客にも（決算ピックアップ）」
　　　　『日経金融新聞』，2007 年 11 月 26 日.

鳥羽博道 (1999)，『想うことが思うようになる努力』，プレジデント社.

「特集 1 - 2 - 失敗を成功に変える ―― 復活のノウハウ幸楽苑　新井田傳（にいだ・つ
　　　　たえ）社長」『日経レストラン』，2003 年 12 月 8 日号.

矢部輝夫 (2013)，『奇跡の職場：新幹線清掃チームの働く誇り』，あさ出版.

山川龍雄 (2002)，「ひと烈伝－人物－西山　知義　氏 ［レインズインターナショナル社
　　　　長］　狂牛病と戦う」『日経ビジネス』，1 月 21 日号.

安田隆夫著，月泉博編集 (2005)，『ドン・キホーテ 闘魂経営』徳間書店.

ケース教材

佐藤善信 (1999)，『モスフードサービス：「新価値宣言」キャンペーンの失敗』，授業用
　　　　ケース，8 月.

佐藤善信 (2001a), 『株式会社　久田 (チーズ王国)』, 授業用ケース, 4月.

佐藤善信 (2001b), 『ニッコウトラベル』, 流通科学大学中内ビジネス・スクール, ケース番号 : 90-01-BP016, 5月.

佐藤善信 (2001c), 『ハウス オブ ローゼ(A)(B)(C)』, 流通科学大学中内ビジネススクール, ケースメソッド用教材, 90-01-BP013A, B, C.

佐藤善信 (2002a), 『ドン・キホーテ : 新業態の模索』, 流通科学大学中内ビジネス・スクール, ケース番号 : 90-02-M037, 5月.

佐藤善信 (2002b), 『ポプラの成熟市場型ビジネス・モデルの分析』, 流通科学研究所モノグラフ, No. 4, 3月, pp. 1-24.

佐藤善信 (2003a), 『ドトールコーヒー : スターバックスコーヒーの日本進出』, 流通科学大学中内ビジネス・スクール, ケース番号 : 90-03-M045, 2月.

佐藤善信 (2003b), 『安全センター』, 授業用ケース, 4月.

佐藤善信 (2003c), 『ワタミフードサービス : 業態の制度疲労問題』, 流通科学大学中内ビジネス・スクール, ケース番号 : 90-03-M046, 4月.

佐藤善信 (2003d), 『はなまる : 模倣業者との熾烈な競争』, 流通科学大学中内ビジネス・スクール, ケース番号 : 90-03-ENT003, 5月.

佐藤善信 (2003e), 『毎日コムネット』, 授業用ケース, 10月.

佐藤善信 (2004a), 『ナルミヤ・インターナショナル : ジュニア・ファッションマーケットの創造』流通科学大学中内ビジネス・スクール, ケース番号 : 90-04-M051, 3月.

佐藤善信 (2004b), 『ブックオフコーポレーション (A)』, 流通科学大学中内ビジネス・スクール、ケース 90-04-M054A, 5月.

佐藤善信 (2004c), 『テイクアンドギヴ・ニーズ : 野尻佳孝の挑戦』, 流通科学大学中内ビジネス・スクール, ケース, 90-04-BP028, 9月.

佐藤善信 (2004d), 『パーク 24: ビジネスモデルの不断の進化』, 授業用ケース, 11月.

佐藤善信 (2004e), 『長江芳実とネクストジャパン』, 授業用ケース, 12月.

佐藤善信 (2005a), 『青梅慶友病院の顧客起点型経営』, 授業用ケース, 2月.

佐藤善信 (2005b), 『毎日コムネット』, 授業用ケース, 7月17日.

佐藤善信 (2006a), 『幸楽苑 : 290円ラーメンへの挑戦』, 授業用ケース, 5月.

佐藤善信 (2006b), 『テンポスバスターズ ; 森下篤史、社内下克上と反乱軍の醸成』, 授業用ケース, 10月.

佐藤善信 (2006c), 『ナルミヤ・インターナショナル : ジュニア・ファッションマーケットの創造 [改訂版]』, 授業用ケース, 5月.

佐藤善信 (2006d), 『ラーメン一番本部 : 加藤博一の 68歳からのリベンジ』授業用ケース, 6月.

佐藤善信 (2006e), 『旭山動物園 : 奇跡の復活劇』, 授業用ケース, 10月.

佐藤善信 (2007a), 『ナルミヤ・インターナショナル : ジュニア・ファッションマーケットの創造 (改訂版)』, 授業用ケース, 5月.

佐藤善信 (2007b)，『野尻佳孝とテイクアンドギヴ・ニーズ：市場の飽和化と新ビジネスモデルの創造』，授業用ケース，5月．

佐藤善信 (2008a)，『テイクアンドギヴ・ニーズ：革新的ニッチ企業の急成長の罠』，授業用ケース，6月．

佐藤善信 (2008b)，『株式会社コモ：大企業との競争』，授業用ケース，9月．

佐藤善信 (2009)，『ブックオフ・コーポレーション：坂本孝と橋本真由美のチーム・リーダーシップ』，授業用ケース，3月．

佐藤善信 (2010a)，『辻口博啓の挑戦：世界1のパティシエへの道』，授業用ケース，1月．

佐藤善信 (2010b)，『辻口博啓の挑戦：経営者としての道程』，授業用ケース，2月．

佐藤善信 (2010c)，『ミスミ：三枝匡による経営の変革』，授業用ケース，5月．

佐藤善信 (2010d)，『ミスミグループ本社：三枝匡による経営の変革（解説版）』，授業用ケース，5月．

佐藤善信 (2012)，『パティシエ　エス　コヤマ：小山進のライフ・ストーリー』，授業用ケース，4月．

佐藤善信 (2016)，『株式会社坂東太郎：「親孝行・人間大好き」の実践』，授業用ケース，12月．

初 出 一 覧

第1章：書き下ろし

第2章：佐藤善信（2003），「新市場創造における企業家の役割：ケース・ス
　　　　タディ・リサーチをベースとして」『伊賀隆学長退任記念論文集（学
　　　　校法人中内学園流通科学大学）』，2月，pp. 155-182．大幅に加筆修
　　　　正

第3章：佐藤善信（2003），「企業家的発見の特徴：グラウンデッド・セオ
　　　　リー・アプローチをベースにして」『流通科学大学論集（流通・経
　　　　営編）』，第16巻第3号，3月，pp. 45-64．大幅に加筆修正

第4章：佐藤善信（2006），「企業家精神の心理学的分析」『ビジネス＆アカ
　　　　ウンティングレビュー』，第1号，3月，pp. 29-44.大幅に加筆修正

第5章：佐藤善信（2005），『企業家の経営への覚醒の切っ掛け』，流通科学
　　　　研究所（流通科学大学）モノグラフ シリーズ，No. 076，pp. 1-21.
　　　　大幅に加筆修正

第6章：佐藤善信（2007），『起業家による新市場創造と市場発展のタイポ
　　　　ロジー』『ビジネス＆アカウンティングレビュー』，第2号，3月，
　　　　pp. 11-30．大幅に加筆修正

第7章：佐藤善信（2008），「革新的ニッチ企業の持続的成長の失敗に関す
　　　　る研究」『ビジネス＆アカウンティングレビュー』，第3号，3月，
　　　　pp. 1-17．大幅に加筆修正

第8章：佐藤善信（2009），「リーダーシップのタイプとレベルの体系化：革
　　　　新企業の急成長における起業家のリーダーシップにかかわって」
　　　　『ビジネス＆アカウンティングレビュー』，第4号，3月，pp. 1-18.
　　　　大幅に加筆修正

第9章：佐藤善信（2010），「サービス業におけるプロフェッショナル人材
　　　　への道」『季刊イズミヤ総研』，第82号，4月，pp. 4-13．大幅に加
　　　　筆修正

第10章：書き下ろし

索 引

事項索引

著者略歴

佐藤 善信 （さとう・よしのぶ）

関西学院大学専門職大学院経営戦略研究科 教授

1953 年 11 月 19 日生まれ

1976 年関西大学経済学部卒業、1981 年神戸商科大学（現・兵庫県立大学）大学院経営学研究科博士後期課程満期退学、岡山商科大学助教授、流通科学大学教授を経て、2005 年より現職、2011 年より放送大学客員教授。

主要著書として、『ケースで学ぶケーススタディ』（監修, 同文館, 2015 年）、『ケースで学ぶ現代経営学［改訂版］』（共編著, 放送大学教育振興会, 2016 年）、『MBA のためのケース分析』（共著, 同文館, 2010 年）、『現代流通の文化基盤』（単著, 千倉書房, 1993 年）などがある。

関西学院大学研究叢書　第 183 編

企業家精神のダイナミクス
　その生成、発展および発現形態のケース分析

2017 年 3 月 30 日 初版第一刷発行

著　者　佐 藤 善 信

発行者　田中きく代
発行所　関西学院大学出版会
所在地　〒 662-0891
　　　　兵庫県西宮市上ケ原一番町 1-155
電　話　0798-53-7002

印　刷　株式会社クイックス